psicologia
NA PRÁTICA

um guia interativo para uma vida mais leve

Alana Anijar

psicologia
NA PRÁTICA

um guia interativo para uma vida mais leve

quatro ventos

quatro ventos

Todos os direitos deste livro são reservados pela Editora Quatro Ventos.

Editora Quatro Ventos
Avenida Pirajussara, 5171
(11) 99232-4832

Proibida a reprodução por quaisquer meios, salvo em breves citações, com indicação da fonte.

Diretor executivo: Raphael Koga
Editora-chefe: Giovana Mattoso de Araújo

Editora responsável: Natália Ramos de Oliveira
Editoras: Eduarda Seixas
Milena Castro
Nadyne Voi

Todas as citações de terceiros foram adaptadas segundo o Acordo Ortográfico da Língua Portuguesa, assinado em 1990, em vigor desde janeiro de 2009.

Revisora: Carolyne Larrúbia D. Lomba

Diagramação: Suzy Mendes
Capa: Vinícius Lira

Todo o conteúdo aqui publicado é de inteira responsabilidade da autora.

1ª Edição: abril 2024
4ª reimpressão: junho 2025

Catalogação na publicação
Elaborada por Bibliotecária Janaina Ramos – CRB-8/9166

A597p

Anijar, Alana

Psicologia na prática: um guia interativo para uma vida mais leve / Alana Anijar. – São Paulo: Quatro Ventos, 2024.

392 p.; 15,5 X 20,3 cm

ISBN 978-85-54167-49-3

1. Autoajuda. I. Anijar, Alana. II. Título.

CDD 150

Índice para catálogo sistemático
I.Autoajuda

ENDOSSOS

Psicologia na prática revela a jornada de Alana Anijar pela Psicologia e pela Terapia Cognitivo-comportamental, e é uma inspiração para todos os que buscam compreender e transformar sua vida emocional. Ao vivenciar os princípios da TCC em seus dias, Alana não apenas se tornou uma psicóloga mais capacitada, como também descobriu um caminho para o autodesenvolvimento contínuo e o equilíbrio emocional. Ela compartilha sua experiência e seu conhecimento por meio das redes sociais e demonstra um compromisso genuíno em fornecer informações acessíveis sobre saúde mental e autoaperfeiçoamento, preenchendo uma lacuna crucial na compreensão pública desses temas. Sua abordagem prática e inspiradora prova que o autoconhecimento e a aplicação da Psicologia podem ser transformadores, capacitando as pessoas a navegarem pelas complexidades de sua vida emocional com mais confiança e clareza.

Wilson Vieira Melo
Doutor em Psicologia, professor e supervisor clínico dos cursos de pós-graduação do Instituto VilaELO, autor de mais de 80 publicações e organizador dos livros *Estratégias psicoterápicas e a terceira onda em terapia cognitiva*, *A prática das intervenções psicoterápicas* e *Casos clínicos em saúde mental*.

Junte curiosidade, sensibilidade, amor por aprender, generosidade e dores pessoais (quem não tem?!). Misture tudo e tempere intencionalmente para fazer a diferença na vida de estranhos que compartilham uma mesma humanidade. O final da receita é um trabalho acessível, mas não menos profundo, em diferentes linguagens (redes sociais, podcast e, agora, livro), que buscam um mesmo objetivo: fornecer recursos efetivos para melhorar a sua saúde mental.

Aqui, temos mais um meio para esse fim! *Psicologia na prática* faz um convite ao mergulho interno do jeito "Alana Anijar": simplificando complexidades sem perder a qualidade. Sem dúvida, esta é uma obra transformadora para o leitor que busca o superpoder do autoconhecimento. Um excelente recurso para psicoeducação na prática clínica de profissionais da Psicologia e Psiquiatria. Uma leitura fluida que convida a um aprendizado efetivo em forma de um bate-papo entre a autora e o íntimo do leitor. Uma receita deliciosa com sabor de autoconhecimento.

Ana Rizzon
Psicóloga clínica e terapeuta de casais, coordenadora e docente de cursos de Terapia do Esquema, terapeuta com formação básica em Terapia Focada nas Emoções, supervisora da prática clínica e escritora sobre o tema. Coautora do Romance *Num sofá de bolinhas: amor e terapia* e organizadora do livro *Terapia do Esquema: base teórica e estratégias avançadas*. Especialista em Gestalt-Terapia e Terapia do Esquema.

Alana Anijar tem uma habilidade de comunicação que gera muita conexão. Em *Psicologia na prática*, ela consegue transpor essa habilidade, antes executada em muitos outros cenários, para uma leitura leve, porém bastante significativa. É nesse contexto de leveza que Alana educa sobre o funcionamento psicológico e traz importantes alternativas para o enfrentamento das mais diversas questões psicológicas. Recomendo, fortemente, a todos que se interessam por Psicologia e, mais ainda, por conexão.

André Luiz Moreno
Psicólogo, mestre em Psicologia e doutor em Saúde Mental.

A grande dificuldade de qualquer ciência é conseguir quebrar o muro das universidades e laboratórios para alcançar a população que realmente precisa dela, com a praticidade necessária que, infelizmente, não é vista em artigos científicos.

Com maestria, há anos Alana leva o que há de melhor na Psicologia para o seu podcast, permitindo que a Ciência Psicológica chegue a quem realmente pode se beneficiar dela. Seu conteúdo foca, principalmente, na terapia que possui mais evidências de eficácia na vida das pessoas: a Terapia Cognitivo-comportamental. Hoje, o seu podcast é o mais ouvido na área de saúde mental do Brasil.

Alana Anijar conseguiu superar as expectativas e escreveu este livro, ou melhor dizendo, este guia para a aplicação da Psicologia no dia a dia de pessoas como você, que está lendo. Uma obra com ferramentas para melhorar ainda mais os resultados que ela já obtém com o podcast. Aproveite a leitura de cada página e faça cada um dos exercícios com a segurança de que fará o que há de melhor atualmente, pois a Alana não brinca com a sua saúde mental, caro leitor.

Igor Finger
Psicólogo, treinador de Gestão da Mente,
doutor em Psicologia e autor do livro *As cinco soluções*.

Sumário

Introdução 17

PARTE 1
NECESSIDADES EMOCIONAIS: QUAIS SÃO AS SUAS?

1. AS RAÍZES DA EMOÇÃO — **23**
2. DOMANDO OS SENTIMENTOS — **47**
3. O INÍCIO DO AUTOCONHECIMENTO — **71**
4. O CUIDADO COM A SAÚDE MENTAL — **89**
5. FELICIDADE UTÓPICA — **111**
6. HÁBITOS DE UMA MENTE FERIDA — **125**

PARTE 2

AS DORES DA VIDA

7. LIDANDO COM A FRUSTRAÇÃO — 143

8. NAVEGANDO PELO DESCONFORTO — 157

9. VENCENDO A REJEIÇÃO — 175

10. COMPREENDENDO O LUTO — 189

11. SUPERANDO A CULPA — 205

12. COMBATENDO O ESTRESSE E A ANSIEDADE — 221

13. ENTENDENDO A DEPRESSÃO — 243

PARTE 3

A VIDA QUE VALE A PENA VIVER

14. A VERDADE SOBRE A TERAPIA — 263

15. DESCOBRINDO O SEU PROPÓSITO — 285

16. PRIORIZANDO O QUE IMPORTA — 303

17. A JORNADA DO PERDÃO — 317

18. COMO CRIAR UMA VIDA COM SIGNIFICADO — 329

19. A PESSOA QUE VOCÊ QUER SER — 347

Conclusão — 369
Referências bibliográficas — 379

Oi, eu me chamo Alana Anijar! Sou casada com Israel Anijar e mãe dedicada do Benjamin e do Samuel. Trabalho como psicóloga clínica com especialização em Terapia Cognitivo-comportamental e, atualmente, faço mestrado em Distúrbios do Desenvolvimento. De alguma forma, eu sempre tive o desejo de impactar positivamente aqueles que estavam ao meu redor — essa é a minha verdadeira paixão —, e a Psicologia me permitiu viver isso! Hoje, eu ajudo as pessoas a descobrirem e desenvolverem o seu potencial, conquistando uma maior inteligência emocional e relacionamentos mais harmoniosos consigo mesmas e com os outros. Meu objetivo é fazer com que todos sejam capazes de chegar à melhor versão de si mesmos, a partir do contato com os conhecimentos da área da Psicologia.

Com o intuito de tornar as discussões sobre nossa mente e nossas emoções mais acessíveis, criei o podcast Psicologia na prática — atualmente, o maior de saúde mental do Brasil. Há mais de um ano ele está no top 1 dos mais escutados no Spotify, contando com uma comunidade de mais de um milhão de seguidores. Saber que milhares de pessoas têm investido tempo para aprender mais sobre esse assunto tão importante me deixa realizada e me traz um grande senso de propósito. Além dos conteúdos no podcast, também compartilho, no meu perfil do Instagram, dicas e insights para uma vida mais equilibrada, instruindo a aplicação da Psicologia na prática de forma real e leve.

OUÇA O MEU PODCAST!

Em 2020, já com a experiência nas redes sociais, junto ao meu marido, fundei a Psi do Futuro, uma empresa com o objetivo inicial de ensinar profissionais da área da Psicologia a se posicionarem no mundo digital. Desde então, mais de três mil psicólogas e estudantes já tiveram acesso aos cursos e mentorias, transformando suas vidas e carreiras. Com o tempo, a Psi do Futuro se tornou uma clínica e, hoje, conectamos psicólogas e pacientes em um ambiente acolhedor e eficiente. Contamos com mais de cem profissionais em nossa equipe e já chegamos a mais de seis mil atendimentos.

CASO PRECISE DE ACOMPANHAMENTO PSICOLÓGICO, ENTRE EM CONTATO COM A CLÍNICA!

INTRODUÇÃO

Desde que comecei a estudar mais a fundo alguns conceitos da Psicologia, especialmente a Terapia Cognitivo-comportamental (TCC), abordagem com a qual escolhi atender aos meus pacientes, fiquei completamente encantada pela possibilidade de ter ferramentas práticas para lidar com minhas emoções e com meus pensamentos. Antes mesmo de ensinar ou ajudar alguém com o que aprendia, eu queria viver e aplicar aquelas ideias à minha própria vida. Sempre acreditei que, como psicóloga, eu não precisava ser perfeita ou dominar integralmente o meu emocional, mas deveria ser um modelo e exemplo ao lidar com essa área — mesmo que, como todas as pessoas, eu tenha desafios para equilibrá-la vez ou outra.

Percebi que, à medida que eu aplicava os conceitos acadêmicos em forma de exercícios práticos no meu dia a dia, meu modo de agir era transformado e, por meio desse entendimento, minha vida mudava em todos os aspectos. Consegui me tornar uma pessoa mais equilibrada, confiante e capaz, além de adquirir uma visão mais otimista da vida e do futuro. Sei que vários fatores contribuíram para isso, mas posso afirmar que a Psicologia na prática ajudou, e continua ajudando, a me tornar a melhor versão de mim todos os dias. Tudo isso porque o autoconhecimento me permite compreender que a maneira como interpreto o mundo e interajo com ele é capaz de impactar as minhas emoções, ou seja, ao lidar com os meus sentimentos e pensamentos, eu consigo ajustar aquilo que desejo em minha vida.

Foi motivada por essa realidade que resolvi compartilhar a minha jornada com outras pessoas por meio das redes sociais em 2018. Comecei com os 600 seguidores que tinha no Instagram, que eram, em sua maioria, familiares e amigos. Queria que **todos** tivessem acesso ao conhecimento que eu estava adquirindo, e que também pudessem colher os frutos de uma vida mais saudável emocionalmente. Com o passar do tempo, o conteúdo que eu produzia começou a ter um alcance maior e, todos os dias, eu recebia mensagens de várias pessoas que nem conhecia, mas que se identificavam com a minha forma prática de falar sobre Psicologia — o que me mostrou que, em muitos casos, o pouco interesse por assuntos relacionados à saúde mental estava relacionado à falta de informação acessível, em uma linguagem que todos pudessem compreender.

Quanto mais meu consultório, que era virtual, enchia, mais eu tinha a consciência de que não poderia limitar o alcance do meu trabalho apenas ao atendimento individual, principalmente por ter consciência da realidade da nossa nação. Se comparado a outros 64 países distribuídos em todos os continentes, o Brasil possui o terceiro pior índice de saúde mental; além disso, entre as 300 milhões de pessoas sofrendo com depressão ao redor do globo, 11 milhões são brasileiras. Os números dessas pesquisas são alarmantes, e, olhando para eles, percebo que a conscientização sobre a importância da saúde mental é cada vez mais urgente e necessária. Trazer clareza sobre esse assunto e desmistificar o funcionamento dos processos mentais, de modo a aproximar as pessoas desses conceitos — para que, além de saberem o que são, possam visualizar os resultados de inseri-los em seu cotidiano e em sua realidade —, tornou-se uma missão para mim.

Com essa urgência em mente, em 2020 — ano em que o mundo enfrentou uma pandemia e um caos global na saúde mental e física —, decidi iniciar o projeto do meu podcast, Psicologia na prática. A ideia era compartilhar, semanalmente, episódios gratuitos sobre a aplicação de todos esses conceitos teóricos, que eu havia aprendido nas salas de aula da faculdade de Psicologia, em pautas do cotidiano, começando por temas comuns às pessoas, como autoestima, saúde mental, inteligência emocional, relações interpessoais e autoconhecimento. Ao longo desses três anos, o projeto cresceu tanto que, hoje, já temos mais de 13 milhões de *streamings* e mais de 1 milhão de seguidores, além disso, estamos constantemente no topo dos podcasts mais ouvidos do Brasil. Você tem ideia de como isso é importante? Eu fico emocionada só de pensar! Porque esses números nos apontam um dado que traz esperança: as pessoas têm buscado e valorizado mais informações sobre saúde mental.

> Esses números nos apontam um dado que traz esperança: as pessoas têm buscado e valorizado mais informações sobre saúde mental.

A ideia desta obra foi justamente transformar esse conteúdo, que já tem dado tão certo em outros formatos, em um livro ou, se preferir, em um guia interativo, cuidadosamente projetado para incentivar você a explorar sua saúde mental, compreender suas emoções e aprender a enfrentar os desafios da vida de forma mais equilibrada e leve. Com base em princípios sólidos da Psicologia, compartilharei ferramentas práticas, exercícios e fortes reflexões para ajudá-lo a desenvolver uma compreensão mais profunda de si mesmo e descobrir caminhos para uma mente mais saudável. O meu desejo é que, ao longo desta leitura, você adquira um olhar mais cuidadoso para os seus processos internos, aprimorando, pouco a pouco, o seu modo de lidar com as próprias emoções. Espero que saiba, no entanto, que os seus dias não sofrerão uma mudança instantânea assim que concluir este livro, mas garanto que a jornada que viveremos a partir de agora poderá despertar você para a vida que vale a pena viver.

Parte I

NECESSIDADES EMOCIONAIS: QUAIS SÃO AS SUAS?

Capítulo 1

As raízes da emoção

Você já parou para pensar por que costuma se sentir de determinadas formas ou ter reações específicas quando exposto a certas situações? Por que alguns sentimentos aparecem com mais frequência no seu dia a dia, enquanto outros quase não são experimentados? O que explica pessoas diferentes reagirem e se sentirem de formas distintas, mesmo quando vivenciam um mesmo contexto? Quero começar a primeira parte deste livro levando você a refletir sobre essas perguntas e sobre a forma como lida com o mundo ao seu redor.

Eu sempre fui muito observadora e interessada pelo comportamento humano. Lembro-me de que, desde pequena, eu me achava bem madura e tinha o desejo de entender a forma como os outros se sentiam. Era mais introspectiva e sensível do que as pessoas ao meu redor, mas não sabia como colocar minhas emoções em palavras — em vez disso, guardava-as para mim e preferia não incomodar os outros. Esses sentimentos reprimidos me causavam angústia e, muitas vezes, "saíam" de mim por meio de doenças de fundo emocional, como a psoríase[1], que tive ainda criança.

Meus pais se divorciaram quando eu estava com 6 anos de idade, e, naquele momento, vivi meu primeiro grande impacto emocional. Consigo me lembrar da profunda dor e tristeza que passei a carregar, da saudade intensa que sentia do meu pai e da dificuldade em me abrir e falar com alguém sobre o que eu sentia. A forma como tudo isso se desenrolou, na época, me fez acreditar que eu não era boa o suficiente nem amada pelo meu pai, e esses pensamentos me acompanharam por boa parte da minha adolescência. Outras crenças negativas foram sendo construídas com comentários depreciativos que eu recebia sobre minha aparência, dentro de casa e na escola. Eu ouvia as pessoas me chamarem de magricela, "Olívia Palito"[2], nariguda, orelhuda e muito mais... Pode parecer algo tão pequeno para alguns, mas as minhas versões criança e pré-adolescente não tiveram recursos suficientes para serem blindadas disso, então o resultado foi a queda da minha autoestima e a maneira

---

[1] A psoríase é uma doença dermatológica crônica, não contagiosa, que tem como característica a formação de manchas brancas ou rosadas recobertas por um processo de descamação esbranquiçado.

[2] Olívia Palito é uma personagem de histórias em quadrinhos e desenhos animados, criada por Elzie Crisler Segar, em 1929. Ela é conhecida por ser a namorada do marinheiro Popeye nas tramas e por ter uma aparência alta e magra.

Capítulo 1: As raízes da emoção

disfuncional que comecei a lidar comigo mesma ao longo dos anos seguintes.

COMO NOSSAS CRENÇAS SÃO FORMADAS

Você, assim como eu, teve experiências no decorrer do seu desenvolvimento que impactaram o processo de se tornar um adulto. Algumas delas podem ter sido bem intensas e traumáticas, deixando marcas profundas nas suas emoções; outras podem até parecer sutis e bobas para quem ouve, mas, ainda assim, foram capazes de moldar suas crenças de forma negativa. Compreender nossas crenças — termo que já citei algumas vezes até aqui — é extremamente importante para o nosso autoconhecimento e para a percepção da forma como vivenciamos a realidade hoje. Dentro da perspectiva da Terapia Cognitivo-comportamental, abordagem com a qual trabalho e sou especialista, entendemos que as crenças são a parte mais profunda da nossa mente. Se tomássemos um iceberg como ilustração, elas seriam a área submersa, e não conseguiríamos enxergá-las por fora, a não ser por meio do que vemos diariamente com os nossos comportamentos.

> Compreender nossas crenças — termo que já citei algumas vezes até aqui — é extremamente importante para o nosso autoconhecimento.

Psicologia na prática

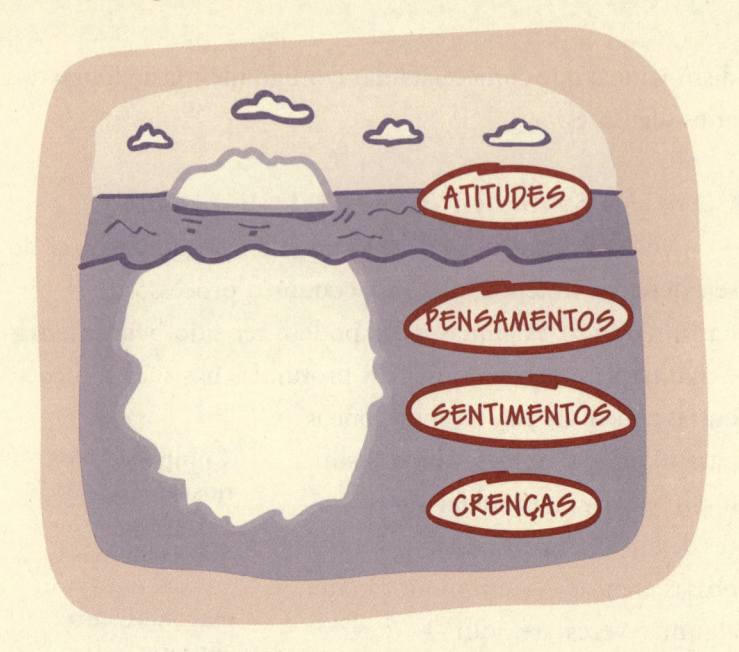

As crenças nada mais são do que verdades absolutas que carregamos sobre nós mesmos, sobre o mundo e sobre o futuro, e vão sendo construídas ao longo da vida, especialmente durante a nossa infância. Experiências marcantes e repetitivas moldam a nossa forma de enxergar e responder a algumas questões como: "Quem sou eu?", "Qual o meu valor?", "Sou digno de ser amado?", "O mundo é um lugar confiável?" e "O que posso esperar do futuro?". Nós obtemos muitas dessas respostas a partir das interações que tivemos com as pessoas com as quais mais convivemos nos nossos primeiros anos de vida. As crenças dos adultos que nos cercavam, de alguma forma, foram importadas para nós, quer queiramos ou não.

Capítulo 1: As raízes da emoção

Muitos de nós crescemos em lares disfuncionais ou convivemos com adultos que não tinham uma boa saúde mental nem conhecimento para nos ajudar a desenvolvê-la em nossa vida. Por mais bem-intencionados que fossem, os nossos pais e cuidadores — ou a maioria deles — não dedicavam um olhar atencioso para uma educação emocional de qualidade e para a construção de crenças saudáveis. Isso nos deixa com bastante trabalho a ser feito quando chegamos à vida adulta, mas, embora estejamos frente a uma tarefa desafiadora, reordenar as nossas bases não é algo impossível. Para que possamos redesenhar essa visão de mundo, precisamos de autoconhecimento e autorreflexão — que é o que buscarei oferecer ao longo deste livro.

A mente e os pensamentos humanos

Permita-me apresentar a você um breve esquema de como funciona a mente humana, e logo voltaremos para a conversa a respeito das crenças. Esse esquema chama-se "modelo cognitivo" e foi desenvolvido dentro da teoria citada por mim anteriormente, a Terapia Cognitivo-comportamental, que vamos apelidar daqui para frente de TCC. Essa modalidade de psicoterapia clínica foi desenvolvida pelo médico, psiquiatra e professor Aaron Beck, nos Estados Unidos, na década de 1960. Nessa época, trabalhando com pacientes com depressão, Beck percebeu certos tipos de pensamentos que se repetiam com frequência em pessoas deprimidas e definiu como "pensamentos automáticos" aqueles que ocorrem espontaneamente ao longo do dia. Ele demonstrou em suas pesquisas que, em indivíduos com depressão, esses pensamentos eram predominantemente negativos e incluíam muitas "distorções" (guarde esse termo, porque ainda voltaremos a falar sobre ele ao longo dos próximos capítulos). Ao continuar a pesquisa, o psiquiatra também apontou que esses pacientes tinham crenças negativas que influenciavam os sintomas emocionais e comportamentais da depressão.

A grande "virada de chave" desse estudo foi entender que, mesmo em um quadro sério de transtorno, a forma como a pessoa **pensava** estava extremamente relacionada aos sentimentos e comportamentos dela, e a mudança desses pensamentos poderia gerar um efeito tão bom no estado do paciente quanto o uso da medicação, ou até melhor. Isso nos mostra que a forma como enxergamos um problema pode ser uma questão maior do que a própria situação, por mais desafiadora que ela seja. Essa ideia não foi inventada por Beck, vem de uma filosofia antiga, mas muito atual: o estoicismo. O foco desse pensamento é a busca por aprender a viver de forma plena e leve, conquistando a paz interna, tranquilidade e felicidade. Quem não quer isso, não é mesmo?

Resumindo o modelo cognitivo de Aaron Beck, podemos compreender nossa mente da seguinte forma:

Capítulo 1: As raízes da emoção ☺

MODELO COGNITIVO DA TCC

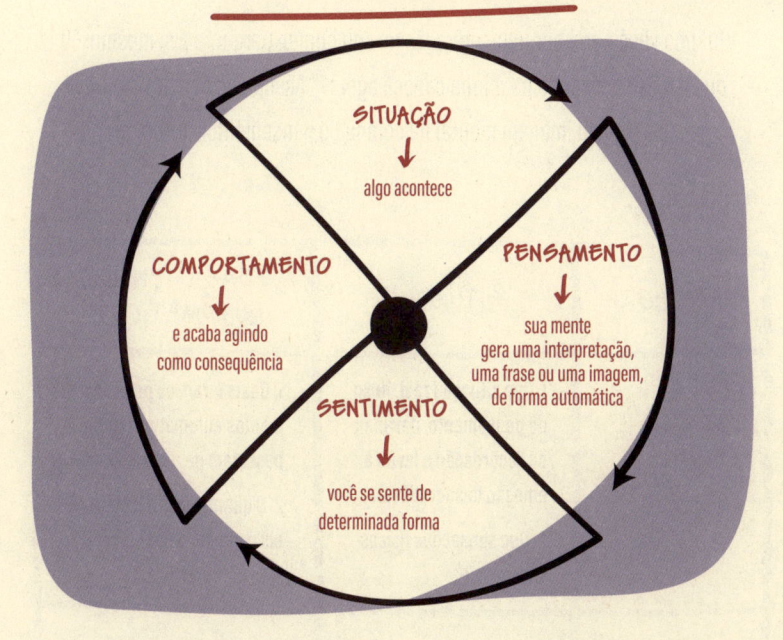

SITUAÇÃO
↓
algo acontece

PENSAMENTO
↓
sua mente gera uma interpretação, uma frase ou uma imagem, de forma automática

SENTIMENTO
↓
você se sente de determinada forma

COMPORTAMENTO
↓
e acaba agindo como consequência

Entender esse conceito fez toda a diferença na minha vida e no progresso dos meus pacientes. Na verdade, não só entendê-lo, mas realmente aplicá-lo no dia a dia. Vamos começar a fazer isso juntos agora? Pense em uma situação que tenha acontecido recentemente e que o ativou emocionalmente de uma forma negativa. Por exemplo, pode ser que um colega de trabalho tenha lhe falado algo que acabou o irritando, ou que você tenha ficado triste com uma publicação que viu nas redes sociais. Descreva a situação no diagrama a seguir e busque fazer os questionamentos sugeridos para entender melhor como você chegou até o sentimento e o comportamento em questão.

REGISTRO DE PENSAMENTOS DISFUNCIONAIS[3]

Quando você perceber uma alteração no seu humor, pergunte a si mesmo: "O que está se passando na minha cabeça agora?". Assim que possível, anote o pensamento ou imagem mental na coluna de pensamentos automáticos.

DATA/HORA	SITUAÇÃO	PENSAMENTOS AUTOMÁTICOS
	1. Que situação real, fluxo de pensamento, devaneio ou recordação o levou à emoção desagradável? 2. Que sensações físicas você teve?	1. Quais foram os pensamentos automáticos que passaram pela sua cabeça? 2. O quanto você acredita em cada um deles?

---

[3] Quadro adaptado de Judith Beck, em *Terapia Cognitivo-comportamental: teoria e prática*, 2014.

EMOÇÃO	RESPOSTA ADAPTATIVA	RESULTADO
1. Que emoção ou emoções você sentiu? (Por exemplo, tristeza, ansiedade, raiva etc.). 2. Qual a intensidade dessa emoção, em uma escala de 0 a 100?	1. Que distorção cognitiva você fez? 2. Use as perguntas no fim da página para compor uma resposta alternativa aos pensamentos automáticos. 3. O quanto você acredita em cada resposta?	1. O quanto você acredita, agora, em cada pensamento automático? 2. Que emoção ou emoções você sente agora? Qual a intensidade, em uma escala de 0 a 100? 3. O que você fará (ou fez)?

Perguntas para ajudar a compor uma resposta alternativa: **(1)** Qual é a evidência de que o pensamento automático é verdadeiro? **(2)** Há uma explicação alternativa? **(3)** O que é o pior que poderia acontecer? Eu poderia superar isso? O que é o melhor que poderia acontecer? Qual é o resultado mais realista? **(4)** Qual é o efeito de eu acreditar no pensamento automático? Qual poderia ser o efeito de eu mudar o meu pensamento? **(5)** O que eu deveria fazer em relação a isso? **(6)** Se [nome do amigo] estivesse na situação e tivesse esse pensamento, o que eu diria para ele?

Psicologia na prática

O registro de pensamentos disfuncionais (RDPD), exercício que você acabou de fazer, é uma técnica muito utilizada na TCC para ajudar os pacientes a terem mais consciência sobre suas emoções, seus comportamentos e pensamentos. Aliás, falando em pensamentos, você já se perguntou de onde eles vêm? Por que você pensa de determinada forma, enquanto outra pessoa o faz de maneira diferente? E por qual razão você se sente do modo que sente e visita as mesmas emoções com frequência? Acredito que até este ponto você já tenha entendido que as nossas crenças influenciam a nossa forma de interpretar e sentir o que acontece à nossa volta. Isso significa que os nossos pensamentos estão diretamente ligados a elas e, por isso, questionar-se acerca do que se passa em nossa mente é tão importante.

Antes de prosseguir, e para que possamos ir um pouco mais fundo, quero convidar você a olhar para a sua história. Para isso, pare por alguns instantes e responda às seguintes perguntas.

> **Quais foram as experiências mais significativas que você teve ao longo da infância e adolescência que moldaram suas crenças atuais?**

Capítulo 1: As raízes da emoção 😊

> **Que aprendizados e reflexões você pode tirar de cada uma delas?**
> _____

OLHANDO PARA A NOSSA PRÓPRIA HISTÓRIA

Todos nós, quando nascemos, precisamos dos cuidados e da atenção total de nossos pais para que tenhamos um ambiente adequado para sobreviver e nos desenvolver, crescendo de maneira saudável. Normalmente, quando pensamos nisso, levamos em consideração apenas as necessidades associadas aos cuidados físicos — como a alimentação, o sono, a proteção e as necessidades fisiológicas no geral —, e acabamos nos esquecendo de um fator de extrema importância, que influencia a formação da nossa personalidade, dos nossos comportamentos, das nossas escolhas e crenças como um todo: as necessidades emocionais básicas.

Para falar sobre esse assunto, quero apresentar um estudo do Ph.D. Jeffrey Young, psicólogo norte-americano que começou a desenvolver a Terapia de Esquemas em meados dos anos 1980. A Terapia de Esquemas é um estudo que visa avaliar, como um todo, os fatos ocorridos na educação e criação, considerando os primeiros anos de vida dos indivíduos, correlacionando as emoções, sentimentos e necessidades que todo ser humano precisa para desenvolver uma vida adulta saudável — sentindo-se merecedor, pertencente, valorizado e seguro. Afinal, isso é o que todos nós queremos, certo?

Young classificou a terapia em determinados esquemas emocionais que todas as pessoas precisam desenvolver, ainda nos primeiros anos de vida, como uma forma de sobreviver. Isso significa que todos nós temos um instinto de sobrevivência que nos leva a procurar alguma relação entre aquilo que vivemos no passado e as situações que continuamos experimentando ao longo da nossa vida. Por esse motivo, pessoas que viveram episódios de abandono, rejeição, abusos, negligências e traumas de forma geral, por exemplo, podem reproduzir situações parecidas quando se tornam adultas.

Conheço muitas pessoas que olham para suas vidas, hoje, e se perguntam: "Como é que vim parar aqui?". Quando analisam seus relacionamentos, corpo, trabalho, estilo de vida... não se reconhecem. É possível que elas tenham sonhado e desejado algo diferente para o seu futuro, mas não perceberam que os anos se passavam de forma silenciosa. Ao vivermos no que eu costumo chamar de "piloto automático", é isso o que acontece. No entanto, existe um momento em que ganhamos consciência, e, por meio dessa consciência, começamos a assumir a responsabilidade pelas coisas das quais temos controle. Quem sabe esse momento está chegando para você agora?!

Capítulo 1: As raízes da emoção 😊

Todos temos um turbilhão de questionamentos, e as respostas para grande parte deles podemos encontrar em nossa história. Por esse motivo sou tão apaixonada pelo autoconhecimento — ele é uma ferramenta incrível! Não que eu ache que tudo se resolva apenas ao olhar para dentro de nós mesmos, mas acredito que muitas coisas não destravarão do lado de fora antes de olharmos para o nosso interior.

Aqueles que não refletem sobre suas experiências e sobre a forma como foram moldados por elas têm um nível muito raso de autoconhecimento. Você já deve ter visto muitas pessoas culparem o passado por quem são hoje. O resultado disso são vidas cheias de mágoas, em que os indivíduos colocam nos pais a responsabilidade pelas faltas que têm na vida adulta. Já ouvi até pessoas falarem que a terapia fez com que elas ficassem ainda mais magoadas com o pai e a mãe, mas essa jamais é a minha intenção, e acredito que nenhum psicólogo ético e profissional tenha esse objetivo! Eu sempre costumo dizer para os meus pacientes algo que muitos outros grandes autores já falaram, mesmo que com outras palavras: "Mais importante do que o que aconteceu com você é o que você faz com o que aconteceu".

> Aqueles que não refletem sobre suas experiências e sobre a forma como foram moldados por elas têm um nível muito raso de autoconhecimento.

Quanto mais conheço as pessoas e suas vivências, mais percebo que quase ninguém passou pela infância e adolescência ileso de algum trauma, decepção, frustração, bullying, abuso, situação desafiadora na família ou problema de saúde. Eu amo ouvir histórias, todos os dias escuto as mais variadas, e cada vez a noção de "humanidade compartilhada" — a consciência de que todos nós estamos passando pela experiência humana e que temos dores parecidas — faz mais sentido. É claro que existem contextos mais difíceis e com mais consequências emocionais do que outros, mas o fato é que não podemos mudar o que nos aconteceu. Por mais que você tente, não pode trocar a sua história ou família e esquecer o seu passado. Então o que podemos fazer? Aprender a lidar com tudo isso de uma forma mais saudável e leve, aceitando o que não há como mudar.

AS NECESSIDADES EMOCIONAIS BÁSICAS

Agora que já conversamos um pouco sobre nossas crenças e sobre como as nossas experiências podem influenciar as decisões que tomamos ao longo da vida, aprofundarei a explicação do que são as necessidades emocionais básicas, trarei um pouco mais de clareza sobre cada uma e o impacto que a falta delas pode ter em nossa vida emocional adulta.

1. Aceitação e conexão

A primeira necessidade básica é a de um ambiente seguro, com aceitação e conexão, o que significa que todos nós precisamos de segurança, estabilidade, cuidado e atenção enquanto crescemos. Estar em um ambiente onde nos sentimos amados, protegidos e valorizados gera a crença de que podemos confiar

Capítulo 1: As raízes da emoção 😊

nas pessoas. Quando esse tipo de necessidade não é atendida, surgem marcas na vida adulta, especialmente se relacionarmos tal falta a um ambiente instável, em que os pais ou os cuidadores saíram de casa repentinamente, por exemplo, ou, ainda, a um ambiente hostil, em que havia abusos e negligências. O resultado de situações como essas, infelizmente, são pessoas que sentem medo de que os outros as machuquem, carregam certa desconfiança e se distanciam das relações interpessoais.

Essa necessidade diz respeito à qualidade da conexão emocional que seus cuidadores estabeleciam com você. Muitos pacientes que atendi tiveram pais distantes e frios, que não demonstravam afeto. Um ambiente assim pode gerar adultos mais carentes, que se sentem vazios e desconectados do mundo à sua volta, além de terem a sensação de solidão e dificuldade para se conectar e demonstrar afeto por outras pessoas, evitando um contato mais íntimo e profundo.

2. Autonomia e competência

No que se refere à necessidade de autonomia e competência, existe uma forte relação com o senso de identidade, de saber quem somos e quais são as nossas capacidades. Isso inclui, principalmente, sentir-se apoiado nos primeiros anos de vida, seja nos estudos ou nos problemas do cotidiano, sendo encorajado a encarar desafios e responsabilidades. Percebe-se que crianças que não foram encorajadas pelos adultos responsáveis a terem autonomia têm uma tendência a se tornarem muito dependentes e inseguras. Talvez você tenha tido pais que o protegiam demais e não deixavam você fazer nada sozinho, porque sentiam muito medo e o transmitiam a você. Isso pode ter lhe tornado um adulto que se considera incapaz e incompetente, necessitando de apoio a todo momento. Ou então pode ser que você tenha se tornado muito inseguro, apreensivo e com o sentimento de que algo ruim irá acontecer a qualquer instante, justamente por não ter tido a oportunidade de viver de uma forma mais leve.

3. Limites realistas

A falta de limites, vinda de uma grande permissividade na infância, pode ser muito prejudicial. Muitos pacientes que atendo hoje e que reclamam da dificuldade para ter disciplina, desenvolver uma rotina e fazer o que precisa ser feito mesmo sem vontade, têm histórias nas quais essa necessidade emocional não foi atendida. Os pais eram muito permissivos, a casa não tinha regras nem horários e

Capítulo 1: As raízes da emoção

a criança podia fazer o que quisesse. As consequências desse tipo de criação são adultos que se sentem superiores a outras pessoas e têm dificuldade de autocontrole. Enquanto um extremo de inflexibilidade não é saudável, esse outro lado também não contribui para uma vida adulta madura e funcional. Quando a pessoa foi inserida no segundo cenário, da educação mais permissiva, a dificuldade em respeitar limites e opiniões alheias ou conselhos é comum.

4. Liberdade de expressão

A necessidade de liberdade de expressão e emoções válidas possui relação com o incentivo à expressão dos sentimentos e emoções de forma livre e genuína. A compreensão de que tanto os sentimentos considerados bons quanto os ruins são importantes e de que as necessidades, desejos e opiniões da criança também são válidos e devem ser respeitados como os de qualquer outra pessoa envolve entender que está tudo bem não estar sempre bem, que acertar e errar faz parte da vida e que isso é um aprendizado, e não um problema. Também é reconhecer a importância de saber lidar com os conflitos internos e com os conflitos que podem surgir socialmente, além de não negligenciar o próprio posicionamento.

Psicologia na prática

Para além disso, há a necessidade de expressar o que se sente sem precisar temer uma punição. Quando crescemos em um ambiente onde não se pode expor os sentimentos de forma livre, ocorre uma forte tendência a desenvolver comportamentos de perfeccionismo, alta exigência consigo e com os outros, e necessidade de aprovação e de reconhecimento disfuncionais.

5. Espontaneidade e lazer

Esse aspecto tem relação com o fato de que, quando somos crianças, precisamos de espaço para errar, brincar e ser espontâneos sem julgamento. Quem nunca viu uma criança fazendo palhaçada, brincando e rindo? Infelizmente, em muitas famílias, isso não é permitido ou bem-visto. Existem famílias nas quais os cuidadores são muito formais e sérios, erros não são tolerados e a criança se sente menosprezada ou reprimida. A falta dessa liberdade pode fazer com que ela se torne um adulto acanhado, submisso, retraído e com falta de espontaneidade. Quando a criança está inserida em um ambiente rígido e punitivo, com muitas regras e responsabilidades excessivas, ela pode se tornar um adulto com altos níveis de cobrança e sem a capacidade de se divertir, descansar e ter prazer no cotidiano.

O QUE FAZER A PARTIR DE AGORA?

Talvez você nunca tenha tido acesso a essas informações e, agora, ao ler estas páginas, tenha se identificado com vários dos exemplos que dei. Minha intenção aqui é que você possa se conhecer mais e, por meio desses insights, buscar as mudanças necessárias. Como eu comentei antes, é normal que olhemos para essas necessidades e pensemos: "Ih, ferrou! Não recebi nem metade disso aí direito". Fique tranquilo que tem jeito! Nossos pais fizeram o que podiam e, provavelmente, não tinham esse conhecimento que você adquiriu agora.

Acredito que você já deve ter ouvido a expressão "criança interior", não é? Esse conceito é bem antigo e usado por algumas abordagens dentro da Psicologia, e quero explicar melhor como essa metáfora pode ajudá-lo. Quando falamos sobre o nosso desenvolvimento emocional, percebemos que nem sempre ele acompanha a nossa idade cronológica. Na realidade, muitos adultos carregam seus "eus infantis" e suas dores vividas na infância — que influenciam até hoje seus comportamentos e decisões. O objetivo do trabalho com a criança interna não é infantilizar o adulto, fazê-lo reviver todas suas memórias dolorosas ou sentir-se uma vítima, mas, sim, levá-lo a assumir a responsabilidade por seu comportamento atual e compreender as distorções e o impacto das experiências da infância em sua vida.

AVALIE DE 0 A 10 O QUANTO VOCÊ ACREDITA QUE RECEBEU DE CADA UMA DAS 5 PRINCIPAIS NECESSIDADES BÁSICAS DA INFÂNCIA.

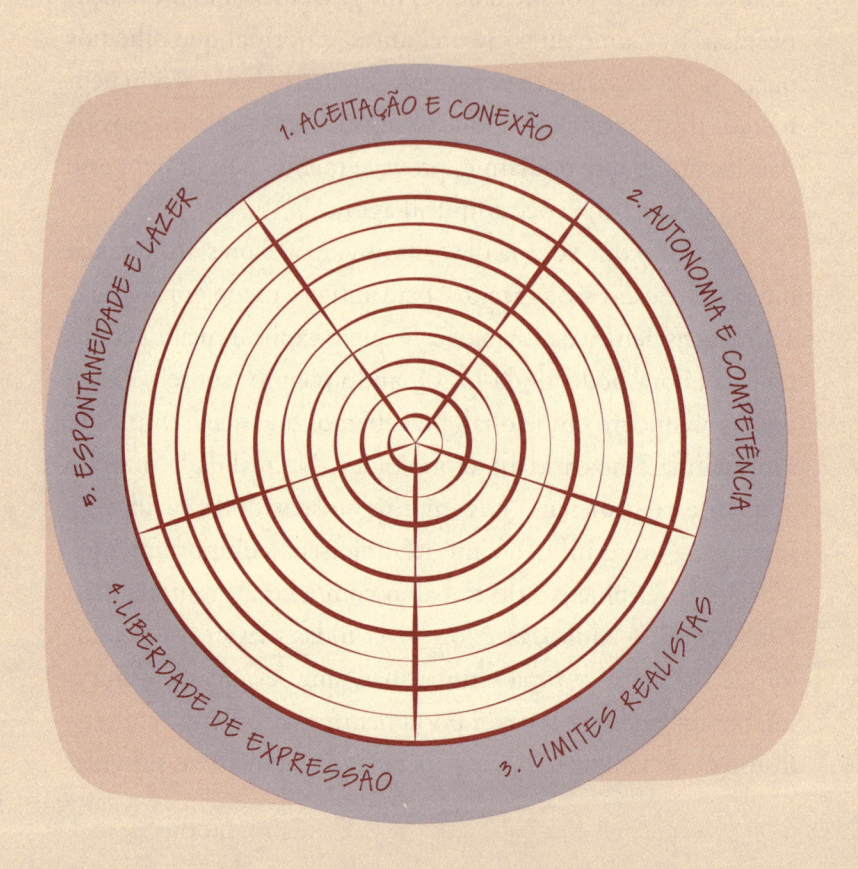

1. ACEITAÇÃO E CONEXÃO
2. AUTONOMIA E COMPETÊNCIA
3. LIMITES REALISTAS
4. LIBERDADE DE EXPRESSÃO
5. ESPONTANEIDADE E LAZER

Capítulo 1: As raízes da emoção 😊

O que fazer, então, com tudo isso? Hoje, com o conhecimento e consciência que você tem tomado acerca da sua própria história e das suas necessidades emocionais, seu papel é buscar desenvolver esses pontos que foram falhos ao longo da sua infância e adolescência. Aqui vão algumas dicas de ações práticas que você pode começar a exercitar a partir desse momento.

> 😊 **Ambiente seguro:** identifique quem são as pessoas que, nos seus dias bons e maus, respeitam, acolhem, confrontam e aproximam você da sua melhor versão. Também perceba o quanto você exerce essa postura acolhedora, respeitosa e gentil consigo mesmo nos seus dias bons e nos dias maus.
>
> 😊 **Conexão:** compartilhe, com pessoas amáveis e de confiança, medos e inseguranças que acredita que só você sente. Provavelmente, você vai perceber que elas já passaram ou estão passando por algo semelhante.
>
> 😊 **Autonomia:** busque a sua independência e o sentimento de eficácia ao se propor a fazer alguma tarefa desafiadora sozinho, do início ao fim, mesmo que pareça simples. Talvez seja ir a um café, cinema ou parque sem companhia, ou resolver algum problema que normalmente pediria ajuda para solucionar.

- ☺ **Liberdade de expressão**: sabe aquela história de que "o 'não' você já tem"? Então experimente comunicar seus sentimentos e necessidades para aumentar a chance de ser compreendido e receber o apoio e suporte que precisa (lembre-se de que o comportamento do outro não está sob seu controle).

- ☺ **Limites**: defina uma ação simples e inegociável, que seja possível manter todos os dias, mesmo sem vontade ou motivação, mas que seja importante para você. Pode ser tomar uma certa quantidade de água, meditar por dez minutos ou esperar uma hora para comer um doce após o almoço.

MAIS IMPORTANTE DO QUE O QUE ACONTECEU COM VOCÊ é o que você faz COM O QUE ACONTECEU.

Capítulo 2

Domando os sentimentos

> Existe um espaço entre o estímulo e a resposta. Nesse espaço reside nosso poder de escolher nossa resposta. Na nossa resposta residem nosso crescimento e nossa liberdade.
>
> **Autor desconhecido**

"Dize-me como lidas com as tuas emoções, e eu te direi quem és" — bem que o ditado poderia ser assim mesmo, pois podemos conhecer muito sobre alguém ao observar a forma como lida com as próprias emoções. Somos seres emocionais e, enquanto estivermos vivos e lúcidos, teremos de aprender a navegar por essa vasta experiência que é "sentir". A dificuldade em lidar com essa jornada é uma das principais demandas que aparecem no meu consultório, porque a maioria dos problemas que nós enfrentamos e que nos levam a procurar um tratamento terapêutico são o reflexo de uma desregulação emocional. Seja por causa de um problema no relacionamento, no trabalho ou até fruto de um transtorno mais grave, aprender a lidar de forma saudável com nossas emoções é imprescindível, e não saber fazer isso torna a nossa vida muito mais pesada.

Você já parou para pensar em por que você lida com suas emoções da forma que lida? Muitos fatores contribuem para isso: personalidade, temperamento, modelos que teve durante a vida, momento atual que está vivenciando, estado da saúde mental e por aí vai. Existem pessoas naturalmente mais calmas, introspectivas, pacientes, enquanto outras são mais ativas, dominantes, assertivas em relação ao que pensam e sentem. Eu, por exemplo, tenho um perfil bem mais estável emocionalmente do que o meu marido. Enquanto ele é bastante intenso e pode acessar a raiva com facilidade, eu raramente me sinto "saindo do sério". Isso pode ser algo bom — e é, na maioria das vezes —, mas pessoas assim correm o risco de serem apáticas, deixando de reagir quando a situação exige uma ação mais enérgica, ou podem, até mesmo, ter pouca motivação e entusiasmo diante da vida.

Além disso, alguns de nós cresceram vendo adultos próximos gritando, xingando, explodindo emocionalmente, enquanto outros nunca viram os seus pais chorarem ou sequer expressarem emoções negativas. Como navegar de forma saudável diante de tantos cenários possíveis? Vamos conversar sobre esse assunto ao longo deste capítulo. Antes de adentrarmos essa questão com mais profundidade, é necessário que entendamos um pouco mais sobre o que são as emoções e como podemos reconhecê-las e nomeá-las. Parece algo simples, mas a maioria das pessoas não sabe dizer o que sente e tem um "vocabulário emocional" bastante limitado.

AFINAL, O QUE SÃO AS EMOÇÕES?

Emoções são respostas naturais, do nosso cérebro e do nosso corpo, a situações e estímulos externos. Elas nos ajudam a entender e a reagir ao mundo a nossa volta. É possível que, assim como eu, você nunca tenha tido um ensino formal a respeito das suas emoções quando era mais novo. Como mãe, hoje, um dos meus objetivos com meus filhos é ensiná-los desde cedo a reconhecerem e nomearem as próprias emoções, pois sei o quanto isso vai ajudá-los a serem mais equilibrados emocionalmente no futuro. Tem um livro, bem bonitinho, que leio com o meu filho e por meio do qual ensino a ele sobre as emoções básicas e como reagimos quando sentimos cada uma delas. No dia a dia, quando algo acontece e percebo que ele ficou com raiva, triste ou frustrado, relembro o nome dessa emoção e busco direcioná-lo a agir da melhor forma para lidar com ela.

Dependendo da geração na qual se encaixa, você, provavelmente, não foi incentivado a falar sobre as suas emoções, muito pelo contrário! Se nasceu antes da década de 1980, você deve ter sido ensinado a "engolir o choro" e, constantemente, levado a reprimir o que sentia, porque diziam ser besteira. Talvez, por essa razão, até hoje você não tenha se dado o direito de sentir as suas emoções ou, muitas vezes, até as sente, mas não sabe nomeá-las ou expressá-las e, por isso, prefere escondê-las. O ponto aqui é que não precisamos ir de um extremo ao outro. As emoções não devem ser idolatradas e nem devem governar a nossa vida, porém ignorá-las e reprimi-las também não é um caminho saudável. Com toda a certeza, existem muitos problemas com a geração atual, mas não acredito que o cuidado com as emoções seja a causa deles, na verdade, pode ser a solução.

Nomear as emoções e entender de onde elas vêm nos ajuda a direcionar os nossos comportamentos e pensamentos de forma adequada e saudável. Ao compreendê-las, conseguimos observar se existe alguma disfunção, desequilíbrio ou desregulação emocional. Para que você consiga visualizar a importância de fazer isso, vamos encarar um exercício.

Pense em três grandes situações que marcaram a sua vida, seja negativamente ou positivamente.

Por exemplo, um presente muito esperado, um acidente de carro, uma mudança de cidade, um casamento ou a morte de alguém querido.

Capítulo 2: Domando os sentimentos

Pegue três canetas ou lápis de cores diferentes. Atribua cada cor a um dos momentos que selecionou e circule, na roda da próxima página, as emoções que sentiu de acordo com cada situação vivida.

Psicologia na prática

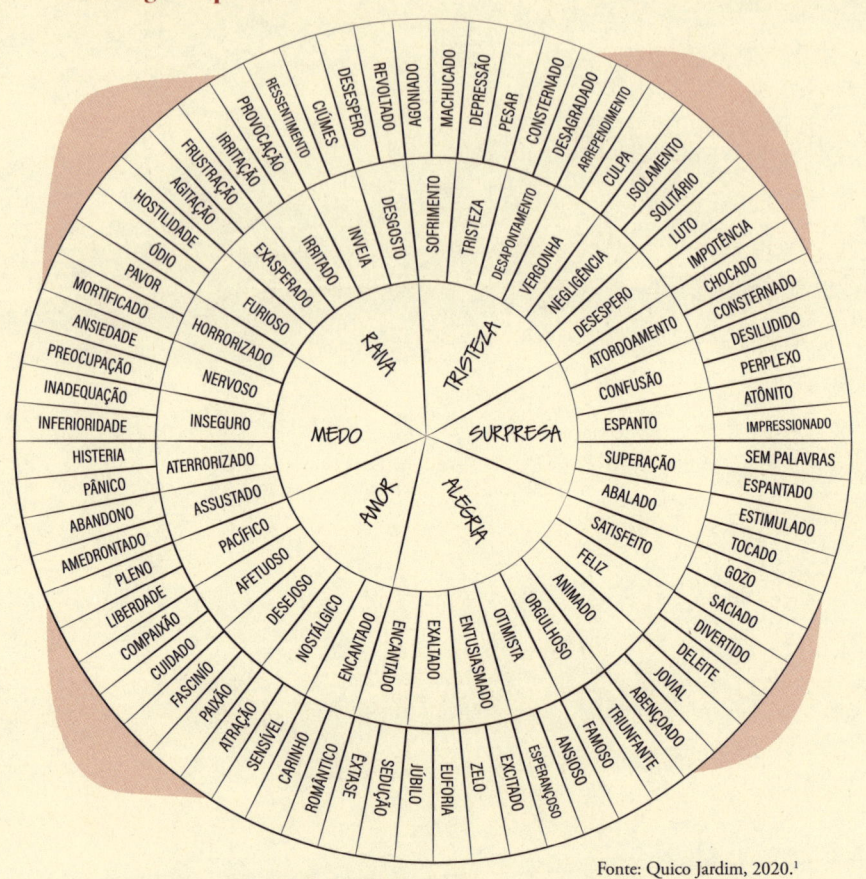

Fonte: Quico Jardim, 2020.[1]

Como ilustrado acima, existem inúmeras emoções que podem partir do que chamamos de emoções primárias — aquelas que estão situadas no núcleo da imagem. Saber que, muitas vezes, é o medo que nos leva a ter sentimentos como insegurança, preocupação, inadequação e, até mesmo, histeria

---

[1] A imagem é uma adaptação do modelo da Roda das Emoções idealizado, em 1980, por Robert Plutchik.

Capítulo 2: Domando os sentimentos ☺

pode nos tornar mais conscientes de nossas ações e emoções, e, consequentemente, nos preparar para lidar melhor com elas. Os sentimentos, diferentemente das emoções, não são uma reação imediata e curta a uma situação. Eles são como uma construção mental e uma tentativa de processar um conjunto de experiências individuais em um acontecimento, ou seja, são uma compreensão subjetiva de determinado episódio vivido. Por exemplo, ao ver um cachorro abandonado na rua com fome, você pode ter um sentimento de compaixão pelo animal, pois, mesmo que possa envolver emoções de tristeza, raiva ou amor, a sua sensação foi racional e duradoura.

Sabendo disso, é inevitável associar os dois conceitos para chegar ao autoconhecimento e entender os comportamentos humanos, pois nesse processo também precisamos compreender que as emoções têm três funções principais: transmitir uma **mensagem**, preparar o nosso corpo para uma **ação** e proporcionar a **autovalidação**.

> ☺ **Mensagem:** por meio das emoções, conseguimos nos comunicar e expressar melhor aquilo que estamos vivendo, ou seja, elas carregam consigo uma mensagem. Quando você entende isso e passa a se conectar com essa mensagem, fica muito mais fácil lidar com a emoção.

Psicologia na prática

> ☺ **Ação:** as emoções nos preparam para a ação. Por exemplo, a ansiedade, em um nível saudável, nos ajuda a ficarmos atentos, alertas e prontos para os desafios.
>
> ☺ **Autovalidação:** as emoções também nos ajudam a atender às nossas próprias necessidades quando as validamos.

REGULAÇÃO EMOCIONAL

Muitos estudos recentes da Psicologia têm abordado a regulação emocional. De forma mais técnica, ela pode ser comparada a um "termostato", pois é capaz de regular e manter as emoções em níveis saudáveis e controlados, por meio de estratégias de enfrentamento utilizadas para lidar com a intensidade emocional indesejada. Ao contrário da regulação, a desregulação emocional, por sua vez, seria a dificuldade em lidar com as próprias emoções. As consequências disso podem ser uma intensificação ou uma desativação excessiva dos próprios sentimentos — e nenhum desses dois extremos é saudável.

De forma prática, o que seriam, então, níveis saudáveis e controlados de emoção? Quais são os limites de uma boa experiência com nossos sentimentos? Esses são questionamentos complexos, e, para ajudar você, eu posso começar com a resposta clássica dos psicólogos: depende. Isso pode mudar de pessoa para pessoa e varia de acordo com o contexto

Capítulo 2: Domando os sentimentos 😊

específico de cada um, no entanto, há algumas diretrizes gerais para entender os limites de uma experiência saudável com nossos sentimentos.

1. Reconhecimento e aceitação

Emoções, sejam elas positivas ou negativas, são uma parte natural da experiência humana, e um nível emocional saudável começa com o reconhecimento e a aceitação das próprias emoções quando elas surgem. Isso significa se permitir senti-las e validá-las, em vez de reprimi-las ou negá-las.

2. Variação emocional

A experiência emocional saudável envolve uma ampla variedade de emoções, desde alegria e contentamento até tristeza, raiva e medo. Ter a capacidade de vivenciar várias emoções é uma parte importante da experiência humana e não deve ser vista como algo negativo.

3. Equilíbrio e autonomia

Emoções saudáveis envolvem equilíbrio e autonomia emocional. Isso significa que você é capaz de gerenciar suas emoções sem ser excessivamente influenciado por elas, ou seja, sem permitir que elas controlem as suas ações de maneira prejudicial

— essa seria uma intensidade emocional indesejada, como citamos anteriormente.

4. Comunicação e expressão

Uma parte fundamental do processamento emocional é a comunicação e a expressão saudável de sentimentos. Isso envolve a capacidade de expressar suas emoções de maneira apropriada, seja por meio da comunicação verbal, escrita, ou de outras formas criativas.

5. Resiliência

Ter emoções saudáveis não significa nunca enfrentar desafios emocionais. É importante ser resiliente e capaz de lidar com o estresse e situações emocionalmente desafiadoras de maneira eficaz. A resiliência envolve a capacidade de se recuperar de experiências difíceis.

Tendo esses cinco pontos em vista, é importante lembrar que as experiências emocionais são individuais, e o que é saudável para uma pessoa pode não ser para outra. O importante é buscar um equilíbrio emocional que o permita viver uma vida satisfatória, saudável e produtiva. Se você acha que suas emoções estão causando problemas significativos no seu cotidiano e nas suas relações, considerar uma ajuda profissional, como a terapia, pode ser benéfico.

Como lidar com as emoções negativas não justificáveis?

Dentro das abordagens da Psicologia, existe uma que trabalha especialmente a regulação emocional de forma muito didática e científica, a Terapia Comportamental Dialética (DBT). Essa terapia foi desenvolvida por uma psicóloga americana chamada Marsha Linehan, que, por ter o diagnóstico do Transtorno de Personalidade Borderline[2], sofreu na pele as angústias da desregulação emocional. Para quem nunca ouviu falar a respeito desse transtorno, basta, neste momento, entender que pessoas com esse diagnóstico têm muita dificuldade de manter níveis emocionais saudáveis, e, por isso, essa abordagem é tão útil — não só para essa parcela da população, mas para quem quer desenvolver habilidades emocionais mais reguladas.

Uma das reflexões interessantes que essa abordagem nos traz é o questionamento acerca da intensidade e da duração das emoções, pois, apesar de todas elas serem dignas de validação, nem todas são verdadeiras e se justificam. Faz sentido? Para que fique ainda mais claro, pare por um instante e tente se lembrar de alguma situação em que você, ou alguém próximo, enfrentou um momento emocional muito intenso e duradouro por algo

---

[2] O Transtorno de Personalidade Borderline tem como características comuns a inconstância e hipersensibilidade nos relacionamentos interpessoais, variabilidade relacionada à autoimagem, oscilações extremas de humor e impulsividade.

Psicologia na prática

que não tinha tamanha importância ou relevância. Um bom exemplo, que a maioria das mulheres já viveu, é quando vamos nos arrumar para algum evento e, por mais que tenhamos diversas opções no armário, não gostamos de nenhuma, e vem aquela frustração acompanhada de um "não tenho roupa, não quero mais ir". Por mais cômicas que sejam, situações como essa, caso aconteçam com frequência e controlem suas ações, podem ser muito prejudiciais.

O que precisa ficar claro aqui é que diante de uma alteração emocional como essa, é válido fazermos os seguintes questionamentos a nós mesmos: essa intensidade e duração está proporcional à situação? É justificável e vale a pena gastar a minha energia para sofrer por isso? Pode ser que sim, e, a partir daí, processaremos a emoção de forma cuidadosa. Caso a resposta seja "não", podemos usar estratégias para conseguir diminuir a intensidade daquele sentimento. Uma dessas técnicas da DBT é a da "ação oposta", que é usada para ajudar pessoas a regularem emoções intensas — principalmente quando se trata de algo negativo, como raiva, tristeza e ansiedade. Para aplicá-la, basta seguirmos seis passos.

1. Identifique a emoção intensa
O primeiro passo é identificar a emoção que você está experimentando. Pode ser raiva, tristeza, ansiedade, ou qualquer outra emoção negativa.

Capítulo 2: Domando os sentimentos 😊

2. Pare e reconheça a emoção

Assim que você identificá-la, pare por um momento e a reconheça. Isso envolve rotular a emoção, aceitando que você está se sentindo daquela maneira.

3. Identifique o comportamento impulsivo

Em seguida, pense sobre o comportamento impulsivo que normalmente acompanha essa emoção intensa. Por exemplo, se você está com raiva, o comportamento impulsivo pode ser gritar ou agir de maneira agressiva. Se está triste, pode ser se isolar e sentir-se ainda mais triste. No caso da situação da pessoa que acredita que não tem o que vestir para o evento, esse comportamento seria o de não sair de casa.

4. Escolha uma ação oposta

O ponto-chave da técnica da ação oposta é escolher um comportamento que seja contrário ao comportamento impulsivo. Por exemplo, se você estiver com raiva, a ação oposta poderia ser falar de maneira calma e respeitosa. Se estiver triste e com vontade de se isolar, a ação oposta poderia ser entrar em contato com alguém próximo. Já na situação da frustração por não gostar de nenhuma roupa, seria escolher a melhor opção e ir mesmo assim.

Psicologia na prática

5. Aja de acordo com a ação oposta

Agora, aja de acordo com a ação oposta escolhida. Isso pode ser desafiador, especialmente quando a emoção é intensa. No entanto, ao agir de maneira oposta ao comportamento impulsivo, você interrompe o ciclo negativo e dá a si mesmo a oportunidade de regular suas emoções de forma mais saudável.

6. Observe a mudança na emoção

Ao se posicionar de acordo com a ação oposta, você pode notar uma mudança gradual em sua emoção intensa. Isso não significa que a negativa desaparecerá completamente, mas ela pode se tornar mais gerenciável.

Essa técnica é uma ferramenta valiosa para ajudar as pessoas a evitarem comportamentos impulsivos que podem agravar seus problemas emocionais. No entanto, a prática é fundamental, e pode levar tempo até que você consiga adquirir essa habilidade. A DBT é frequentemente usada em um contexto terapêutico com o apoio de um profissional, para ajudar os indivíduos a desenvolverem as habilidades de regulação emocional. Caso você queira buscar um apoio profissional e tratamento terapêutico, acesse o QR Code ao lado e conheça um pouco mais da nossa clínica, Psi do Futuro.

Capítulo 2: Domando os sentimentos 😊

E como lidar com as emoções negativas justificáveis?

Todos nós, em algum momento, precisamos aprender a lidar e regular as nossas emoções não justificáveis. Mas e quando elas têm fundamentos e motivos justos? Como fazer para processá-las sem nos deixarmos afundar eternamente naquilo que sentimos?

Gostaria de compartilhar outra ferramenta que pode ser muito útil e didática, e que se tornará um exercício que, caso colocado em prática, pode mudar a forma como você experiencia seus sentimentos: a técnica "SEPENECO". Na verdade, esse nome é apenas uma forma simples para que você se lembre de cada uma das quatro partes da emoção que vou apresentar agora. É importante entender que nossas emoções têm esses diferentes componentes e, quando queremos modificá-las de alguma forma, podemos abordar essa mudança por meio deles, de acordo com o que conseguirmos fazer no momento. Calma, eu vou explicar...

> **Sensação:** toda emoção traz consigo uma sensação física no corpo, que pode ser um aperto no peito, uma falta de ar, um coração mais acelerado, o rosto ruborizado... é importante reconhecer como você sente cada emoção no seu corpo, para que possamos atuar nessa modificação, caso necessário.

Pensamento: como já vimos anteriormente, todo sentimento é motivado por um pensamento, uma interpretação de uma situação específica ou uma memória. Identificar o pensamento que influenciou o desencadear daquela emoção específica é muito importante e nos ajuda a avaliar qual é a melhor forma de pensar e qual é o caminho mais equilibrado.

Necessidade: por trás de toda emoção desconfortável, existe uma necessidade que, muitas vezes, não foi atendida. Do que você estava precisando, emocionalmente falando, que não obteve? Saber essa resposta irá ajudá-lo a resolver a situação da melhor forma e a fazer os pedidos que forem necessários para os envolvidos. Necessidades emocionais podem ser: querer ser ouvido, validado, sentir-se conectado, valorizado, entre outras.

Comportamento: como você agiu ao sentir-se dessa forma? Foi a melhor maneira? Quais consequências esse comportamento trouxe? Ter esses dados completa o diagnóstico da emoção e da forma como você lida com ela. Isso o ajudará a buscar melhores formas de reagir nas próximas vezes.

Para ficar ainda mais claro, vou dar um exemplo desse esquema nas próximas páginas e, logo a seguir, deixarei um

Capítulo 2: Domando os sentimentos ☺

espaço para que você possa exercitar essa percepção ao escrever sobre uma situação que lhe ativou emocionalmente de forma negativa nesses últimos dias.

Imagine uma situação em que você marcou um jantar na sua casa com alguém especial — seu cônjuge, um familiar ou um amigo muito querido. Você vai ao supermercado, limpa toda a casa, prepara o ambiente, faz a comida e, de repente, com tudo pronto, a pessoa lhe envia uma mensagem dizendo que, por conta do trabalho, ela chegará uma hora atrasada. Em um momento como esse, quais sensações, normalmente, teríamos? Destrinchando as quatro partes da emoção apresentadas anteriormente, a sensação inicial poderia ser de angústia — geralmente, quando eu fico frustrada ou com raiva, por exemplo, tenho vontade de chorar e sinto apreensão, como se houvesse um nó na minha garganta, e essa, portanto, seria uma sensação física. O pensamento imediato sobre isso seria acreditar que a pessoa teve falta de consideração; por trás desse pensamento, talvez existisse a necessidade de sentir-se respeitado, visto e amado. Além disso, o comportamento, também automático, poderia ser fechar a cara, chorar ou fazer inúmeras ligações para a pessoa, certificando-se de que ela chegará.

Quando guiamos a nossa a reflexão a partir do SEPENECO, podemos fazer modificações em alguma das quatro partes da emoção, até que sejamos capazes de modificá-la por completo. Analisando o exemplo dado do jantar, de forma racional, se a pessoa vai apenas se atrasar, não seria difícil esperá-la e tentar compreender o motivo pelo qual ela demorou

Psicologia na prática

a chegar. Mesmo que, no calor do momento, a nossa reação inicial seja negativa, sempre conseguimos modificar como nos sentimos, entendendo a maneira como poderíamos agir em relação a essas quatro partes da emoção da seguinte forma:

Sensação: poderíamos tentar regular a vontade de chorar ou a angústia com um exercício de respiração. Ou seja, quando ficamos demasiadamente ativados emocionalmente, um exercício de respiração diafragmática — em que você inspira durante quatro segundos, segura a respiração durante mais quatro segundos e, então, solta o ar pela boca — pode nos dar uma sensação maior de tranquilidade. Essa prática é especialmente útil quando ficamos muito ansiosos ou com muita raiva.

Pensamento: poderíamos modificá-lo buscando formas mais equilibradas de refletir sobre a situação. Será que, devido a um único atraso, a pessoa teve falta de consideração, deixando claro que não nos ama tanto quanto a amamos? O pensamento mais equilibrado, nesse caso, seria a tentativa de entender o que aconteceu, planejando uma conversa, e, se possível, dar continuidade ao jantar. Isso não quer dizer que ficaremos felizes com a situação, mas podemos lidar racionalmente com a circunstância em que nos encontramos.

Capítulo 2: Domando os sentimentos

Necessidade: é fundamental entendê-la e validá-la. E isso pode nos ajudar, inclusive, a melhorar nossa comunicação com o outro. Então, quando a pessoa chegar para o jantar, podemos lhe explicar como nos sentimos, dizer a ela o quanto esse compromisso era importante e quais foram os pensamentos gerados a partir da situação. Não somente isso, mas essa também pode ser uma oportunidade de ter a compreensão do outro, demonstrar o esforço para entender o que aconteceu e expor o quanto aquele jantar era algo valioso.

Comportamento: só somos capazes de escolher como vamos agir quando conseguimos fazer toda essa reflexão, pois a possibilidade de escolha vem ao compreendermos o que estamos sentindo, pensando e qual é a nossa necessidade. Uma vez que entendemos o nosso corpo, podemos nos comportar de uma maneira diferente, sem que seja necessário gritar ou brigar.

Modificar a nossa emoção significa ser capaz de passar por cima da situação, respirar fundo e, ainda, jantar com a pessoa, mesmo que ela tenha se atrasado. A questão é que nós só conseguimos agir dessa maneira quando temos autoconsciência: somente assim podemos ver mudanças efetivas em nós. É verdade

Psicologia na prática

> Modificar a nossa emoção significa ser capaz de passar por cima da situação, respirar fundo e, ainda, jantar com a pessoa, mesmo que ela tenha se atrasado.

que, no calor do momento, não é simples fazer essa reflexão — aliás, costuma ser bem difícil —, mas é importante, pelo menos no início, que sejamos capazes de analisar o nosso comportamento diante de cenários como esse, mesmo que essa análise aconteça depois da situação.

Para ajudar você a iniciar esse processo, eu gostaria de propor uma reflexão sobre o último momento desafiador que vivenciou. Com o tempo, esse exercício de autopercepção e autoconsciência poderá auxiliar você a adquirir mais consciência e a agir diferente durante os episódios de frustração.

Primeiro, descreva a situação.

	Como você se sentiu? Quais foram as sensações físicas?	Como poderia regular essas sensações?
SE		
	O que você pensou?	Como poderia equilibrar os seus pensamentos?
PE		
	Quais necessidades estavam por trás da situação?	Você foi capaz de entendê-las e validá-las? Há algo que possa ser feito para comunicar as suas necessidades?
NE		
	Como você se comportou?	Como agiria caso tivesse equilibrado os seus pensamentos e conseguido identificar suas sensações e necessidades?
CO		

MAPA DO EQUILÍBRIO EMOCIONAL

O que eu estou sentindo?
"Percebo que estou me sentindo ansioso."

O que aconteceu para que eu me sentisse assim?
"Acordei atrasado de manhã e tive de fazer tudo com pressa."

De que forma eu interpretei essa situação?
"Pensei que eu era muito desorganizado e irresponsável e que não teria tempo para fazer todas as demandas do dia."

Qual seria a forma mais leve de interpretar isso?
"Eu me permiti dormir um pouco mais, porque estava cansado! Isso acontece... Farei o possível para cumprir minhas tarefas com mais tranquilidade a partir de agora."

AS EXPERIÊNCIAS EMOCIONAIS SÃO INDIVIDUAIS, E O QUE É SAUDÁVEL PARA UMA PESSOA pode não ser para outra.

Capítulo 3

O início do autoconhecimento

A busca pelo autoconhecimento é uma máxima na nossa geração. Se formos conversar com nossos pais ou avós, perceberemos que há pouquíssimos anos não havia tanta familiaridade ou interesse por questões como essa. Apesar disso, o processo de autoconhecimento é uma jornada intrínseca à condição humana, com raízes profundas na história da filosofia, que remontam a diversas tradições culturais ao redor do mundo. Na Grécia Antiga, Sócrates, figura emblemática, proclamou: "Conhece-te a ti mesmo"[1], destacando a importância da introspecção e do questionamento incessante como fundamentos para o desenvolvimento pessoal. Inclusive, a TCC (a essa altura

---

[1] Trata-se de um dos 147 aforismos, conhecidos como máximas délficas, inscritos no Templo de Apolo, em Delfos, na Grécia. Tais máximas eram preceitos morais que formavam a base da civilização, dos costumes, da linguagem e do pensamento helênico.

Psicologia na prática

você já deve saber o que essa sigla significa) utiliza como um de seus métodos o questionamento socrático, que consiste em fazer perguntas destinadas a facilitar o pensamento e a autoexplicação do paciente — e não ficar dando respostas prontas aos seus problemas. Voltando a Sócrates, seu discípulo Platão e, posteriormente, Aristóteles, também expandiram essas reflexões, explorando temas relacionados à alma, à razão e à ética.

A percepção de que a busca pelo autoconhecimento é algo recente e característico da geração atual pode ser influenciada por uma variedade de fatores, incluindo mudanças culturais, sociais e avanços tecnológicos. Podemos perceber uma ênfase maior na individualidade nos dias de hoje, já que nas sociedades mais antigas a ênfase, muitas vezes, estava na coletividade e nas responsabilidades familiares ou comunitárias. As preocupações diárias estavam frequentemente centradas na sobrevivência, na manutenção da ordem social e na transmissão de tradições. A globalização e os avanços tecnológicos na comunicação também permitiram um acesso mais amplo a diversas perspectivas e filosofias de vida. Além disso, as gerações deste tempo têm muito mais exposição a ideias sobre desenvolvimento pessoal, autoaperfeiçoamento e espiritualidade de diferentes partes do mundo.

Algo interessante a se pensar é que, em muitas culturas mais antigas, as estruturas sociais eram mais rígidas e as pessoas tinham papéis socialmente definidos. Nossos avós, por exemplo, raramente se questionavam sobre seu propósito, pontos fortes, crenças e o que eles queriam conquistar futuramente. A vida

Capítulo 3: O início do autoconhecimento

estava posta, e o propósito era inerente: cumprir sua função social, seja qual fosse. É claro que sempre havia pessoas que questionavam e fugiam da regra, mas não era tão comum. Hoje, a sociedade frequentemente incentiva a busca por identidade própria e realização pessoal, promovendo a reflexão sobre quem somos e o que queremos. Como tudo na vida, existem os dois lados da moeda. Enquanto temos mais liberdade pessoal e permissão para autenticidade, todo esse questionamento e busca também podem levar a uma falta de referências e crises de identidade, como temos visto bastante atualmente. Você pode me dizer: "Mas, calma, o que isso tem a ver com a Psicologia na prática?", e a minha resposta é: "Tudo!". Precisamos entender o contexto em que vivemos para podermos ter uma visão mais ampla do que estamos falando aqui.

> A vida estava posta, e o propósito era inerente: cumprir sua função social, seja qual fosse.

AFINAL, QUEM SOU EU?

Você já se pegou tentando ser parecido com as pessoas ao seu redor, seguindo o *status quo*, buscando fazer o que todo mundo faz e vendo que isso simplesmente não funciona para a sua vida? Já se sentiu frustrado por não conseguir reconhecer tão facilmente seus interesses e habilidades e ficou "patinando" para fazer algumas escolhas, como na vida profissional? Talvez você já tenha se sentido "um peixe fora d'água", mas eu tenho uma boa notícia: hoje, na realidade em que vivemos, temos tempo e permissão para investigar e procurar respostas para essas questões. A busca pelo autoconhecimento, normalmente, aparece na vida de alguém em momentos de crises — quando estamos tentando nos descobrir de alguma forma. A terapia pode ser uma excelente ferramenta para auxiliá-lo nessa jornada, mas existem outras maneiras de lidar com isso que quero compartilhar aqui com você.

Conhecer a si mesmo profundamente é um processo diário e uma caminhada para a vida, sem linha de chegada. Dificilmente alcançaremos o ponto em que falaremos: "Pronto, conheci tudo sobre mim, posso parar por aqui". Isso porque, simplesmente, estamos em constante mudança, crescendo e nos desenvolvendo em todas as áreas. Os ambientes que frequentamos e as pessoas com as quais nos relacionamos se diversificam, enquanto as fases diferentes da vida trazem desafios e mais informações a respeito de quem somos. Por exemplo, embora eu já esteja no processo de autoconhecimento há alguns bons anos, os desafios do empreendedorismo, da maternidade, da escrita de um livro, da elaboração de uma dissertação de mestrado e da conciliação de todos esses papéis me fazem ter de crescer e, como consequência, trazem ainda mais reflexões.

COMO DESENVOLVER O AUTOCONHECIMENTO?

De forma bastante prática, como de costume, gostaria de compartilhar com você cinco formas de iniciar esse processo.

Capítulo 3: O início do autoconhecimento

São questões que podem parecer básicas, a princípio, mas que são bastante profundas quando de fato colocadas em prática.

Conheça os seus pontos fortes

A primeira delas é buscar conhecer seus pontos fortes. Caso você nunca tenha feito uma lista a respeito disso, chegou a sua hora. Eu me lembro de quando ainda estava na faculdade de Psicologia e comecei a estagiar em uma empresa de consultoria em Recursos Humanos. Fazíamos processos seletivos para outras instituições, buscando selecionar os melhores profissionais para determinada vaga, e, para isso, realizávamos dinâmicas em grupo, entrevistas e testes psicológicos. Eu adorava essa parte de tentar conhecer aquele ser humano que estava na minha frente e fazer um "raio-X" da personalidade, dos pontos fortes e interesses, das habilidades e dos objetivos de vida. Foi um verdadeiro laboratório para aprender sobre como conhecer as outras pessoas e, de quebra, a mim mesma.

Um dos primeiros pontos das entrevistas era: "Fale um pouco sobre você". Ali, já era possível perceber muito sobre os valores daquela pessoa e sobre as coisas que ela considerava mais importantes. Era nítido ver quem já tinha um repertório maior de autoconhecimento e quem ficava completamente paralisado, sem saber o que falar sobre si. A pergunta mais temida, no entanto, era essa sobre os pontos fortes. A maioria trazia um discurso ensaiado e características genéricas; muitos nem sequer sabiam citar exemplos ou situações reais em que aquelas qualidades apareciam. Foi após me deparar com isso

Psicologia na prática

que comecei a me questionar e a buscar entender quais eram os meus pontos fortes. De fato, essa não é uma tarefa fácil. Acredito que, se a pergunta fosse a respeito de nossos defeitos, a maioria de nós teria uma resposta bem mais rápida — mas, evidentemente, não falaríamos abertamente em uma entrevista de emprego (isso é conversa para outro momento).

Caso você também considere essa uma tarefa muito difícil, vou deixar abaixo algumas perguntas que podem ajudá-lo a chegar à sua própria lista de pontos fortes.

☺ Para quais atividades as pessoas pedem a sua ajuda? Pense naquelas tarefas que você mesmo costuma se oferecer para auxiliar.

☺ O que você faz tão bem a ponto de ouvir de outras pessoas: "Você deveria trabalhar com isso"?

☺ Em quais momentos da sua vida você se destacou ou foi bem-sucedido? Quais foram as principais qualidades que você precisou ter nessa experiência?

☺ Qual parte do seu trabalho você mais gosta?

☺ Quais tipos de atividades você tem mais facilidade em aprender?

Capítulo 3: O início do autoconhecimento ☺

> ☺ Peça feedbacks de pessoas mais próximas — familiares, colegas e amigos — e complemente sua lista com o que você achar que faz sentido nas respostas deles.

Conheça seus pontos fracos

A segunda forma que você pode utilizar para desenvolver seu autoconhecimento tem a ver com a primeira, mas pode ser ainda mais desafiadora. Você deve buscar identificar e aceitar aquilo em que não é tão bom assim — sabendo que, embora nem sempre seja fácil, o único modo de tentar melhorar genuinamente é reconhecendo suas falhas e seus defeitos.

Durante o meu estágio com Recursos Humanos, nas entrevistas de emprego, essa pergunta normalmente recebia respostas genéricas como "sou ansiosa" ou "sou perfeccionista" — aquele tipo de defeito que não é tão "ruim" assim e pode se encaixar para quase qualquer pessoa. Aqui, eu quero e espero que você consiga alcançar um pouco mais de profundidade.

Lembro-me de que, nessa mesma época em que eu estava estagiando, comecei a me deparar com características que não gostava nem um pouco em mim. Na verdade, desde a adolescência, tinha dificuldade em aceitar meu jeito de ser e minha personalidade. Eu não via em mim nada relevante e que pudesse realmente fazer a diferença, e isso me frustrava. Desde criança, eu era mais quieta e reservada, mais introspectiva e calma. No entanto, naquele momento, estava entrando no mercado de trabalho e convivendo com pessoas de perfil ambicioso,

Psicologia na prática

confiante, extrovertido e sociável. Eram mulheres que eu admirava muito como profissionais, mas que tinham traços e personalidades completamente diferentes dos meus. Este é um grande erro que muitos cometem: comparar características suas com as de pessoas que têm uma personalidade distinta. Não é novidade que, quando fazemos isso, acabamos nos sentindo inferiores de alguma forma, apenas por sermos diferentes.

O exercício que quero propor aqui, sem autocrítica exagerada, é que você busque reconhecer aquilo em que pode melhorar. Assim como na seção anterior, também é válido pedir a opinião de pessoas em quem confia e que poderão agregar com um novo ponto de vista — vale lembrar que, neste momento, é importante não ficar na defensiva, mas se permitir ouvir e refletir.

☹ Quais são os desafios ou as situações que você enfrenta com mais frequência? Identificar padrões de dificuldade pode revelar áreas específicas que exigem atenção.

☺ Busque feedbacks honestos de colegas, amigos e familiares sobre áreas em que você pode melhorar. Pergunte sobre pontos específicos e esteja aberto a críticas construtivas.

Capítulo 3: O início do autoconhecimento

- ☹ Reflita sobre críticas recebidas no passado, seja no trabalho ou em situações pessoais. Há padrões ou temas comuns nelas que apontam para áreas específicas de melhoria?

- ☺ Considere situações em que você enfrentou dificuldades pessoais. Quais habilidades ou características você acredita que poderiam ter tornado essas situações mais gerenciáveis?

- ☺ Avalie suas habilidades técnicas e interpessoais. Existem áreas em que você se sente menos competente? Identificar lacunas de habilidades é o primeiro passo para melhorar.

- ☺ Preste atenção às reações e interações com os outros. Existem momentos em que as pessoas parecem desconfortáveis ou insatisfeitas? Essas pistas podem indicar áreas a serem aprimoradas.

Faça as pazes com a sua história

Eu sei que, para muitas pessoas, revisitar a própria história é um exercício complexo e até mesmo doloroso, mas é importante que você saiba que o processo de autoconhecimento necessariamente passa pelo olhar de toda a nossa jornada até aqui e, por isso, fazer as pazes com o que, por algum motivo, ainda

Psicologia na prática

está pendente é essencial. Afinal, como falei no primeiro capítulo, todos tivemos experiências ao longo do nosso desenvolvimento que nos marcaram profundamente e estabeleceram nossas crenças. Isso significa que muito do que somos e acreditamos hoje foi construído no decorrer da nossa trajetória.

Quando fazemos as pazes com a nossa história, somos capazes de falar sobre situações que, mesmo que tenham nos machucando muito no passado, acabaram nos trazendo algum aprendizado. Um dos traços que carreguei desde a infância até a fase adulta, por exemplo, foi o fato de me fechar em alguns momentos. Aparentemente, esse comportamento acontecia "do nada": eu me sentia angustiada, ficava séria, triste e procurava algum ambiente em que pudesse permanecer sozinha. Somente após um questionamento do meu marido, reparei nesses episódios que aconteciam comigo e passei a refletir sobre essa questão. Eu percebi que ficava angustiada ao me sentir feliz — ou seja, quando estava em uma situação muito alegre, logo vinha uma tristeza. Eu não sabia por que aquele comportamento existia, mas comecei a me lembrar de que, na infância, nos momentos em que eu estava muito feliz, a minha memória me apresentava outra realidade: os meus pais estavam separados.

Por que isso acontecia? Quando sentia alegria em uma situação com a minha mãe, inevitavelmente acabava me lembrando de que o meu pai não estava presente, então eu me entristecia; pensava que não poderia ficar tão feliz daquela maneira, porque alguém que eu amava não estava ali. Sem perceber, carreguei isso para a minha vida adulta e só fui capaz de lidar com essas situações

Capítulo 3: O início do autoconhecimento 😊

de forma adequada ao compreender o que realmente acontecia comigo. Ainda hoje, esses sentimentos tentam se aproximar e, quando isso ocorre, eu falo comigo mesma: "Eu posso estar feliz, não tem problema! Os meus pais também estão felizes, eles seguiram as próprias vidas e está tudo bem".

Você percebe a importância de termos um olhar cuidadoso e atento para o nosso passado? É claro que não podemos parar por aí, pois, uma vez que compreendemos as situações que ainda impactam a nossa vida no presente, é necessário que tomemos atitudes para gerar uma mudança em nós. Ainda assim, a maioria das respostas de que precisamos estão na nossa história, e isso é um fato. Muitas vezes, atividades que você gosta muito de fazer foram descobertas na sua infância, por exemplo, e, hoje, são os seus hobbies.

Para ajudá-lo nessa reflexão, eu quero propor um exercício: escreva a sua história, a sua biografia. A escrita é uma ferramenta bastante terapêutica no processo de autoconhecimento e, com certeza, ajudará você a se lembrar de situações que precisam ser revisitadas. Para auxiliá-lo no processo de escrita, pense nas seguintes perguntas.

> **Você percebe a importância de termos um olhar cuidadoso e atento para o nosso passado?**

- 😊 Como você foi criado? Como os seus pais o tratavam?
- 😊 Como você era quando criança?
- 😊 Como você se comportava sozinho e em público?

Psicologia na prática

☺ Como foi a sua adolescência?

☺ Qual era o contexto da sua escola e das suas vivências?

☺ Quais eram os seus sentimentos mais frequentes?

☹ Quais foram as maiores dificuldades pelas quais você passou?

☺ Quais foram as suas maiores alegrias?

😐 Com quem você aprendeu determinados comportamentos?

☺ E as suas qualidades? Vieram de alguém do seu contexto?

Conheça os seus valores

Para começar, é fundamental que você saiba e reconheça quais são os seus valores pessoais, pois tê-los bem estabelecidos é superimportante para ter clareza sobre aquilo que pauta a sua vida, além de facilitar muito quando você tiver de tomar uma decisão. Mas, afinal, o que são esses valores? Segundo o dicionário Michaelis, são nossas "crenças em relação ao que é certo e errado, **ao que é importante na vida**, em termos morais, culturais e sociais" (grifo nosso). De forma bem simples, os valores pessoais nada mais são do que aquilo que você valoriza, são as coisas realmente importantes para você, as questões inegociáveis, aquelas das quais você não abre mão.

Capítulo 3: O início do autoconhecimento

No processo de autoconhecimento, temos a chance de descobrir quem nós somos e de identificar quais são, de fato, os nossos valores. Às vezes, consideramos algo importante porque fomos ensinados daquela forma, mas nunca refletimos realmente sobre aquilo. É por isso que, após conhecer os seus pontos fortes, os seus pontos fracos e fazer as pazes com o seu passado, é fundamental ter clareza sobre o que é importante e inegociável para você. Quando isso acontece, é possível que aquilo que fazia sentido, aquela crença que antes o estava limitando, já não tenha mais tanta relevância, de modo que você consiga eliminá-la e substituí-la por algo verdadeiramente significativo na sua vida. Esse aprendizado é contínuo e não tem um ritmo certo para acontecer, mas, com certeza, poderá ajudá-lo a não se colocar em situações que vão contra os seus princípios.

O entendimento dos nossos valores pessoais pode nos levar a compreender, também, quais são as atividades que mais nos motivam no dia a dia, pois, quando estamos vivendo aquilo em que acreditamos, acabamos nos sentindo bem e completos. Você já passou por isso? Já teve aquela sensação de plenitude após realizar alguma tarefa? É provável que você tenha grandes indicativos dos seus valores se já se pegou pensando em frases como: "Eu me sinto tão bem quando estou com a minha família", ou "quando estou conectado com Deus", ou "quando estou estudando, trabalhando, ganhando dinheiro…".

Pare por alguns minutos e pense nas palavras que podem resumir os seus princípios ou valores pessoais. Depois, marque na próxima página o que é realmente importante para você. Caso

Psicologia na prática

tenha pensado em algo que não está escrito na imagem, utilize os espaços em branco para incluir.

Família	Espiritualidade	Justiça	Sucesso
Propósito	Realização	Disciplina	Dinheiro
Saúde	Determinação	Fidelidade	Excelência
Liberdade	Perseverança	Coragem	Honra

Viva os seus valores

Por fim, para desenvolver autoconhecimento, você precisa viver os seus valores e princípios no dia a dia. De nada adianta ter conhecimento sobre eles se as suas ações não estiverem congruentes com isso. O autoconhecimento também é saber escolher os ambientes e as pessoas com as quais queremos caminhar — de preferência, aquelas que compartilham valores e princípios semelhantes aos nossos —, porque, vivendo dessa forma todos os dias, com certeza nos sentiremos melhores sobre nós mesmos e poderemos nos conhecer ainda mais.

UMA CAMINHADA SEM LINHA DE CHEGADA

Este capítulo é um convite para que você embarque na jornada do autoconhecimento. Eu tenho certeza de que, à medida que avançar, você começará a perceber quais aspectos precisam ser mudados na sua vida e quais relacionamentos devem ser reavaliados. Depois disso, as suas tomadas de decisão se tornarão muito mais precisas.

A minha dica para você é: não compare o seu processo com o de outras pessoas. Muitos já estão em uma trajetória de autoconhecimento e desenvolvimento avançada, mas ninguém nasce sabendo falar sobre si mesmo — tudo o que aprendemos aqui pode ser desenvolvido. O autoconhecimento é um processo, não ocorre da noite para o dia.

Eu acredito que todos nós carregamos conosco um potencial e, por isso, a tomada de autoconsciência é tão fundamental para que possamos reconhecer quais são as aptidões que temos para colocar em prática. É verdade que não somos bons em tudo, mas, com certeza, nós somos bons em muitas coisas. As pessoas que têm autoconhecimento, de certa forma, tendem a ser mais felizes e conseguem lidar melhor com os desafios

Psicologia na prática

da vida, pois são capazes de estabelecer limites e de não tomar para si o que é do outro. Aqueles que não se conhecem, por outro lado, têm uma probabilidade enorme de ter uma vida com mais frustrações e maiores decepções.

O processo de autoconhecimento é transformador e nos permite melhorar a nossa qualidade de vida, as nossas relações e o nosso senso de propósito. Não se preocupe caso, ao longo deste capítulo, você não tenha conseguido responder a algumas perguntas, mas também não espere por todas as respostas para começar a agir. Afinal, a caminhada é contínua; sempre haverá tempo de recomeçar e, constantemente, você descobrirá novas questões sobre si mesmo.

NO PROCESSO DE **autoconhecimento,** TEMOS A CHANCE DE DESCOBRIR QUEM NÓS SOMOS E DE IDENTIFICAR QUAIS SÃO, DE FATO, OS **nossos valores.**

Capítulo 4

O cuidado com a saúde mental

Deixe-me começar este capítulo com uma pergunta: você já parou para pensar e avaliar se a sua mente está saudável? Será que ela precisa de atenção? É interessante pensarmos sobre isso, pois se eu perguntasse como vai a sua saúde física, você certamente pararia, refletiria e logo me daria uma resposta: pensaria em como estão os seus exames, se sente alguma dor, se tem disposição ou se lida com alguma doença… Após uma rápida avaliação, você chegaria, facilmente, a alguma conclusão, já que esses são parâmetros para medir a saúde do seu corpo.

Quando falamos sobre a saúde emocional ou mental, no entanto, muitas pessoas nem sequer sabem definir o que é ou como avaliá-la, mas ela é tão importante quanto o seu bem-estar físico — até porque uma coisa está diretamente conectada à outra. Se você não está com suas emoções e sua mente em dia, isso pode começar a interferir no bom funcionamento do seu corpo, trazendo consequências para a sua saúde física também. O contrário é tão verdadeiro quanto. Geralmente, quando estamos dispostos a cuidar do nosso corpo, por meio de exercícios físicos e de uma boa alimentação, por exemplo, a nossa saúde mental é impactada: ficamos mais felizes, dispostos, acabamos nos sentindo mais animados e nos tornamos pessoas mais disciplinadas.

A saúde mental, portanto, está relacionada à forma como lidamos com as nossas emoções, com os obstáculos da rotina e com os fatores que nos causam estresse — que sabemos não serem poucos, diga-se de passagem. A Organização Mundial da Saúde (OMS) a define como um estado de bem-estar que permite às pessoas lidarem com os momentos estressantes da vida, desenvolvendo as suas habilidades, trabalhando produtivamente e contribuindo com a melhoria da sociedade. Ou seja, ao contrário do senso comum, definir uma boa saúde mental vai muito além de ter ou não alguma doença emocional.

> A saúde mental, portanto, está relacionada à forma como lidamos com as nossas emoções.

É muito comum encontrarmos pessoas que estão cansadas mentalmente, mas que não conseguem identificar, em seu dia a dia, o que causa essa fadiga e possível adoecimento. Já atendi muitos pacientes com essa questão e, nos últimos tempos, tenho notado um movimento de artistas e figuras públicas sendo vulneráveis em relação a esse assunto nas redes sociais. Mas por

Capítulo 4: O cuidado com a saúde mental 😊

que isso acontece? Embora as discussões sobre o tema estejam aumentando, nem todos entendem que essa é uma questão de saúde pública — nesse sentido, estamos bem atrasados.

No ano de 2021, por exemplo, os transtornos mentais e comportamentais foram a terceira principal causa de afastamento do trabalho, de acordo com o INSS. Olhando para esse fato, podemos dizer que o bem-estar emocional é colocado em segundo plano — ou, até mesmo, esquecido — diante de um ritmo intenso de trabalho, em que não existem pausas nem momentos sustentáveis de descanso e de bons hábitos. Tudo isso associado a uma autocobrança excessiva e à pressão por uma alta performance e por bons resultados é uma receita perigosa, que só pode culminar em adoecimento. O problema — e isso não acontece apenas com artistas — é que, em geral, o resultado desse estilo de vida só é levado em consideração quando atinge um estado extremo, e é justamente por esse motivo que quero apresentar informações e dicas práticas para que você cuide bem da sua saúde mental.

> Tudo isso associado a uma autocobrança excessiva e à pressão por uma alta performance e por bons resultados é uma receita perigosa, que só pode culminar em adoecimento.

Não espere ter um grande problema ou desenvolver algum transtorno para buscar a ajuda de um psicólogo e começar a se preocupar com esse aspecto da sua vida.

Psicologia na prática

AS DIMENSÕES DO BEM-ESTAR PSICOLÓGICO

A psicóloga americana Carol Diane Ryff desenvolveu um modelo de escalas psicométricas destinadas à avaliação do bem-estar psicológico (BEP) de um indivíduo, baseando-se em seis dimensões: autoaceitação, propósito na vida, domínio sobre o ambiente, relações positivas com outros, crescimento pessoal e autonomia. A partir dessa análise, entende-se que a saúde mental não está em níveis adequados quando algum desses pontos é pouco desenvolvido — ou, até mesmo, inexistente.

1. Autoaceitação

O primeiro fator está relacionado a ter uma atitude positiva sobre si mesmo, entendendo os aspectos diversos da sua personalidade e imagem, e aceitando as singularidades que o fazem único. Dentro desse tópico, podemos considerar a autoestima, autoconfiança, autoeficácia e o autoconceito, além da autoimagem.

Durante a minha adolescência, essa dimensão era um grande desafio para mim e impactava fortemente a forma como eu me via e me relacionava com as pessoas, pois eu me enxergava de uma maneira distorcida e inadequada. Nessa fase, enquanto minhas colegas de escola passavam por um processo de desenvolvimento do corpo, eu me achava

Capítulo 4: O cuidado com a saúde mental 😊

muito magra e feia, por causa do meu biotipo. Por não saber lidar muito bem com isso, desenvolvi uma compulsão alimentar: comia excessivamente diante do medo de perder peso e era tomada por uma ansiedade e angústia em relação ao meu corpo, sentindo-me culpada e recorrendo a comportamentos compensatórios, como vomitar — o que me fez chegar ao início de uma bulimia. Na época, eu achava que minhas reações aconteciam porque estava passando mal ou algo parecido, mas percebi que, na realidade, estava entrando em um ciclo perigoso. Felizmente, em pouco tempo, minha mãe descobriu e me ajudou a perceber o que estava acontecendo, então comecei a regular esses comportamentos e a me reerguer sozinha, porque, naquela época, questões terapêuticas não eram tão debatidas na minha casa.

Claro que, como qualquer comportamento, muitos fatores me levaram a esse ponto, foi algo multifatorial. Consegui me libertar e não cheguei a desenvolver um transtorno alimentar, mas vejo que me aproximei dessa realidade mais do que deveria. Naquele momento, eu olhava para a minha personalidade mais introvertida e para as minhas características e as considerava negativas. Meu nível de autoaceitação não estava equilibrado: além de não aceitar meu corpo, eu mesma reprovava o meu jeito de ser — o que apontava para uma saúde mental ruim.

Ter uma atitude positiva sobre si mesmo é algo que precisa ser desenvolvido constantemente. Afinal, quem nunca se pegou questionando o próprio valor após uma situação negativa? Quando isso acontece, precisamos dar alguns passos para trás a fim de analisar todo o cenário e reconhecer quem nós somos de fato, para não acabarmos nos apegando a uma distorção da nossa imagem. Esse ponto é fundamental para nos mantermos mentalmente saudáveis.

2. Propósito de vida

A segunda dimensão da saúde mental é o senso de propósito que todos precisamos desenvolver para manter o bem-estar psicológico. Esse é um assunto bastante extenso e teremos um capítulo exclusivamente sobre ele, mas adianto que essa questão pode estar relacionada a um sentido de missão de vida, vocação, profissão ou sonho. Eu, por exemplo, motivada a encontrar um objetivo maior para os meus dias, decidi mudar o curso que fazia na faculdade.

Sempre fui muito boa com os números e, consequentemente, acreditava que deveria estar em uma área "de exatas". Além disso, minha família prezava por uma carreira que me proporcionasse

Capítulo 4: O cuidado com a saúde mental

estabilidade financeira e segurança, o que me fez avaliar várias opções antes de prestar o vestibular. Com esses dois fatores diante de mim, após concluir o Ensino Médio, decidi ingressar na faculdade de Engenharia de Alimentos — porque acreditava nessa área e enxergava um bom futuro nela. A questão é que quando comecei a namorar o Israel, meu marido, ele me perguntou a respeito do curso que eu fazia e, ao ouvir minha resposta, olhou para mim e disse que aquela graduação não tinha nada a ver comigo. Eu tentei afirmar o contrário e me justifiquei dizendo que era boa naquilo e que gostava da ideia de construir uma carreira na área. Depois de um tempo, no entanto, parei para refletir e cheguei à conclusão de que eu realmente não queria seguir aquela profissão.

Foram necessários alguns meses até que eu percebesse que era a área da saúde que me encantava de verdade. A partir dessa compreensão, o que me restava era enfrentar as opiniões externas, vencer o meu medo e seguir o meu sonho. Então deixei a Engenharia e me encontrei na Psicologia. Hoje, vejo como essa decisão fez sentido para minha vida, dando-me senso de propósito e realização por poder contribuir, com aquilo que faço e com as minhas experiências, para a vida das pessoas. Acredito que quando encontramos satisfação nas nossas atividades, recebemos ânimo e resiliência para alcançar objetivos e realizar planos.

3. Domínio sobre o ambiente

Este ponto tem a ver com a nossa capacidade de nos ajustar e manejar ambientes para satisfazer as necessidades e os valores que carregamos — prezando pela nossa segurança física, cuidando da preservação e integridade dos locais nos quais vivemos, e adaptando as novas informações que recebemos. Nessa dimensão, entra a forma como escolhemos — e até mesmo criamos — bons ambientes para o nosso desenvolvimento. Quando nos tornamos capazes de desenvolver o domínio sobre as condições em que vivemos, adquirimos, de certa forma, maior controle sobre a nossa própria vida.

Essa dimensão é fundamental para a manutenção da nossa saúde mental, pois está relacionada à possibilidade de regularmos cenários desafiadores, em vez de sermos influenciados por eles — o que, muitas vezes, pode resultar em ansiedade e estresse. Se não temos domínio sobre o ambiente, ficamos mais vulneráveis àquilo que nos cerca.

Capítulo 4: O cuidado com a saúde mental 😊

4. Relações positivas com outros

Este quarto tópico está associado à construção de relacionamentos saudáveis, baseados em confiança, acolhimento e segurança. É um aspecto que pode ser facilmente observado no nosso cotidiano: se estamos inseridos em relações tomadas de brigas, insultos e xingamentos, acabamos nos distanciando da ideia de relações positivas. Por outro lado, se construímos amizades e conexões em que existe mútuo respeito e escuta, estamos desenvolvendo bem essa dimensão.

Relacionamentos saudáveis agregam grande valor à saúde mental de qualquer indivíduo, mas eu sei que nem sempre temos o controle da realidade na qual estamos inseridos. É por isso que buscar essas relações nos lugares que frequentamos precisa ser uma prioridade, pois ter pessoas para compartilhar os momentos da vida atribui a nós um senso de valorização e validação — essenciais para o bem-estar mental.

5. Crescimento pessoal

O crescimento pessoal também é uma dimensão relacionada ao BEP e está ligado a um processo de autoconhecimento constante e à busca por evolução em várias áreas, seja no âmbito financeiro, espiritual, emocional, relacional, profissional ou físico. Esse ponto lhe propõe a valorização das suas conquistas e permite que você visualize o seu processo de crescimento como ser humano — suas ações e comportamentos são transformados em um potencial a ser alcançado, de modo a experimentar uma vida mais feliz e leve.

Uma experiência marcante que me proporcionou esse tipo de desenvolvimento foi o estágio sobre o qual falei no capítulo anterior, na área de Recursos Humanos. Imersa naquele ambiente, eu estava decidida a seguir aquele caminho, devido à segurança que existia no mundo coorporativo. No entanto, a minha surpresa, depois de vários processos, foi entender que, na verdade, a clínica era o caminho que mais fazia sentido com o que eu acreditava e com a evolução que buscava. A partir de um aprendizado pessoal, pude chegar às decisões que me levaram a me tornar a minha melhor versão, valorizando uma vida mais leve e plena. É importante que você entenda que o crescimento pessoal não tem relação com a alta performance que observamos muito no empreendedorismo, pelo contrário, é sobre buscar se aprimorar para viver melhor, sem cobranças desproporcionais.

Capítulo 4: O cuidado com a saúde mental 😊

6. Autonomia

Um dos principais pontos que trabalho na terapia, por meio da abordagem da TCC, é devolver a autonomia dos meus pacientes — e isso significa ajudá-los a se tornarem pessoas emocional e financeiramente independentes, por exemplo. Essa dimensão do bem-estar psicológico está diretamente relacionada ao domínio do ambiente, porque envolve a habilidade humana de conseguir organizar as próprias emoções e condições financeiras — entre outras áreas — de forma autônoma.

Desenvolver a autonomia é fundamental no processo de compreender nossas próprias emoções, uma vez que nos ajuda a lidar com aquilo que sentimos e com o modo como reagimos a situações negativas e inesperadas. Uma pessoa que apresenta bons níveis nessa dimensão é capaz, até mesmo, de remediar questões mais complexas, sem cair em comportamentos disfuncionais ou em grandes oscilações, aumentando o bem-estar psicológico. Para concluir este tópico, preciso falar sobre a importância de sermos cuidadosos nesse aspecto, para não confundirmos autonomia com autossuficiência — esta, certamente, não nos leva a um caminho saudável.

Psicologia na prática

Agora que já sabe quais são as dimensões do bem-estar psicológico, você se sente pronto para fazer uma avaliação da sua saúde mental? Há alguma área, entre as seis citadas anteriormente, em que você percebe a necessidade de ser mais intencional? Se você entende que vive uma ausência de domínio sobre o ambiente, talvez esteja sempre estressado por não ser capaz de se ajustar a um momento no trânsito, por exemplo. É possível que o seu cansaço mental venha da falta de equilíbrio entre esses pontos.

Em que área da sua vida você precisa ser mais intencional?

Capítulo 4: O cuidado com a saúde mental ☺

COMO MANTER UMA BOA SAÚDE MENTAL?

Você teve dificuldade em fazer o exercício anterior? É muito comum que, mesmo depois de ter acesso às seis dimensões do bem-estar psicológico, as pessoas não saibam exatamente como equilibrar todas essas áreas para preservar uma mente saudável. Um bom parâmetro para iniciar essa reflexão é se fazer algumas perguntas.

- ☺ Eu estou cultivando minhas emoções positivas?
- ☹ Consigo lidar de forma proporcional com pensamentos e sentimentos?
- ☺ Sou capaz de resolver bem os problemas que surgem?
- ☺ Estou desenvolvendo resiliência?
- ☺ Tenho bons hábitos?
- ☺ Estou me relacionando de forma saudável com os outros?

Se a resposta para essas perguntas for "sim", parabéns! Tudo indica uma boa saúde mental. Mas, se uma ou mais respostas forem negativas, é importante manter a calma. Sempre podemos melhorar, certo? Ninguém está perdido e condenado a ter uma mente bagunçada por causa disso; ações simples podem nos ajudar a desenvolver e melhorar esses aspectos. A partir disso, existem alguns passos práticos que podem auxiliá-lo a estabelecer cuidados básicos com a sua saúde mental, e é sobre eles que quero falar agora.

Aprenda a lidar melhor com as emoções

A primeira ação para buscar melhorar o modo como lida com as suas emoções é aprender a reconhecê-las, nomeá-las e entender quais pensamentos contribuíram para você se sentir de tal forma. Isso com certeza o ajudará a desenvolver mais inteligência e consciência emocional. Você pode começar por meio de conteúdos voltados para esse assunto, como este livro e o podcast Psicologia na prática — além, e principalmente, da terapia individual.

Crie uma rotina de autocuidado

Outro ponto importante é buscar ter uma rotina de cuidado com a sua saúde física, pois, como já abordamos aqui, corpo e mente são complementares e influenciam um ao outro. Para fazer isso, você deve prezar por um bom sono, boa alimentação e exercícios físicos regulares — eles são ótimos aliados para a sua saúde emocional. Embora esses hábitos estejam relacionados ao seu corpo físico, se não estiverem em dia, podem desregular a sua química cerebral e contribuir para o mal-estar emocional.

Foque no presente

Além de aprender a lidar com as emoções e criar uma rotina de cuidado com o seu corpo, é essencial que você foque no presente e viva um dia de cada vez. Fazer listas diárias das suas pendências e das tarefas que tem de resolver pode o ajudar a não se distrair e a controlar pensamentos ansiosos, pois, ao fazer isso, você visualiza melhor suas demandas e começa a se sentir um pouco mais leve no seu dia a dia. Lembre-se: aprender a viver um dia de cada vez também é cuidar da sua mente. Se você ficar pensando, agora, em todos os compromissos que tem na próxima semana ou no próximo mês, vai começar a se sentir estressado e sobrecarregado por antecipação.

Seja intencional nas suas relações

Como já conversamos, a quarta dimensão do bem-estar psicológico são as relações positivas, ou seja, elas também nos auxiliam na manutenção de uma boa saúde mental. Por isso, seja intencional em gerenciar as suas relações, construir bons relacionamentos e ter momentos saudáveis de conexão com as pessoas de quem você gosta. Faça isso de forma regular e não fique adiando para se encontrar ou falar com seus amigos e familiares. Coloque na agenda e torne isso um compromisso na sua semana!

Descanse e conecte-se com os seus valores

Por fim, tenha momentos de descanso e desconexão do trabalho, é muito importante que o seu tempo envolva períodos

Psicologia na prática

prazerosos e de lazer. Quando você faz isso semanalmente, acaba trabalhando de uma forma preventiva na sua saúde emocional, pois conectar-se com os seus valores e objetivos potencializa o seu bem-estar. Claro que agir de maneira congruente àquilo que você acredita e entender que a saúde mental é algo que precisa ser desenvolvendo ao longo da vida é um processo, não ocorre de uma hora para a outra — assim como a saúde física não é decidir malhar, fazer check-in na academia apenas uma vez e achar que está 100%. Uma mente e um corpo saudáveis exigem constância; só assim é possível caminhar em uma jornada de bem-estar.

O que você pode começar a fazer hoje para melhorar a sua saúde mental?

Lembre-se de colocar esses pontos em prática!

Capítulo 4: O cuidado com a saúde mental ☺

O IMPACTO DA GRATIDÃO NA NOSSA MENTE

Quando falamos sobre Psicologia, temos a tendência a associar seus estudos somente às emoções negativas e aos transtornos mentais — até os anos 2000, na verdade, o foco realmente estava direcionado a esses aspectos. Isso se deve, de certa forma, ao fato de termos de lidar com essas questões para que, enfim, possamos alcançar uma mente saudável. A grande questão é que valorizamos o impacto que as emoções negativas têm sobre nós e ignoramos o potencial das emoções positivas sobre a nossa mente, limitando o cuidado com a nossa saúde mental. A Psicologia Positiva, teoria proposta por Martin Seligman, psicólogo norte-americano, é uma abordagem que, embora não seja a minha principal linha de análise, está bem presente no meu trabalho com os pacientes e estuda os efeitos das emoções positivas na vida das pessoas (afinal, a maioria de nós não deseja apenas sobreviver, mas ter uma vida significativa — falaremos mais sobre isso em outro momento).

Entre essas emoções positivas está a gratidão, palavra que talvez até gere algum nível de desconforto, já que o que mais temos visto nas redes sociais é o seu uso constante. É importante que você saiba, no entanto, que não estou falando sobre uma atitude "*gratiluz*", que ignora os aspectos negativos da vida, mas sobre um olhar sincero e atento para o dia a dia, reconhecendo seu próprio avanço e os presentes vindos de outras pessoas — é mais ou menos como a capacidade de contemplar o arco-íris após uma chuva forte. Uma pessoa sempre pessimista dificilmente se verá grata diante de alguma situação, pois ela não consegue identificar questões boas e positivas em sua vida. Embora esse seja um caso específico, para a maioria de nós, isso significa abrir mão da visão vitimista de si mesmo, do senso de direito e das preocupações exageradas.

Muitos estudos já comprovam os impactos positivos da gratidão no nosso bem-estar e nas relações sociais. Christopher Peterson e Martin Seligman, em seu livro *Caracter strengths and virtues* ("Pontos fortes e virtudes do caráter", em português), trazem muitas pesquisas não apenas sobre a gratidão, mas também sobre outras emoções positivas que podemos nutrir. Os resultados de um desses estudos, feito por Robert Emmons e Cheryl Crumpler, na Universidade da Califórnia, apontam que as pessoas que mantêm diários de gratidão semanalmente são mais otimistas e sentem-se melhor diante da vida; aquelas que não têm o costume de fazer esse exercício, por outro lado, apresentam-se mais pessimistas — ou simplesmente neutras — em relação aos seus dias. Outros estudos também comprovam que a gratidão proporciona maiores atos de bondade entre as pessoas, além de aumentar os níveis de satisfação e entusiasmo.

Além de todos esses resultados mentais e emocionais, as evidências de que um estilo de vida grato pode melhorar os sistemas cardiovascular e imunológico têm crescido. Isso se explica, porque emoções negativas, como a raiva, aumentam as frequências cardíaca e respiratória, ao passo que as emoções positivas podem melhorar o nosso domínio sobre o ambiente, evitando que os nossos batimentos cardíacos, por exemplo, tenham grande variação.

Acho importante trazer todos esses dados e pesquisas para ressaltar que pequenas decisões e mudanças no nosso pensamento e comportamento têm o poder de impactar a nossa qualidade de vida. Nossos dias não podem ser um fardo, e sim uma dádiva. Porém, para que tenhamos esse entendimento, precisamos ter domínio sobre o modo como encaramos as situações. Por isso, quero propor que, ao finalizar este capítulo, você reflita sobre as coisas que geram gratidão em você e registre cinco delas nesta página. Confesso que, por muito tempo, eu não fui uma pessoa grata, mas, após fazer esse exercício por um período considerável, essa atitude se tornou natural para mim, e hoje tenho facilidade em contemplar o dia e agradecer — seja por um momento em família ou pelo alimento na mesa. Lembre-se de que a sua saúde mental precisa receber tanta atenção quanto a sua saúde física, por isso não seja negligente com esses cuidados.

> Nossos dias não podem ser um fardo, e sim uma dádiva.

Psicologia na prática

Escreva aqui os seus motivos de gratidão:

1. _____

2. _____

3. _____

4. _____

5. _____

É ESSENCIAL QUE VOCÊ **foque no presente** E VIVA UM DIA DE CADA VEZ.

Capítulo 5

Felicidade utópica

Como ser feliz? Como construir uma vida de plena satisfação? Não é raro nos depararmos com perguntas como essas, e o motivo é algo comum que todos nós, enquanto seres humanos, buscamos: a felicidade. Diferentemente de muitos debates que temos em nossos dias, esse é um assunto que permeia a humanidade há muitos séculos — Aristóteles e diversos filósofos da Antiguidade debruçaram-se sobre essa questão; as grandes religiões também tentam, de diferentes formas, responder a essas perguntas. De fato, todos desejam ser mais felizes — é como se esse anseio fosse intrínseco à existência humana. Todo mundo luta por isso, mas o que essa plenitude significa, exatamente? Existem diversas formas de enxergarmos esse conceito, e talvez por esse motivo seja tão difícil responder aos questionamentos feitos na primeira linha deste capítulo.

Psicologia na prática

O mais comum é associarmos a felicidade à ausência de problemas e dificuldades, e a uma vida de prazer, alegria e satisfação — afinal, todos nós gostamos desse "sentimento gostosinho" de estar bem, e é justamente aqui que está a grande questão! Se ficarmos em busca de emoções boas, prazerosas, alegres e satisfatórias em todo tempo, sempre nos veremos frustrados. Preciso dizer que essa é uma luta perdida. Isso, porque sentimentos não duram para sempre, e não importa o quanto tentemos contê-los: em algum momento eles passarão.

> Isso, porque sentimentos não duram para sempre, e não importa o quanto tentemos contê-los: em algum momento eles passarão.

Nós temos uma tendência a desejar que dias felizes não acabem nunca, e, por isso, após vivenciarmos um momento realmente feliz — seja fazendo algo de que gostamos, estando com pessoas queridas ou comemorando uma grande conquista —, queremos prolongar a sensação de felicidade, que envolve lembranças e sentimentos muito bons. No entanto, os dias passam e, inevitavelmente, vêm a rotina e as situações difíceis. Esse fato nos mostra que a busca incessante apenas por sentimentos prazerosos é, na verdade, algo perigoso que nos leva ao imediatismo.

> Na sua perspectiva, e de acordo com as suas vivências, o que é a felicidade? Como e quando você acha que poderá se considerar uma pessoa plenamente feliz?

TUDO EM NOME DA FELICIDADE

No final da década de 1960, o psicólogo Walter Mischel desenvolveu o "teste do marshmallow", que unia uma série de experimentos para avaliar a capacidade de uma criança de renunciar a um prazer imediato em troca de uma recompensa maior no futuro. A regra era bem simples: um marshmallow era colocado em uma mesa, em frente a uma criança sentada. Ela precisaria esperar, sem comê-lo, até que o pesquisador voltasse para a sala. Se a criança seguisse a instrução e não comesse o doce, ganharia outro como recompensa. Caso comesse antes do tempo determinado, o próprio marshmallow seria a recompensa imediata. Hoje em dia, vídeos como esse viralizam nas redes sociais — nem sempre com um marshmallow, mas sempre com algo tentador para a criança.

Durante a realização do experimento, vários cenários foram registrados: algumas crianças conseguiam aguardar, enquanto outras mal esperavam o pesquisador sair da sala para atacar o marshmallow à sua frente. Essa é uma boa ilustração de como o ser humano cede a prazeres imediatos e negocia resultados maiores e melhores pelo simples desejo de querer estar feliz naquele momento ou pela ansiedade causada pela frustração de não ter o que quer quando quer. Por causa disso, três pontos precisam ser considerados.

- ☺ Temos de assumir o controle das nossas emoções.
- ☹ Não podemos nos enganar com gratificação imediata (pois ela também é momentânea).
- ☺ Precisamos fazer planos e focar nos objetivos em longo prazo.

EXTREMOS

Além desse impulso de suprir a necessidade de ser feliz o tempo inteiro, existem algumas filosofias recorrentes na nossa sociedade sobre a busca pela felicidade e pela boa vida, uma delas é o *carpe diem* — o pensamento de aproveitar o dia e o momento presente como se fosse o último, pois só o que importa é o agora. É muito provável que você já tenha se deparado com esse conceito em algum lugar: tatuagens, quadros, papéis de parede e até artes na internet. Porém, a questão é que esse tipo de filosofia nos coloca em uma estrada perigosa de busca por prazer acima de tudo e a qualquer custo.

Se ficarmos presos à ideia de que tudo o que importa é o **agora**, não conseguiremos construir um **futuro** e teremos a tendência de tomar decisões sem pensar nas **consequências** — que podem ser desde problemas financeiros até um consumo exagerado de álcool ou uma relação disfuncional com a comida. Pensamentos como "A vida é muito curta para me preocupar!" ou "Só se vive uma vez, então farei apenas o que me faz feliz!" vêm de um extremo alarmante e, em longo prazo, certamente não nos ajudam a construir uma vida congruente com os nossos valores e verdadeiramente feliz. Você já parou para pensar nisso? A felicidade imediata pode culminar no sofrimento futuro.

É importante lembrar que essa filosofia de *carpe diem* é diferente da ideia contida na técnica de *mindfulness*, utilizada na TCC, que diz respeito a se concentrar no aqui e no agora. Pode parecer paradoxal, porque, de fato, é essencial se conectar com o presente e com as coisas que estão sendo vividas neste momento, evitando altos níveis de ansiedade; a problemática existente no *carpe diem*, no entanto, está em não olhar para a vida de uma forma macro e em longo prazo.

Psicologia na prática

Encontrando o equilíbrio

No seu dia a dia, você costuma praticar alguma atividade que não seja simples nem rápida, mas que gere algum nível de satisfação? A Psicologia Positiva fala sobre a felicidade existente quando entramos no que é chamado de "estado de *flow*". Esse estado nada mais é do que o momento em que estamos imersos em uma tarefa desafiadora que combina os nossos interesses e as nossas habilidades — em geral, nós nem vemos o tempo passar, pois estamos focados, completamente concentrados no aqui e no agora, em um fluxo de satisfação. Perceba: isso não tem relação com o *carpe diem*, não existe um prazer imediato, pelo contrário, o prazer é gerado lentamente, à medida que a tarefa é concluída, por isso, esse engajamento está muito mais ligado à prática de *mindfulness*.

Você já passou por uma experiência assim em alguma atividade que não tinha relação com o seu trabalho? Talvez fazendo uma pintura ou realizando algum outro hobby, como jardinagem, corrida, culinária... Aqui, vale a pena voltar ao capítulo 3 e retomar os seus pontos fortes. Após identificar a atividade que o faz entrar em estado de *flow*, separe um dia, nesta semana, para praticá-la — encontrando a felicidade que não está atrelada ao imediatismo.

A FELICIDADE ESTÁ ALÉM

Apesar de tudo, a felicidade pode ser enxergada de uma outra forma, e eu, particularmente, me identifico mais com este conceito e busco trazê-lo para minha realidade: atrelar esse aspecto à construção de uma vida mais rica, plena, significativa e com mais propósito. Além das diversas teorias filosóficas acerca desse assunto, a Psicologia também traz uma perspectiva sobre essa linha de pensamento dentro de uma das suas abordagens, a Terapia de Aceitação e Compromisso (ACT).

Essa terapia foi desenvolvida por Steven C. Hayes e pode ser muito útil para o tratamento de dores crônicas, ansiedade e outras questões. O objetivo da ACT consiste em trazer uma maior flexibilidade psicológica ao indivíduo e maior consciência do momento presente, estimulando-o a se comprometer com ações que estejam alinhadas aos seus valores pessoais.

A noção de felicidade como uma vida mais plena, mais rica e mais significativa, desenvolvida nessa técnica, atribui sentido à nossa existência e pode nos conduzir na direção dos nossos valores. O resultado não é um sentimento passageiro e insaciável, mas uma sensação profunda de estar vivendo uma vida bem vivida, dirigindo os seus dias com intencionalidade — fora do piloto automático e fazendo boas escolhas. Esse tipo de pensamento nos leva a reconhecer que a vida não é perfeita, que os problemas, desafios e obstáculos existem, mas não anulam a construção que estamos fazendo na nossa jornada.

A IMPORTÂNCIA DA DOR E DOS TEMPOS DIFÍCEIS

Um estilo de vida leve e pautado em propósito envolve momentos de prazer e alegria. A questão é que, mesmo assumindo a direção dos nossos dias com intencionalidade, não nos tornamos isentos de emoções desconfortáveis, como a tristeza, o medo, a angústia ou a raiva — todos nós, em algum momento, vamos nos deparar com isso. Querer viver de forma mais completa é abraçar essa gama de emoções disponíveis, sejam positivas ou negativas, e saber lidar com cada uma delas.

A dor e o sofrimento fazem parte da vida. Isso pode nos assustar, na maioria das vezes, mas sem eles não existem o crescimento e o amadurecimento. É como o desenvolvimento de uma criança, por exemplo — se você é mãe, assim como eu, vai se lembrar dos difíceis saltos de desenvolvimento do seu filho.

> Querer viver de forma mais completa é abraçar essa gama de emoções disponíveis, sejam positivas ou negativas, e saber lidar com cada uma delas.

No momento em que os dentes do bebê começam a nascer, ele fica incomodado, porque esse processo causa dor; no entanto, sabemos que isso precisa acontecer para que a criança possa mastigar alimentos e digerir melhor a comida. O corpo do bebê está crescendo, então demanda novos artifícios, habilidades e experiências para mantê-lo saudável — é um processo comum e natural a todos, mesmo sendo doloroso.

Por esse motivo, todos nós precisamos encarar o fato de que, mais cedo ou mais tarde, passaremos por uma situação difícil ou por uma vivência dolorosa. Nós iremos nos sentir vulneráveis e frágeis; iremos adoecer e, em algum momento, perder alguém que amamos, ou até mesmo morrer. Nós

Capítulo 5: Felicidade utópica

não temos como fugir de eventos assim! E não digo isso para lhe deixar sem esperanças, pessimista e deprimido, só gostaria de lembrá-lo que ser feliz não é se isentar dos problemas e da tristeza, vivendo apenas bons momentos ou fazendo só o que proporciona felicidade.

Se isso for "ser feliz" para você, temos um grande problema! A felicidade será inalcançável. A boa notícia é que, embora muitas dessas situações difíceis estejam completamente fora do nosso controle, podemos aprender a lidar melhor com elas. Se pensarmos que ser feliz é simplesmente sentir-se bem o tempo inteiro, isso não vai funcionar. Mas se encararmos esse conceito como a construção de uma vida mais plena e significativa, aprendendo a lidar com a dor, certamente cresceremos e desenvolveremos habilidades emocionais saudáveis.

A chave aqui é que não precisamos anular os momentos complicados — até porque nem temos essa capacidade —, mas podemos escolher lidar melhor com eles. Diante das dificuldades, é importante sabermos que, embora não possamos controlar certas coisas, conseguimos reduzir os impactos de determinadas situações e ainda criar uma vida significativa apesar dos momentos difíceis.

Se você estiver enfrentando alguma dificuldade agora e se perguntando quando será feliz de novo, eu lhe peço que tenha calma. Você pode ser feliz agora, pois a felicidade não é antagônica ao sofrimento. Como exercício, pense naquilo que leu até aqui e reflita sobre a sua situação.

Psicologia na prática

Qual é o cenário que não está sob o seu controle hoje?

Como você pode reduzir os impactos dessa situação?

Como você trará significado para a sua vida a partir do que está acontecendo agora?

Capítulo 5: Felicidade utópica

No livro *Em busca de sentido*, o psicólogo Viktor Frankl fala sobre pessoas que passam por extremo sofrimento na vida e que, diante da dor, tendem a buscar um sentido para a própria existência. As considerações de Frankl são muito interessantes para refletirmos sobre os nossos próprios dias, afinal, se acreditarmos que tudo acontece devido ao acaso, será muito difícil ter forças para passar pelas dificuldades. Mas, quando atribuímos a elas um significado — sem aquela ideia de positividade tóxica de "veja tudo pelo lado positivo" ou "todo mundo tem que extrair um aprendizado imediatamente" —, aceitando a dor, admitindo que ela existe e que não temos controle algum sobre a situação, nós nos tornamos mais resilientes. Essa perspectiva nos tira do lugar de vítima, de modo que deixamos de ser enredados pelo sofrimento e pela mágoa — que, muitas vezes, tornam a vida mais difícil.

DO AUTOCONHECIMENTO À SATISFAÇÃO

Do mesmo modo que o processo de autoconhecimento passa pela identificação dos nossos valores pessoais (como já conversamos no terceiro capítulo), uma vida mais leve e verdadeiramente feliz está diretamente relacionada à construção de uma **conexão** com as nossas crenças e com os nossos princípios — afinal, precisamos saber quem somos para encontrar alegria no nosso caminhar e viver de forma significativa (nós nos aprofundaremos nisso no penúltimo capítulo deste livro).

Caso tenha imaginado que estas páginas lhe dariam uma resposta pronta sobre o que é "ser feliz", você se enganou. Não quero lhe dar uma receita para a felicidade plena, porque você é uma pessoa única que carrega uma história completamente diferente da minha, de modo que o significado desse conceito será distinto para cada um de nós — uma vez que a forma como encaramos a vida também é.

Então, se você não tem certeza do que é importante para você, permaneça nessa jornada de autoconhecimento, pois apenas a clareza do que somos e do que rege a nossa vida poderá nos indicar a melhor forma de lidar com a dor em tempos difíceis e de fazer, diariamente, aquilo que consideramos relevante. O que posso deixar como reflexão é: você é capaz de encontrar a felicidade na construção de um estilo de vida alinhado àquilo que acredita — e isso pode ser gerado a partir de **agora**. Como tudo o que temos aprendido aqui, não é necessário começar com grandes passos. Inicie com pequenas decisões, aceitando que, em muitos momentos, a sua felicidade precisará existir ao lado de alguma dor. Os dias de alegria intensa certamente existirão — e talvez até sirvam como combustível para os demais —, mas não se esqueça de que a satisfação de uma vida plena não pode estar contida neles, e sim nas escolhas que você faz diariamente.

Para finalizar, utilize o espaço da próxima página para escrever sobre um dia em que você se sentiu verdadeiramente feliz. Não deixe de inserir detalhes sobre a ocasião: onde você estava? Quem o acompanhava? O que vocês fizeram? Quais foram as sensações que você teve naquele momento? Reflita sobre tudo o que estava presente naquela situação e identifique

Capítulo 5: Felicidade utópica 😊

quais foram os pontos mais importantes para que você se sentisse feliz. Depois, procure por esses detalhes em seu dia a dia. Você pode se surpreender ao perceber que é capaz de inserir essas pequenas coisas no seu cotidiano — caso elas ainda não estejam presentes.

Quando você se sentiu verdadeiramente feliz?

PRECISAMOS SABER **quem somos** PARA ENCONTRAR ALEGRIA NO NOSSO CAMINHAR E VIVER DE FORMA SIGNIFICATIVA.

Capítulo 6

Hábitos de uma mente ferida

Imagine comigo uma grande árvore, com um tronco forte e uma copa alta. Ao observá-la de longe, você consegue enxergar a magnitude dela e sabe que está diante de uma planta frutífera, pois pode ver os maiores e menores frutos, até começar a se perguntar qual é o tamanho de suas raízes — afinal, para sustentar uma árvore tão grande, elas devem ser bastante profundas. Agora, transfira essa imagem para a sua própria vida. Você se lembra das crenças sobre as quais conversamos no primeiro capítulo? Então... Elas seriam as suas raízes: aquilo que está por baixo da superfície e que nem sempre é possível alcançar completamente — ou seja, nem sempre existe consciência sobre elas. Os frutos, por outro lado, seriam os seus comportamentos: aquilo que você enxerga, os resultados que consegue ver em sua vida.

Psicologia na prática

Nós estamos finalizando a primeira parte da nossa jornada de autoconhecimento, e é possível que você já tenha entendido que os seus comportamentos são resultado das suas crenças, mas, ainda assim, não tenha conseguido identificar, de fato, quais são elas. À medida que vamos nos conhecendo, estudando, ouvindo sobre esses assuntos e fazendo terapia, começamos a reconhecer nossas raízes com mais facilidade — e isso é fundamental para a manutenção de uma mente equilibrada. Por isso, o meu objetivo agora é ajudá-lo a identificar e mudar as suas crenças disfuncionais, principalmente aquelas que você nutre sobre si mesmo, pois elas influenciam o modo como pensa e se sente.

Pare alguns instantes e reflita sobre as afirmações abaixo. Você acredita que alguma delas pode caracterizá-lo?

- ☺ Eu sou incapaz.
- ☹ Eu sou um peixe fora d'água.
- ☺ Eu não me encaixo em lugar nenhum.
- ☹ Eu não sou uma pessoa interessante.
- ☺ Eu sou inseguro.
- ☺ Eu não sou capaz de me relacionar com outras pessoas.

Capítulo 6: Hábitos de uma mente ferida

São ideias e pensamentos como esses que podem nos mostrar quais são as nossas crenças sobre quem nós somos e sobre aquilo que podemos fazer.

☹ **Se** sou incapaz, **então** não preciso começar este projeto.

☺ **Se** sou um peixe fora d'água, **então** não consigo ficar neste ambiente.

😐 **Se** não me encaixo em lugar nenhum, **então** prefiro me isolar e permanecer sozinho.

☹ **Se** não sou uma pessoa interessante, **então** não tenho o que acrescentar a essa conversa.

☺ **Se** sou inseguro, **então** não vou conseguir me expressar de forma adequada.

😐 **Se** não sou capaz de me relacionar com outras pessoas, **então** todos os meus relacionamentos serão disfuncionais.

CRENÇAS CENTRAIS

Como já conversamos, nossas crenças são formadas ao longo do nosso desenvolvimento, ou seja, elas têm relação direta com as nossas experiências, e, na TCC, estão divididas em três grupos principais: crenças de desamparo; crenças de desamor e crenças de desvalor.

Crenças de desamparo

As crenças de desamparo são aquelas em que a pessoa acredita que é frágil, vulnerável, incapaz, incompetente, fracassada ou inadequada. Quantas vezes você já se sentiu assim e teve esse tipo de pensamento sobre si mesmo? Caso seja algo frequente, isso pode mostrar que você tem crenças de desamparo. Pensamentos recorrentes de pessoas que tem essas crenças são: "Eu não consigo"; "Não sou bom o suficiente"; "Jamais vou aprender isso".

Crenças de desamor

As crenças de desamor também são muito comuns. São aquelas em que a pessoa acredita ser indesejável, indigna de amor, defeituosa, imperfeita, sem atrativos, abandonada, rejeitada ou sozinha. Os pensamentos são, mais ou menos, como: "Não sou bom em nada"; "Não sou bom o suficiente para ser amado nem desejado"; "Ninguém gosta de mim"; "As pessoas sempre vão me rejeitar". Você já pensou em algo assim? Isso mostra que talvez você tenha crenças que precisam ser trabalhadas.

Crenças de desvalor

O terceiro grupo concentra as crenças de desvalor, ou seja, aquelas em que se acredita não ter valor algum. Os pensamentos recorrentes, geralmente, são: "Eu não mereço as coisas"; "Não mereço viver"; "Não tenho valor"; "Sou um lixo". Esse grupo acaba atingindo diretamente a questão do valor moral da pessoa. Então, aqueles que não têm as crenças de valor pessoal bem construídas acabam tendo muitos problemas e sérias consequências na vida adulta.

> Aqueles que não têm as crenças de valor pessoal bem construídas acabam tendo muitos problemas e sérias consequências na vida adulta.

AS CRENÇAS DISFUNCIONAIS E A AUTOSSABOTAGEM

Todas as nossas crenças são capazes de gerar em nós padrões de comportamento, que podem ser positivos ou negativos, tudo vai depender daquilo que está enraizado em nós. Vamos supor que você tenha a crença de que é um fracasso. Pode ser que, ao pensar isso, algumas suposições e "regras" sejam criadas na sua mente, como aquelas que listei anteriormente. Então, por acreditar que é um fracasso, você começa a fugir de situações nas quais possa cometer algum erro, porque qualquer deslize apontará para o fato de que você não tem sucesso em nada — e é exatamente isso que vai influenciar o seu comportamento.

Psicologia na prática

CRENÇA

"Não sou bom o suficiente."

↓

REGRAS E SUPOSIÇÕES

"Se eu tentar algo novo, não vou conseguir me desenvolver como as outras pessoas."

↓

ESTRATÉGIA COMPENSATÓRIA

Recusar novas oportunidades; não começar coisas diferentes.

Quando começamos a agir de forma a compensar aquilo em que acreditamos, estamos adotando o que chamamos na TCC de estratégia compensatória, e isso pode acontecer consciente ou inconscientemente; é como um mecanismo de defesa para afastar de si um aspecto negativo. Já atendi muitos pacientes que se queixavam de perfeccionismo, por exemplo, e pediam ajuda para lidar com isso. Essa característica, no entanto, era apenas o fruto da árvore, e não podemos mudar um fruto antes de olhar para as raízes: nós precisamos saber e entender de onde ele vem — muitas vezes está atrelado à

Capítulo 6: Hábitos de uma mente ferida 😊

crença de que se é um fracasso. Outro exemplo são pessoas que acreditam serem frágeis, vulneráveis, fracas e indefesas diante da vida, e que evitam se relacionar, porque, caso isso aconteça, elas podem sofrer — por serem frágeis, creem que os outros irão machucá-las de alguma forma.

Talvez você já tenha percebido, mas isso é bastante comum em nossos dias. Eu trabalho com inúmeras pessoas com baixa autoestima, e elas carregam muitas dessas crenças que citei aqui. Reflita comigo em como seriam os pensamentos de alguém que acredita que não merece viver. Como essa pessoa se sentiria? Provavelmente, triste, ansiosa ou com medo. E, a partir desses pensamentos e sentimentos, como ela se comportaria? Possivelmente, teria comportamentos que levam à autossabotagem: evitaria certas situações, deixaria de se abrir para relacionamentos, não aceitaria novos desafios (nem no trabalho, nem na vida), acabaria se isolando das outras pessoas, sofreria muito e teria dificuldade para alcançar seus objetivos. É por isso que muitos desejam ter grandes conquistas, mas, mesmo tendo metas, não conseguem avançar e se sabotam no caminho.

Percebe como as nossas crenças afetam o nosso dia a dia e podem culminar em autossabotagem? Muitas vezes, deixamos de nos expor a algumas situações porque carregamos uma crença limitante. É bastante comum, por exemplo, as pessoas crescerem achando que o dinheiro é algo sujo, ruim, e que aqueles que têm muitos recursos são corruptos e fazem coisas erradas. Ser ensinado dessa forma e crescer com essa crença pode fazer com que algumas pessoas se sabotem na hora de trabalhar, conquistar seus objetivos e ganhar o próprio dinheiro. Eu já conversei com pacientes e amigos que tinham crenças assim e percebi que isso influenciou diretamente a forma como eles lidavam com as finanças. É por isso que, depois de adultos, precisamos começar a nos questionar se nossas crenças fazem sentido.

IDENTIFICANDO AS PRÓPRIAS CRENÇAS

Quando estou conversando com um paciente na terapia, costumo fazer uma série de perguntas que o ajudam a perceber quais são as crenças que ele tem. Vamos dizer que ainda estamos falando sobre aquela pessoa com questões de perfeccionismo. Nosso diálogo seria, mais ou menos, assim:

— Alana, sou perfeccionista, tenho de fazer tudo perfeito. Se isso não acontece, acabo sofrendo muito.

— E se você não fizer perfeito? — pergunto. — E se você fizer uma tarefa ok, sem ser perfeita? Qual é a pior coisa que pode acontecer?

— Ah, não! Vou sofrer muito. Pode ser que meu chefe não goste do meu trabalho...

— Tudo bem. E se ele não gostar do seu trabalho? O que isso significa sobre você?

— Significa que não sou um bom funcionário, que eu não faço as coisas direito.

— Mas o que isso expressa sobre você, de fato?

Esta é uma técnica da TCC chamada seta descendente, em que vou perguntando ao paciente o significado das coisas, fazendo-o refletir sobre o que poderia acontecer de pior, até que...

— Ah, isso vai mostrar que **sou um fracasso**.

E é exatamente quando chegamos a esse rótulo, a essa expressão daquilo que a pessoa pensa e acredita, que alcançamos a raiz e identificamos uma crença. Evidentemente, estou simplificando um diálogo, nem sempre é tão fácil assim. Às vezes, consigo reconhecer determinada crença do paciente, mas o meu trabalho não é dizer o que há na raiz, e sim fazer a pessoa perceber que carrega aquilo consigo. É muito mais profundo quando isso acontece.

É claro que não estou ao seu lado neste momento, mas tente replicar o diálogo que usei como exemplo, substituindo as respostas do paciente pelas suas próprias questões e pelos seus problemas.

O que de pior poderia acontecer se eu não...
(Insira aqui um comportamento negativo e recorrente, como fugir de desafios ou se isolar de outras pessoas)

Isso revelaria que...

Psicologia na prática

Agora, responda, com sinceridade e sem grandes cobranças:

> **O que isso significa sobre você?**

Para trazer clareza sobre isso, preencha o esquema abaixo com aquilo que você identificou em sua própria vida.

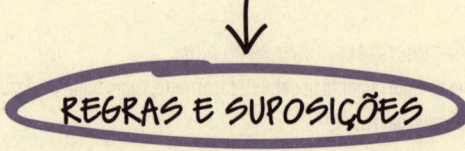

CRENÇA

↓

REGRAS E SUPOSIÇÕES

↓

ESTRATÉGIA COMPENSATÓRIA

Capítulo 6: Hábitos de uma mente ferida

PASSOS PRÁTICOS PARA COMEÇAR A MUDANÇA

Depois de conhecer tantos exemplos e identificar as crenças disfuncionais que têm impactado o seu dia a dia, chegou a hora de estabelecer passos práticos para começar a se questionar e mudá-las. Afinal, talvez você tenha acreditado, durante toda a sua vida, que era um fracasso, e abraçou esse rótulo. Mas, agora, questione: isso é realmente uma verdade absoluta sobre você? Será que um resultado ruim pode defini-lo como um fracasso pelo resto da vida? Talvez você tenha, simplesmente, fracassado em uma atividade específica e transferido isso para todas as outras áreas. Você não é os seus erros; você não é aquilo que faz; o seu valor vai além disso. Você definiria alguém que ama como um fracasso só porque a pessoa cometeu um erro ou fez algo que não foi tão bom assim? Se você não faria isso com outra pessoa, por que faz isso consigo mesmo?

Questione-se

- Se acredita que não é bom o suficiente, confronte esse pensamento com: "Eu não sou bom o suficiente para quem?" ou "O que é não ser bom o suficiente?".

- Depois, refute suas próprias crenças com aquilo que é real, com fatos: "Eu posso não ser bom em algumas situações, algumas pessoas podem não ter gostado de mim, mas eu tenho valor".

Psicologia na prática

> ☹ Identifique qual é a fonte de cada crença: "Por que eu sou indigno de amor? De onde isso veio?".

Com esse exercício, você vai perceber que foi ensinado a ter muitas dessas crenças ou até que, pelo modo como foi tratado, você mesmo criou essas raízes, mas verá que não precisa carregar esse rótulo e essa sentença pelo resto da vida. Comece a se questionar, rebata as suas crenças e diga: "Não é bem assim; não vou acreditar nisso para sempre nem deixar que atrapalhe a minha vida".

Crie novas crenças

A partir dos questionamentos iniciais, você poderá criar novas crenças. Em momentos assim, é normal ficarmos um pouco perdidos, sem saber exatamente como começar, mas não existe nenhum segredo: é só criar. Pense nas antigas crenças e se pergunte o que quer colocar no lugar delas. Você pode escrever, por exemplo: "Eu sou capaz e posso ser bom nas coisas que faço"; "Eu posso e sou digno de ser amado, porque todo mundo é".

Capítulo 6: Hábitos de uma mente ferida 😊

> Utilize este espaço para criar novas crenças.

Aja de acordo com as suas novas crenças

Digamos que você estivesse evitando todo tipo de relacionamento porque tinha medo da rejeição, mas agora entendeu que o seu medo não era um fato e que você pode ser amado. É verdade que, talvez, você tenha sido rejeitado no passado, porém você pode mudar aquilo que carregava como verdade sobre si mesmo. Ou seja, após questionar a crença inicial e criar uma nova, passe a agir de acordo com ela.

Como uma pessoa digna de ser amada age? Ela se abre para os relacionamentos, conversa com os outros, trata bem aqueles que estão ao seu redor... Observando isso, você vai se comprometer a dar pequenos passos nesse sentido e conseguirá ver, aos poucos, que nem todo mundo irá rejeitá-lo — e não falo apenas sobre relacionamentos amorosos, mas sobre amizades e relações de trabalho também.

Psicologia na prática

É claro que nem todos lhe tratarão bem, e você também cometerá alguns erros nesse processo, mas isso não significa que precisa voltar para a sua antiga crença e se rotular daquela forma. Essa jornada será como um trabalho de formiguinha, sendo praticado diariamente, pouco a pouco. Eu já tive uma crença de que eu não era amada, de que eu não era boa o suficiente, e eu fui construindo, intencionalmente, evidências de uma nova crença. Eu já tive certeza de que não era capaz de ser bem-sucedida, mas, à medida que fui me expondo, fazendo novas coisas e vendo os resultados, comecei a me sentir mais confiante, melhor e mais capaz. Nada mudaria, no entanto, se eu não tivesse decidido agir diferente.

Um bom primeiro passo é olhar para as crenças que você criou na seção anterior e se perguntar: como age uma pessoa que acredita nisso? Como ela se comporta? A partir das suas respostas, você vai redirecionar as suas atitudes. De modo ainda mais prático, na próxima semana, procure — ou perceba — as evidências que comprovam a sua nova crença (de que você é amado, por exemplo) e escreva no espaço abaixo. Aos poucos, isso reestruturará os seus comportamentos e, consequentemente, gerará novos frutos em sua árvore.

VOCÊ NÃO É OS SEUS ERROS; <u>VOCÊ NÃO É AQUILO QUE FAZ</u>; **o seu valor** VAI ALÉM DISSO.

Parte II

AS DORES
DA VIDA

Capítulo 7

Lidando com a frustração

Sentir-se frustrado é muito comum quando as coisas não saem como gostaríamos, mas, como psicóloga, eu tenho a missão de apresentar-lhe a psicoeducação — ou seja, proporcionar a você uma educação acerca das suas emoções e pensamentos, para que possa lidar melhor com eles e, assim, ter mais qualidade de vida e uma boa saúde mental. É comum algumas pessoas não conhecerem seus sentimentos e não saberem como lidar com eles; partindo disso, elas começam a retê-los e, às vezes, até os "empurram para debaixo do tapete" para não terem de enfrentá-los. Por outro lado, existem indivíduos que possuem sentimentos em excesso, mergulham com intensidade no que estão sentindo e não sabem como sair desse lugar.

Psicologia na prática

É importante que você saiba, no entanto, que um caminho equilibrado pode ser construído até mesmo ao lidarmos com sentimentos negativos, como a frustração, que geralmente surge quando não conseguimos aquilo que esperamos ou quando as coisas não saem como planejamos — ou seja, uma hora ou outra acabamos nos deparando com ela. Na verdade, na maioria das vezes, o que nos leva a esse sentimento são as nossas expectativas, pois, quando as criamos sobre alguma situação e elas não são cumpridas, nós nos sentimos frustrados e, diante disso, passamos a experimentar um misto de emoções. Podemos sentir um pouco de tristeza ou raiva, mas a decepção **sempre** aparece quando as coisas não saem como esperamos. É proporcional! Dependendo do quão altas estiverem nossas expectativas, caso o resultado dos nossos esforços seja diferente daquele que imaginamos, mais forte e duradouro pode ser o desapontamento.

EXPECTATIVAS

Durante a nossa vida, passamos por diversas desilusões e frustrações porque depositamos muitas expectativas em relacionamentos, sonhos ou ocasiões. Por exemplo, observo que isso afeta diversas pessoas quando se trata de relações amorosas, tentativas de gravidez, oportunidades de trabalho ou grandes mudanças na rota da vida. A dor emocional de não atingir aquilo que se espera é gigante e inevitável, mas como se deve governar essa emoção tão complexa?

Em primeiro lugar, é necessário entender que não temos o domínio de todas as coisas. A necessidade de controle

Capítulo 7: Lidando com a frustração 😊

e previsibilidade é extremamente normal; naturalmente temos essa tendência. Nós planejamos a nossa vida para ter o mínimo de certeza e segurança, definimos o melhor jeito de chegarmos aos nossos objetivos, e não há nada de errado nisso! É até saudável, mas precisamos desenvolver uma capacidade importante: a flexibilidade.

> A dor emocional de não atingir aquilo que se espera é gigante e inevitável, mas como se deve governar essa emoção tão complexa?

FLEXIBILIDADE

Gerar expectativas sobre as áreas da nossa vida é algo que devemos, sim, fazer, porque elas nos impulsionam a construir metas e objetivos. Não é bom seguir o extremo de não pensar no futuro e nos nossos sonhos, até mesmo do ponto de vista da saúde mental. O nosso inimigo não é o planejamento, mas, sim, a falta de flexibilidade que carregamos.

Em determinada época da minha vida, decidi que me planejaria melhor. Eu estava no último ano da faculdade e queria que cada minuto fosse bem pensado e aproveitado na minha agenda; para isso, determinei horários para os pacientes que eu teria, as atividades que faria em minha rotina mensalmente e a época em que engravidaria. Registrei todos os detalhes no papel e fiz muitos planos e metas para que nada saísse do meu script pré-definido. Por um lado, fazer isso foi ótimo, porque consegui visualizar o futuro que eu queria em curto, médio e longo prazo, e isso me possibilitou orientar os passos e as ações que eu teria de tomar para alcançar cada um dos meus objetivos. A grande questão, porém, é que a flexibilidade também precisava entrar nesse cenário, porque, talvez, as coisas não acontecessem no tempo específico que eu havia determinado.

Existem muitas variáveis da vida que podem mudar a rota "quadradinha" que estipulamos, então precisamos nos abrir para aquilo que está fora do nosso controle. Por exemplo, você provavelmente já vivenciou situações que, mesmo planejando e idealizando, não aconteceram como você imaginava — pode ter sido até um relacionamento que acabou não dando certo. Eu imagino que enquanto vivia essa quebra de expectativa, você tenha passado por momentos bem difíceis, mas, após um tempo, talvez tenha percebido que aquilo realmente não era o melhor e que, na verdade, foi bom ter acontecido de outra maneira.

É melhor olhar para o plano macro e para o sentido das coisas

Há uma situação específica que me ensinou muito que algumas coisas simplesmente não acontecem da forma como desejamos. Após fazer todo o meu planejamento de vida e tentar segui-lo à risca, eu me deparei com a dificuldade para engravidar — só consegui dois anos depois do que havia planejado. Dentro do meu roteiro, tornar-me mãe seria um processo muito mais rápido, já que, até aquele momento, todas as outras áreas da minha vida estavam fluindo dessa forma. Eu me casei, por exemplo, quando ainda era bem jovem e, além disso, havia atingido um sucesso profissional inesperado.

Capítulo 7: Lidando com a frustração 😊

Como esses, geralmente, são processos mais demorados para a maioria das pessoas, acreditei que não teria grandes dificuldades para engravidar, mas as circunstâncias mudaram o curso dos meus planos.

No primeiro ano de tentativa, tive alguns problemas no meu corpo, pois o meu ciclo menstrual já não era considerado normal: a ovulação não acontecia, o que impossibilitava a fecundação — e, consequentemente, a gravidez. No início, eu fiquei confusa, com raiva de Deus e da vida, porque estava vivenciando um momento de extrema frustração. Então comecei a pensar nos piores cenários possíveis e, aos meus 24 anos, acreditei que nunca conseguiria ter filhos, e minha mente logo entrou em um lugar de catastrofização.

Foi durante esse processo que eu amadureci e comecei a entender que existem muitas áreas na vida que até podem ser desenvolvidas como gostaríamos e planejávamos, mas que, ainda que a organização seja essencial para atingirmos nossas metas, nós precisamos inserir espaço para o inesperado, a incerteza e a flexibilidade. Tive de aprender isso "na marra", e a minha espiritualidade me ajudou muito durante todo esse processo, porque apenas quando encaramos alguma fase difícil e de frustração somos realmente desafiados a exercer todos os princípios citados até aqui. Se, hoje, você vive um contexto em que seus planos estão sendo frustrados, entenda que esse é um lugar fértil para o seu amadurecimento.

Ainda sobre o meu processo até conseguir engravidar, após esse primeiro ano de tentativas, decidi fazer uma pausa, mas eu continuava a carregar uma grande frustração. Entendi, nesse período, que poderia fazer o meu melhor com o que estava ao meu alcance: eu precisava me cuidar e me alimentar bem, por exemplo, entendendo que os outros fatores não dependiam de mim e que eu ainda viveria incertezas. Decidi, então, procurar os melhores médicos, que me indicaram iniciar um tratamento com hormônios, e foi o que fiz. Passei a tomar as injeções e os medicamentos necessários diariamente, e isso, como você pode imaginar, era realmente desgastante. O que me fez prosseguir e persistir foi a compreensão de que aquele processo era necessário para que, ao menos, eu me aproximasse do sonho de ser mãe.

Após uma jornada mais longa do que eu esperava, no segundo ano como tentante, recebi a notícia de que seria mãe. Meu marido e eu teríamos o nosso primeiro filho! Que momento único e propício! Hoje, olhando para trás, percebo que o tempo de espera foi imprescindível para que eu conquistasse outras coisas que também eram importantes e que, provavelmente, não teriam o meu foco se eu já tivesse um filho. Depois de tudo o que passei, consigo olhar para a minha jornada e dizer: "Foi bom que tenha acontecido dessa forma". Mas, enquanto estava no meio da situação, lidando com a frustação, não era capaz ter a visão macro.

Por isso é tão importante que, diante de um caos emocional, você busque se distanciar um pouco da situação e olhá-la de fora. Na TCC chamamos essa técnica, desenvolvida pelo psicólogo Robert L. Leahy, de "observador distante". Ela é muito usada para auxiliar o paciente nesse processo de distanciamento, olhando para a situação e acreditando que, de alguma forma, tudo fará sentido no futuro. É verdade que, talvez, nem tudo tenha necessariamente uma explicação, mas, quando nos abrimos para a vida — independentemente das nossas crenças ou espiritualidade —, entendemos que existem diversas formas de mudar nossas rotas e que isso acontece o tempo inteiro. Se estivermos dispostos a aceitar esse fato e nos apegarmos a algo que atribua um sentido para aquilo que acontece, será mais fácil gerenciar nossas emoções. Mesmo que você não queira incluir a espiritualidade nisso, precisará desenvolver um processo de aceitação diante da vida, porque muitas coisas acontecem ao longo da nossa jornada, e nunca teremos 100% de controle sobre elas.

Você pode fazer planos para se casar com alguém, mas, ao contrário disso, ter de viver o fim do relacionamento.

Você pode planejar uma viagem especial e o voo ser cancelado por conta de uma tempestade.

Você pode desejar e trabalhar muito por uma promoção, mas a empresa pode entrar em crise, ter de cortar gastos e demiti-lo.

Você pode sonhar em engravidar neste ano, mas descobrir algum problema e não conseguir.

Não importa qual seja a sua expectativa ou plano, eles podem mudar a qualquer momento, e você terá de enfrentar a frustração. Se não aprender a lidar bem com as emoções nesses processos e começar a guardar uma série de rancores e decepções mal resolvidas, você se tornará alguém ranzinza, amargurado e difícil. Cultivar uma vida saudável, com emoções positivas e balanceadas, bons relacionamentos e alegria, apesar das dificuldades, exigirá que você aprenda a lidar com essas frustrações.

A VIDA NÃO É UMA LINHA RETA

Para ter uma vida mais leve, o primeiro passo que precisamos dar é aceitar que as coisas não acontecem como queremos o tempo todo e que não existe um caminho linear e único para chegar aos nossos objetivos. A aceitação radical é um conceito trabalhado em algumas abordagens da Psicologia, como a Terapia Comportamental Dialética (DBT) e a Terapia de Aceitação e Compromisso (ACT), e, resumidamente, é a capacidade de viver a vida como ela é, com suas adversidades e belezas. Esse conceito faz com que entendamos que nem tudo é nossa responsabilidade e que nem tudo dará certo, mesmo que nos esforcemos e nos dediquemos completamente.

Isso é importante, porque a nossa tendência é entrar em um lugar de culpa e arrependimento, acreditando que poderíamos ter feito mais. Mas não adianta seguir por esse caminho, nós precisamos aceitar e pensar que fizemos o que era possível, entender que a situação fugiu do nosso controle e que amadureceremos ao longo do processo. Da questão mais simples à mais complexa, se estivermos abertos, sempre poderemos crescer em maturidade, cabe a nós entrarmos nessa jornada ou não.

Os nossos dias não serão perfeitos! Pensar que, ao acordar, tudo ocorrerá de maneira impecável como planejamos, que nenhum metrô atrasará ou que nenhum pneu será furado, é não se preparar para o fracasso e condições adversas. Um dia

Capítulo 7: Lidando com a frustração 😊

bom não é um dia em que esses contratempos não acontecem, na verdade, é um dia em que somos capazes de lidar bem com qualquer imprevisto — e isso nos conduz ao amadurecimento. Deitar a cabeça no travesseiro no fim do dia e pensar "Hoje eu consegui rir, mesmo com o metrô parado; consegui encontrar motivos de gratidão, mesmo com tudo o que fugiu do meu controle" é um grande sinal de que aprendemos essa lição. Dias com contratempos podem ser bons! Sem a positividade tóxica e banal de ignorar os problemas que surgem, mas ao entender que eles fazem parte de uma construção e de um amadurecimento que vão além de pequenas intercorrências. De modo resumido, ao olhar para o problema, precisamos ser capazes de identificar se podemos fazer algo para resolvê-lo, e, caso a questão esteja fora do nosso controle, temos de aprender a aceitar a situação.

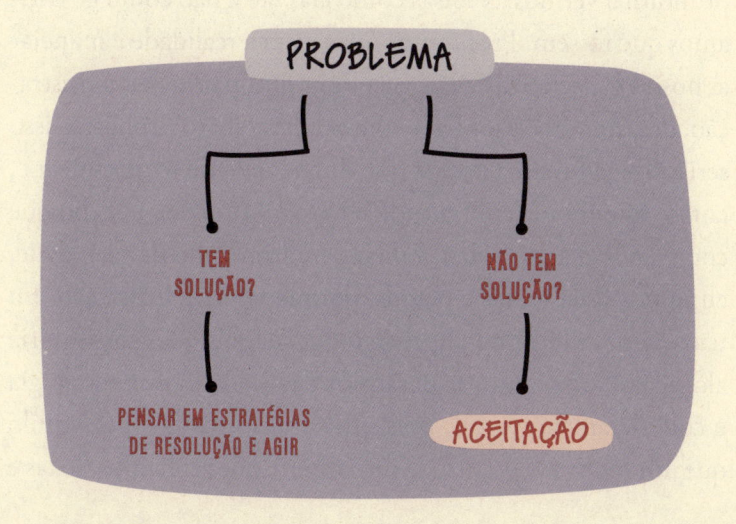

```
                    PROBLEMA
                   /        \
              TEM              NÃO TEM
            SOLUÇÃO?           SOLUÇÃO?
               |                  |
    PENSAR EM ESTRATÉGIAS      ACEITAÇÃO
    DE RESOLUÇÃO E AGIR
```

Psicologia na prática

Agora, quero deixar um convite para você: pare, analise e mude a sua perspectiva. Crie expectativas sobre as áreas da sua vida, como o trabalho, os relacionamentos, a saúde, os seus sonhos ou estudos. Planeje e defina metas, mas **seja realista**!

> Planeje e defina metas, mas seja realista!

Por exemplo, se eu desejo crescimento financeiro e quero juntar um valor determinado de dinheiro, vou precisar estabelecer objetivos realistas com a quantia que ganho todo mês e pensar nas variáveis que podem afetar meu planejamento. Então estabeleço metas, crio expectativas condizentes com a realidade e aceito que as coisas podem acontecer de forma diferente.

AS COISAS COMO REALMENTE SÃO

Depois de entender que a vida não é uma linha reta, é primordial vermos as coisas como elas são e não como gostaríamos que fossem. Precisamos olhar para a realidade e manejar as nossas expectativas! Não quer dizer que, para evitar a frustração, deixaremos de sonhar — afinal quão chato e robótico isso seria?! Eu já fui uma pessoa que tinha medo de se machucar e, então, blindei-me contra tudo e todos. Antes do episódio que compartilhei aqui, sobre o meu penúltimo ano de faculdade, eu nunca fazia metas e planos, porque temia a frustração. Eu não queria colocar no papel algo que, depois, não conseguiria alcançar. No entanto, se pararmos para refletir, essa estratégia é completamente irreal, pois nós somos movidos por aquilo que nos motiva e, por isso, é importante que tenhamos metas e

Capítulo 7: Lidando com a frustração 😊

objetivos. Viver nos esquivando não resolverá o problema nem fará com que cresçamos e amadureçamos! Então, quando você abrir um caderno para delinear seus planos, os questionamentos que precisam o acompanhar são os seguintes.

- 😊 Onde estou depositando minhas expectativas?

- 😊 Essa situação ou essa pessoa está contribuindo para que eu crie expectativas tão altas?

- 😊 Esse sonho ou trabalho tem coerência com as minhas expectativas de crescimento? Existe espaço para eu crescer?

- 😊 Dentro dessa relação, a pessoa está disponível emocionalmente? Vale a pena continuar investindo nesse relacionamento?

- 😊 Essa meta é mensurável e alcançável no prazo estipulado por mim?

Essas perguntas o auxiliarão a encontrar motivos, ter clareza sobre as suas metas, preparar-se para a diversidade de cenários e, principalmente, manejar suas expectativas para que você possa minimizar as chances de frustração. Mas, claro, sabendo que existirá sempre uma possiblidade de ter de enfrentá-la.

Psicologia na prática

RECOMPENSE O PROCESSO

Por fim, um ponto em que devemos prestar atenção é a nossa capacidade de aprender a recompensar o processo. Pode parecer algo simples e clichê, mas a automotivação conforme as coisas avançam, mesmo que a passos curtos, é a melhor forma de nos prevenirmos de uma frustração. Isso ocorre ao entendermos que um aprendizado é desenvolvido em nós em determinada situação, mesmo que o objetivo ainda não tenha sido atingido.

Então, por exemplo, se você encara dessa forma o processo de começar a treinar musculação em uma academia ou fazer algum exercício físico, como corrida ou natação, pode perceber que, mesmo que não tenha chegado à constância que deseja, esse passo intencional que decidiu dar já lhe trouxe alguns benefícios. A partir disso, você começa a cuidar da sua alimentação, melhora os seus níveis de ansiedade e produtividade, consegue dormir melhor... Você pode ter começado com a meta de perder peso ou ganhar massa muscular e, mesmo que esses objetivos ainda não tenham sido alcançados, já passou por uma evolução.

Outro ponto importante é não ficar pensando só no resultado "perfeito", mas focar no processo também! É nele que as mudanças acontecerão e o crescimento virá. Embora o fim de algumas experiências não seja como imaginamos, sempre haverá espaço para o aprendizado, e se eu consigo olhar para as situações a partir dessa perspectiva, para o processo das experiências que estou vivendo e não só para o fim delas, posso ressignificar minhas frustrações.

Capítulo 7: Lidando com a frustração 😊

Neste momento, vamos exercitar as reflexões que apresentei aqui! Use esta folha para listar as últimas frustrações que você viveu. Pode ser a mais simples, como "perdi o ônibus e me atrasei para o trabalho", até a mais complexa, como "eu investi tanto tempo naquela relação e ela chegou ao fim". Depois, escreva três coisas que você aprendeu em cada situação e como pode lidar melhor com a frustração.

FRUSTRAÇÕES	APRENDIZADOS	MELHORIAS

SE, HOJE, VOCÊ VIVE UM CONTEXTO EM QUE SEUS PLANOS ESTÃO SENDO FRUSTRADOS, ENTENDA QUE ESSE É UM **lugar fértil** PARA O SEU AMADURECIMENTO.

Capítulo 8

Navegando pelo desconforto

Você já parou para pensar em por que os seres humanos preferem as situações previsíveis e confortáveis? Por que nós não gostamos de nos arriscar e lidar com algum tipo de incômodo? Como comentei no capítulo anterior, todos nós já passamos por momentos em que nos sentimos desconfortáveis ao experimentar uma dor emocional ou uma situação difícil — perder alguém, terminar um namoro, passar por uma depressão, ter uma crise de ansiedade, estar em um momento de incerteza e de confusão, por exemplo.

Esse tipo de incômodo pode estar relacionado a situações sociais, emocionais e, até mesmo, pessoais, e é muito tentador evitá-lo. Além disso, também existem questões fisiológicas que explicam por que é tão difícil e cansativo lidar com mudanças e novidades. O nosso cérebro

Psicologia na prática

é um grande consumidor de energia e, normalmente, utiliza cerca de 20% do oxigênio e 15 a 20% da glicose de todo o nosso corpo para ter um bom funcionamento.

A questão é que, por isso, nossa mente costuma criar alternativas mais fáceis para resolver as questões do dia a dia e economizar o nosso gasto energético. Uma das formas que o nosso cérebro utiliza para isso é criar circuitos neurais por meio de uma "memória de trabalho", ou seja, ele grava as atividades, pensamentos e comportamentos repetidos para resolver problemas, tomar decisões e criar hábitos, e os replica como um padrão quando situações similares aparecem. Em vez de criar novas resoluções, ele tende a reproduzir o que foi gravado nos circuitos internos criados, mas, quando quebramos essa "pré-programação", exigimos um trabalho maior e constante do nosso corpo para estabelecer diferentes caminhos.

> A exposição a situações desconfortáveis nos traz lições valiosas.

É mais ou menos o que acontece quando nos submetemos a novos desafios: além de tudo o que passamos a absorver, também criamos um repertório comportamental mais amplo e mais eficaz. E isso significa que a exposição a situações desconfortáveis nos traz lições valiosas: nós aprendemos com determinado cenário e nos vemos capazes de fazer novas coisas, pois nos tornamos mais resilientes, mais perseverantes — consequentemente, mais focados em nossos objetivos —, e desenvolvemos novas habilidades emocionais, que nos ajudam a lidar com situações difíceis. Conseguimos ter muitos ganhos quando nos dispomos a passar por esses processos, mesmo que desconfortáveis e dolorosos.

COLOCANDO-SE EM UMA SITUAÇÃO DESCONFORTÁVEL

Eu sempre gosto de ter um olhar atento para a minha vida, para o dia a dia, para as coisas que eu enfrento e para tudo o que me cerca. A partir disso, busco, de forma constante, pôr em prática pessoalmente aquilo que estudo, o que me traz muitas reflexões e aprendizados que gosto de passar adiante. Quanto mais compartilho, mais aprendo! É por isso que quero ajudá-lo a construir uma vida conectada aos seus valores e com mais inteligência emocional, para que você possa se conhecer e estabelecer relacionamentos mais saudáveis — e um olhar cuidadoso para os seus dias é indispensável nessa jornada. Por isso, a partir do meu relato, eu quero convidá-lo a refletir se, recentemente, você viveu alguma situação de desconforto.

Desde muito nova, gosto de cuidar da minha saúde — esse é um valor importante para mim —, por isso, há muitos anos faço atividade física regularmente e tenho uma alimentação saudável, mas sem radicalismo. A questão é que, quando meu primeiro filho nasceu, em fevereiro de 2022, eu parei de me exercitar, e foi difícil retomar a prática — se você é mãe, sabe que a rotina com um bebê pode afetar bastante o nosso sono, além de mudar toda a nossa programação. O primeiro ano de vida do meu primogênito foi bem intenso para mim como mãe; a maternidade sempre foi um sonho, e eu me dediquei totalmente a isso. Minha cabeça e coração estavam voltados para a minha nova realidade, e, para ser bem sincera, era muito difícil me desconectar e ter vontade de fazer outras coisas.

No início de 2023, no entanto, quando o meu filho estava prestes a completar um ano, passei a sentir como se eu estivesse "retornando a mim mesma". Foi como uma transição: eu estava me interessando de novo pelo meu desenvolvimento profissional e por outros projetos, e, junto a esses novos interesses, o desejo de voltar a me cuidar foi se manifestando novamente. Sei que para algumas pessoas pode ser diferente, mas a maternidade me trouxe uma grande vontade de me desafiar e continuar a crescer e evoluir. Isso tem me levado a novos níveis tanto em relação à minha profissão quanto em relação à minha saúde física, emocional e espiritual. Foi nesse contexto que a corrida apareceu na minha vida. Eu nunca havia corrido e, como sempre fui bem magrinha, preferia fazer musculação e atividades que me fizessem ganhar massa, e não perder peso. Confesso, aliás, que nunca peguei pesado em atividade física, a ideia era não me cansar nem suar muito. Mas eu me lembro de que, logo nos primeiros meses de 2023, fui desafiada a correr oito quilômetros em uma prova que aconteceria em maio.

Aceitei o desafio, mesmo com a rotina corrida — sendo mãe, esposa, psicóloga, empreendedora, mestranda... —, e comecei a treinar. No começo, foi muito difícil, eu não conseguia nem fazer dois quilômetros direito, porém, depois de um tempo, consegui fazer quatro; fui melhorando e cheguei a cinco quilômetros. Nesse processo de preparação, uma colega

Capítulo 8: Navegando pelo desconforto 😊

de trabalho me falou de uma outra prova que aconteceria em abril — essa seria só de quatro quilômetros. Como eu estava treinando para correr em maio, decidi que aquela seria uma boa oportunidade para me acostumar com a corrida.

O que pude perceber, durante esses momentos de corrida e de treinos, é que tudo começa com um limite mental — é a partir dele que o nosso corpo se adapta. As pessoas já me falavam isso, e é claro que também existe o preparo físico, mas a corrida acontece, primeiro, na mente: para continuar, você precisa vencê-la. Eu comecei pensando: "Nunca fui atleta, nunca tive de fazer esse tipo de coisa ou vencer a minha mente", até que me lembrei do nascimento do meu filho. Eu acredito que a minha primeira maratona foi o meu parto natural, sem anestesia, sem nada. Esse desafio gigante rompeu muitas barreiras na minha mente, porque eu acreditava que não conseguiria e que era muito fraca para dor — ainda carregava inúmeras crenças limitantes. A verdade é que me preparei, durante os nove meses, para aquele momento, e vi que, de fato, podemos capacitar o nosso corpo, porém algumas coisas acontecem muito mais na mente.

Quando acreditamos que somos capazes de tolerar o desconforto, tanto na corrida quanto no parto — em proporções adequadas a cada momento, é claro —, conseguimos manter a atenção no que está acontecendo, acabamos nos entregando, abraçamos o processo e podemos vivenciá-lo por completo, mesmo que seja desconfortável e doa. No parto, eu teria uma grande vitória no final e, por isso, toleraria todo desconforto, mas, na corrida, não existia realmente um grande prêmio, o que me fez refletir muito sobre como nós lidamos com as situações de desconforto da nossa vida.

Ao ler o meu relato, você conseguiu se lembrar de algum momento de desconforto que vivenciou? Registre abaixo tudo o que sentiu nessa situação. Houve algum esforço físico? Como estava o seu corpo? Foi uma questão mais emocional? Quais eram os seus pensamentos e desejos?

> Descreva como você se sentiu ao ler o meu relato.

O DESCONFORTO É INEVITÁVEL

Seja a sua vida mais privilegiada ou menos privilegiada; seja a sua história mais fácil ou mais difícil; sejam os seus relacionamentos estáveis ou instáveis... todos nós, de alguma forma, somos obrigados a passar por situações desconfortáveis, sobre as quais, na maioria das vezes, não temos controle. Na corrida, você completa o percurso porque quer, mas existem

Capítulo 8: Navegando pelo desconforto 😊

muitas coisas na vida que não podemos controlar, que somos obrigados a enfrentar — e não existem atalhos, não temos como evitar ou remover.

Você se lembra de quando falamos sobre regulação emocional no segundo capítulo deste livro? A Terapia Comportamental Dialética (DBT), além de trabalhar com a questão da regulação emocional no processo de lidar com situações sobre as quais não temos controle, também nos auxilia na compreensão do modo como aprendemos a tolerar o mal-estar — e esse é o nosso ponto-chave neste capítulo. Existem muitos aspectos da nossa vida que não podemos dirigir e, ainda assim, precisamos aprender a melhor forma de passar por eles. Isso, porque, se não desenvolvermos a tolerância ao mal-estar, deixaremos de viver coisas incríveis que podem suceder o momento de dor.

> **Todos nós, de alguma forma, somos obrigados a passar por situações desconfortáveis, sobre as quais, na maioria das vezes, não temos controle.**

Antigamente, por não estar disposta a passar pelo desconforto da dor, eu acreditava que, quando engravidasse, optaria por agendar uma cesárea. Ressalto aqui que não estou julgando as mães que escolhem essa via de parto, pois ela é muito importante e salva milhares de vidas todos os anos, mas, no meu caso, eu estava apenas sendo movida pelo medo e pelo desejo de que o processo fosse o mais fácil possível. Faz sentido? Perceba como essa é uma mentalidade que não me ajudaria em nenhum outro contexto. Por que ela faria sentido ao longo da gravidez?

Psicologia na prática

Talvez você já tenha ouvido a frase: "Justo é que muito custe o que muito vale"[1]. Eu acredito que essa afirmação possa se aplicar a muitas áreas, pois o que vale bastante e que você tem de batalhar para conquistar custa o seu conforto, e, inevitavelmente, acaba doendo de alguma forma. Tente se lembrar de situações que resultaram em algo que você queria muito. O que elas têm em comum? Para aqueles que desejavam passar em um vestibular, por exemplo, os encontros com amigos e até datas importantes tiveram de ser abdicados; para as mulheres que se tornaram mães, as dores do parto se fizeram presentes; para os que decidiram empreender, a estabilidade de um emprego garantido foi deixada de lado, ao mesmo tempo em que os riscos financeiros se apresentaram. Ser bem-sucedido profissionalmente, construir uma relação saudável e duradoura, preparar-se para uma maratona... tudo isso custa muito.

É por isso que precisamos entender, o quanto antes, que teremos de superar momentos de dor e dificuldade para alcançar os resultados que almejamos. O que mais podemos ver em nossos dias são pessoas fugindo do desconforto, porque, de fato, é muito mais fácil permanecer em uma zona tranquila e constante. No entanto, é essa mentalidade que constrói relacionamentos fracos e superficiais, por exemplo. O meu objetivo aqui não é fazer você se sentir culpado, mas,

> Precisamos entender, o quanto antes, que teremos de superar momentos de dor e dificuldade para alcançar os resultados que almejamos.

---

[1] Santa Teresa de Jesus, *Castelo interior ou moradas*, 1956, p. 163.

sim, incentivá-lo a parar e refletir, até que se dê conta de que, para alcançar algumas conquistas, você precisará enfrentar desconfortos.

É muito valioso refletir sobre isso! Dentro da DBT, a tolerância ao mal-estar pode ser entendida como uma progressão natural das habilidades da atenção plena, a prática do *mindfulness*, sobre a qual já conversamos. Quando mantemos a atenção plena no momento presente e naquilo que se passa em nossa mente, conseguimos observar nossa respiração, nossos pensamentos e sentimentos, sem julgá-los, e, dessa forma, tiramos o foco da situação que causa o desconforto para olharmos mais atentamente para o modo como lidamos com ele.

Evidentemente, a tolerância ao mal-estar não é algo que adquirimos rapidamente e sem esforço, pois, como seres humanos, é natural que busquemos nos afastar de questões que causam dor ou algum tipo de incômodo. Por isso, para ajudá-lo a lidar melhor com as situações que fogem do seu controle, eu quero propor um exercício muito usado na DBT.

Para começar, descreva a situação de desconforto com a qual você está lidando.

Agora, preencha o quadro abaixo com os prós e contras de agir de acordo com os seus impulsos e de resistir-lhes, tolerando o mal-estar.[2]

	PRÓS	CONTRAS
Agir de acordo com os impulsos		
Resistir aos impulsos		

Por fim, identifique quais prós e contras são de curto prazo e quais são de longo prazo (você pode destacá-los com uma cor diferente na tabela). Isso vai ajudá-lo a analisar as consequências antes de agir.

---

[2] Quadro adaptado de Marsha M. Linehan, em *Treinamento de habilidades em DBT: manual de Terapia Comportamental Dialética para o paciente*, 2018, p. 328.

E SE VOCÊ CONTINUAR?

A corrida também pode nos ensinar muito sobre tolerância ao mal-estar. O que eu percebo é que, depois de correr alguns quilômetros, aquela atividade se torna muito desconfortável: você já não tem mais tanto fôlego, sente-se no limite, com pontadas na barriga e pernas queimando. Ainda assim, você sabe que, naquele momento, a única coisa que pode fazer é continuar, porque, se prosseguir, você consegue alcançar a linha de chegada. Para isso, no entanto, você tem de permanecer com o desconforto — a outra opção seria desistir e, mesmo fazendo isso, ainda demoraria um pouco para que as dores cessassem por completo.

Há algum tempo, o meu marido, que também tem corrido, falou: "E se eu só continuar? Continuar mais um pouco, mesmo querendo desistir, o que vai acontecer?". É essa a mentalidade que precisamos implantar na nossa vida. Talvez você queira desistir de algo que está muito difícil e, para acabar com o desconforto, acredite que o melhor a ser feito seja se afastar. Mas e se você só continuar fazendo o que sabe que deve fazer? E se você continuar porque tem a consciência do lugar para onde está indo? E se você só continuar, mesmo com o desconforto? E se você não o evitar... O que poderia acontecer?

Eu me lembro de ter pensado coisas muito parecidas com essas quando estava em trabalho de parto. "E se eu continuar? É só mais uma contração. Eu só preciso tolerar essa contração, ela não vai me matar. Eu não vou morrer". Às vezes, quando enfrentamos um desconforto emocional, acreditamos que podemos morrer naquele exato momento, mas costumo falar para os meus pacientes, principalmente em relação à crise de ansiedade: "A crise não mata". A crise é momentânea e passageira, ela é um estresse agudo, mas vai passar e não o matará se você continuar.

O sofrimento emocional não vai matar você.
A crise passa!
Continue.
Procure a ajuda necessária, mas não pare.

A ACEITAÇÃO RADICAL DA REALIDADE

Imagine-se na seguinte situação: uma tarde chuvosa de verão, na qual você está jogando baralho com os seus primos. Após a distribuição de cartas, você percebe que recebeu cartas horríveis e que a probabilidade de vencer é próxima a zero. O que você faz diante disso? Lembro-me de que, quando era criança e via que não ia ganhar, eu simplesmente desistia, e, como você pode imaginar, as outras pessoas ficavam muito bravas porque eu largava o jogo no meio, prejudicando todos os outros jogadores. Por causa disso, eu sempre ouvia que era muito chato jogar comigo, já que eu abandonava o jogo quando estava perdendo — aliás, precisei trabalhar em mim mesma a persistência de continuar e ir até o fim, mesmo que não estivesse ganhando.

A questão é que, quando nós vemos essas cartas ruins, o ideal é não desistir, mas continuar a jogar. Até porque, embora

Capítulo 8: Navegando pelo desconforto 😊

a probabilidade de ganhar seja pequena, o jogo sempre pode virar, então é muito importante aceitarmos as cartas que a vida nos deu (você pode fazer suas próprias analogias). De forma geral, cada pessoa recebe um contexto diferente, e isso pode até parecer injusto: "Poxa, *Fulano* está com monte de cartas boas na mão, esse aí roubou". A verdade é que a vida, muitas vezes, é assim. Tem alguém sortudo que veio da família tal, enquanto estamos em uma circunstância *zoada*. Porém, se focarmos nisso, podemos acabar achando o jogo injusto e querendo desistir, sem dar o melhor com as cartas que temos em mãos.

Consegue perceber que a única coisa que está sob o nosso controle é a decisão de continuar jogando ou não? Nós falamos rapidamente sobre isso no capítulo anterior, mas essa é uma ótima analogia sobre a aceitação radical da realidade, uma das premissas mais importantes da tolerância ao mal-estar. Com isso, eu não quero dizer que você precisa assumir uma posição passiva diante da existência ou achar que a sua vida é pior do que a dos outros. Mas, sim, que não existe uma maneira mágica de mudar as coisas, pois, para viver algumas mudanças, você precisa, antes, aceitar a realidade; se não aceitá-la, nada mudará. É simples assim.

Claro que essa aceitação, quando se trata do sofrimento, é bem mais complexa do que quando estamos jogando baralho, mesmo assim, é importante entender e acatar aquilo que a vida propõe. Quando comecei a correr, por exemplo, eu só pensava no quanto queria que a corrida terminasse; eu ficava olhando o relógio constantemente e, quanto mais olhava, mais devagar o tempo passava. Na minha primeira corrida de rua, porém, eu não estava vendo as horas (porque havia deixado o celular no bolso), então eu apenas aproveitei o momento e curti o trajeto — ainda que estivesse com dor. Mais uma vez, é muito mais sobre o processo do que sobre o fim, por mais clichê que isso seja. Ao atingir a linha de chegada, você vai se lembrar do percurso, dos altos e baixos, daquilo que aprendeu e de quem se tornou, e não, simplesmente, do que alcançou no final.

É por isso que tudo fica mais leve quando direcionamos a nossa mente à aceitação e decidimos viver o processo e a jornada, muitas vezes, desconfortáveis. Nós nos dispomos a caminhar de maneira mais aberta e flexível, conscientes do que estamos pensando e sentindo, buscando não só sobreviver ao desconforto, mas, sobretudo, enfrentá-lo.

Utilize o espaço a seguir para escrever sobre isso e estabelecer passos práticos para fazer o que está sob o seu controle hoje — iniciando as suas melhores jogadas (aquelas que forem possíveis) com as cartas que estão nas suas mãos.

> **Há alguma área da sua vida em que você não recebeu boas cartas e, consequentemente, acredita ter começado o jogo em "desvantagem"?**

Capítulo 8: Navegando pelo desconforto 😊

TUDO SEMPRE TERÁ SENTIDO?

Espero que entenda que esses aprendizados não vão ajudar você somente a correr melhor ou a parir uma criança — caso possa e queira um dia, é claro —, mas, principalmente, a lidar com crises emocionais, frustrações, términos e perdas. Desenvolver essa habilidade é extremamente importante, uma vez que há muitos aspectos e inúmeras situações na vida que não estão sob o nosso controle. Como tudo o que temos aprendido aqui, a tolerância ao mal-estar e a aceitação radical da realidade não são questões que você vai conseguir praticar de uma vez, mas eu garanto que, gradualmente, tudo isso se tornará mais simples e passará a fazer mais sentido para você, para os seus objetivos e para a pessoa que quer se tornar — mas que tem evitado.

Psicologia na prática

Às vezes, o desconforto e a dor não terão um propósito tão claro, mas você poderá atribuir propósito a eles. O término difícil de um relacionamento ou a morte de alguém importante, por exemplo, são questões que não têm algo magnífico do outro lado, mas, mesmo quando as coisas não tiverem uma recompensa tão óbvia, o próprio processo pode ser recompensador — se for enfrentado da forma que demonstrei aqui. Se, neste momento, você não estiver vendo nenhum significado na situação que está vivendo, tente, simplesmente, encontrar sentido no fato de que você não tem controle algum, isso tornará as coisas bem mais leves.

TENTE, SIMPLESMENTE, ENCONTRAR SENTIDO NO FATO DE QUE VOCÊ **não tem controle** ALGUM, ISSO TORNARÁ AS COISAS BEM MAIS LEVES.

Capítulo 9

Vencendo a rejeição

Rejeição — um sentimento que pode nos encontrar com frequência e facilidade. Sentir-se rejeitado por alguém ou por um grupo de pessoas é muito comum, e, enquanto lê estas linhas, talvez você já tenha conseguido listar em sua mente algumas situações em que passou por essa experiência. Mas de onde isso vem? Já aprendemos, no decorrer dos últimos capítulos, que para lidarmos melhor com as nossas emoções, precisamos nomeá-las e entender suas raízes. Então como saber gerir essa sensação de rejeição? Como superá-la para que não roube nossos relacionamentos, nossa vida e a nossa forma de assimilar as situações?

Todos nós vemos o mundo a partir de um par de lentes único, ou seja, aquilo que vivemos, acreditamos e amamos contribui para a maneira como interpretamos a sociedade, as situações e tudo à nossa volta. Por isso, muitas vezes essas lentes precisam ser limpas, para que possamos ver a vida com clareza. Afinal, um estado contínuo da sensação de ser rejeitado pode estar relacionado ao modo como você enxerga as coisas, e não necessariamente a uma situação de rejeição.

LENTES MANCHADAS

Quando olhamos para a nossa história, encontramos marcas que são refletidas em tudo o que vivemos hoje — tanto nas circunstâncias boas quanto nas dificuldades que desenvolvemos ao longo do tempo. Se você é uma pessoa que lida constantemente com esse sentimento ou tem medo de ser rejeitado, acreditando que, em todos os lugares, os outros o descartarão, é muito provável que, observando as suas vivências, encontremos momentos em que de fato você foi rejeitado ou interpretou determinada atitude como uma rejeição, principalmente na sua infância ou adolescência. Caso esse sentimento tenha partido de seus cuidadores primários, as marcas são ainda mais fortes — nós projetamos muito de quem somos a partir deles.

Ainda na minha infância, quando meus pais se divorciaram, o meu pai, por uma série de motivos, foi morar em outro país, e esse processo de mudança foi uma ruptura bastante abrupta para mim, pois eu era muito apegada a ele. Além de toda a distância, nós passamos um bom tempo sem ter contato contínuo, o que me fazia sentir muita saudade. Por vezes, ele não me ligava tanto quanto eu gostaria, e essa experiência, além

Capítulo 9: Vencendo a rejeição 😃

de me fazer chorar constantemente quando criança, também gerou em mim um grande sentimento de rejeição.

Ao sair do contexto familiar para outros círculos, eu carregava a lente de que não era boa o suficiente e de que não era amada, pois havia sido rejeitada pelo meu pai. Embora hoje eu tenha a consciência de que ele estava enfrentando um divórcio e lidando com as suas questões, quando criança, eu interpretava a situação a partir do meu próprio mundo — ou seja, apesar de não ter sido proposital, foi o que enxerguei com base na minha vivência. Eu não tinha capacidade de me perguntar o que se passava na cabeça dele e, menos ainda, de distinguir a situação. Então simplesmente assumi novas lentes para me relacionar com outras pessoas e, conforme fui crescendo, vivi diferentes episódios — de bullying na escola, por exemplo — que foram complementando aquilo que eu já acreditava sobre mim mesma.

Evidentemente, não se trata de causa e consequência, mas grande parte das pessoas que passam por situações de rejeição na infância levam isso para a vida adulta. As exceções acontecem quando existe desenvolvimento de resiliência e fortalecimento da autoestima dentro de casa, pois as crianças que encontram apoio na família criam uma "casca" protetora. No meu caso, não foi assim, eu carreguei aquele sentimento e, na minha adolescência, ele foi refletido nas minhas relações amorosas: comecei a aceitar, em alguns relacionamentos, muito menos do que deveria. Após tantas rejeições, é natural sentir-se sedento por amor e por afeto, e isso parte de uma raiz que impacta nossas escolhas e o modo como nos enxergamos — talvez você até conheça pessoas com essas lentes de rejeição, que, assim como eu, não acreditaram em seu próprio valor.

Eu construí esse ciclo vicioso na minha forma de ver o mundo e, para destruí-lo, precisei passar por um processo de perdão, que, aliado à terapia, foi fundamental para que no fim da minha adolescência e início da vida adulta eu acabasse com aquele "complexo de rejeição".

MENTIRAS

Quando a pessoa tem um evento marcante na vida e o carrega por anos, ela pode associar situações simples ao trauma que foi gerado no passado e se sentir constantemente rejeitada, mesmo quando não é. Um dos maiores problemas disso é que essa crença está ligada a inúmeras mentiras — como acreditar que não é amado ou que ninguém gosta de você — e, principalmente, à ideia de ser desprezado (como vimos no capítulo 6, na TCC entendemos que esses pensamentos são de desamor). Essas concepções, que nos fazem crer que não somos amados ou até mesmo dignos disso, podem ser transparecidas em situações sociais como nas hipóteses a seguir. Por isso, quero que, ao lê-las, você reflita e dê respostas sinceras a si mesmo.

☹ Caso alguém que você goste muito e considere especial esqueça o seu aniversário, qual será a sua primeira reação? Se você é uma pessoa que carrega

Capítulo 9: Vencendo a rejeição 😊

uma crença e um histórico de rejeição, é possível que associe esse episódio aos seus traumas e pense coisas do tipo: "Essa pessoa não me ama tanto assim"; "Como ela esqueceu o meu aniversário?", "Eu realmente não sou amado".

☹ Se você for criticado no trabalho por algo que fez, uma tarefa ou um relatório que entregou, e tiver esse padrão de se sentir rejeitado, levará o feedback profissional para o lado pessoal e se achará incapaz e sem valor. Ou pode pensar que aquele chefe ou colega está rejeitando você, e transformar a crítica sobre o seu trabalho em uma crítica à sua pessoa. Nesse momento, as crenças que desenvolveu por se sentir rejeitado atuam sobre a situação.

☹ Se você tem um complexo de rejeição e não o elogiam por algo, você busca a validação e aprovação externa de maneira exacerbada, pois precisa que reafirmem a sua identidade constantemente. Então sempre que faz algo, logo espera por um elogio e, se ele não existe, abraça a rejeição, e a multidão de pensamentos mentirosos que vêm junto a ela: "Poxa, a pessoa não viu que fiz isso? Realmente, não devo valer nada"; "Ela não se importa comigo"; "Ninguém gosta de mim ou me ama".

Psicologia na prática

> 😔 Quando você comete um erro ou recebe uma repreensão, o cenário toma uma proporção maior do que precisaria ter. Isso, porque, devido ao sentimento de rejeição, você pode criar mágoas e ser inundado pelos pensamentos de insuficiência, autocondenação e culpa, acreditando que o seu relacionamento com a pessoa em questão foi resumido àquele episódio e que você é definido apenas pelo erro que cometeu.

Esses são apenas alguns exemplos de como a sensação de rejeição pode aparecer socialmente, e é claro que cada pessoa tem uma experiência diferente e apresenta reações diversas. Lembro-me de ter atendido uma paciente com esse problema uma vez: ao se sentir rejeitada pelo marido, a primeira reação dela era apresentar um estado de raiva. Ela não ficava triste, chorava ou se vitimizava, mas brigava e se comportava de maneira mais agressiva. Porém, por trás dessa postura, existia o desejo de ser amada e o medo da rejeição — os fundamentos dela também estavam no desamor —, então ela criou esse mecanismo de defesa que a impedia de ser vulnerável.

> Devido ao sentimento de rejeição, você pode criar mágoas e ser inundado pelos pensamentos de insuficiência, autocondenação e culpa.

Por outro lado, há pessoas que, ao se sentirem rejeitadas, choram ou se isolam. Entram no quarto, trancam-se no escuro

Capítulo 9: Vencendo a rejeição 😊

e se deixam levar pelas lágrimas, realmente se afundam naquele momento, porque é o modo que aprenderam a lidar com as emoções. No entanto, ambas as reações não são enfrentamentos saudáveis para a sensação de rejeição e para os pensamentos que a acompanham — que são legítimos. É importante enfatizar que, como psicóloga, eu sei que esse sentimento existe e nunca deve ser invalidado, pois também o sinto como qualquer outro ser humano. A questão é: o que faremos com essas emoções? Quando nos sentirmos dessa forma, como lidaremos?

Entre as técnicas da TCC, existe uma chamada "Diferenciação de pensamento e fato", que consiste em ajudar a pessoa a identificar uma desconexão entre o pensamento e a realidade, verificando, assim, se atitude atual é o reflexo de uma marca gerada no passado. Para isso, em geral, é necessário permitir que o paciente compreenda que um mesmo fato pode levar a diferentes reações e que podemos ser flexíveis e adaptativos diante dele. Pensando nisso, após observar o modelo, preencha o quadro na próxima página com a experiência de rejeição mais recente que você teve.

☹ **Pensamento:** não sou amada, porque cortei o cabelo e não me elogiaram ou repararam na mudança.

☺ **Fato:** as pessoas não perceberam ou não prestaram atenção.

Psicologia na prática

> ☹ **Comportamento:** fechei a cara, guardei o sentimento, decidi me isolar e não perguntei o que acharam do meu cabelo.
>
> ☺ **Resultado:** briguei mais tarde por outro motivo bobo, pois a situação anterior ainda estava mal-resolvida dentro de mim.

PENSAMENTO	FATO	COMPORTAMENTO	RESULTADO

O QUE FAZER?

Encontre as raízes e limpe suas lentes

Se você se sente como nos exemplos citados anteriormente, ou se essa é uma sensação constante na sua vida, em primeiro lugar, olhe para o seu passado e analise se algo marcou as suas lentes para que você cultive essa tendência de encarar as situações como alguém indesejado. Pode ser que algo em sua infância ou adolescência — ou até mesmo uma situação específica da vida adulta — tenha sido interpretado por você como uma rejeição.

Lembro-me de que, no meu primeiro aniversário com meu marido, quando ainda namorávamos, ele se esqueceu da data. Estávamos viajando com a família dele e eu o havia avisado durante a semana inteira, mas no dia ele me cumprimentou normalmente e não deu nenhum "Feliz aniversário!". Tomamos café, conversamos e **nada**, porque ele havia de fato se esquecido. Eu fiquei muito chateada e, na esperança de que em algum momento ele se desse conta de que aquele era "o meu dia", senti-me rejeitada.

Na época, nós não conhecíamos a personalidade um do outro tão bem para que eu soubesse que ele era apenas "desligado" e que aquilo não significava falta de amor. Assim que eu falei sobre o meu aniversário, ele me pediu desculpas e me felicitou, mas eu já estava machucada com aquilo, então demorou um pouco até que as coisas melhorassem entre nós. Hoje, eu o conheço bem o bastante para saber que preciso lembrá-lo, porque quero que o dia seja o melhor possível, então assim que acordo já aviso: "Hoje é meu aniversário". Esquecer datas comemorativas e especiais pode acontecer com qualquer um, e isso não significa, necessariamente, que você não seja amado por aquela pessoa.

Eu entendo que nem sempre é simples reconhecer isso, e, para ajudar você, quero propor uma reflexão que pode ser feita sempre que estiver diante desse sentimento: criticaram o seu trabalho ou você recebeu um feedback negativo? Pode não ser rejeição, e sim apenas uma opinião pautada no profissionalismo. Não o elogiaram por algo que fez? Pode não ser rejeição, talvez as pessoas apenas não tenham prestado atenção, pois estavam focadas em suas próprias vidas. Brigaram com você? Pode não ser uma rejeição, apenas se importam em instruí-lo e acabam agindo dessa forma. É preciso entender o contexto e duvidar do que sentimos, principalmente em relação à rejeição! Antes de estabelecer um veredito sobre ter sido rejeitado ou não, sempre questione: será que realmente não são as minhas lentes? Será que eu não estou interpretando as coisas de uma forma um pouco enviesada? É possível que sim.

Aprenda que a rejeição existe

Outro ponto essencial é: existem momentos em que a rejeição realmente vai acontecer. Por exemplo, em um término de namoro ou na reprovação no processo seletivo de uma faculdade. Nesses casos, houve uma rejeição de fato? Sim. Existirão momentos em que você será rejeitado! Ninguém está imune a isso. Algumas pessoas não gostarão de mim, e faz parte da vida. Com certeza não é uma sensação boa, mas é normal.

Se entendermos que todos estão sujeitos a isso e que, ainda assim, a rejeição não dita o valor de ninguém, aprenderemos a lidar com esses momentos de maneira mais madura. Como eu disse no início deste capítulo, a rejeição não caracteriza você como uma pessoa ruim, desinteressante, incapaz ou indigna de

Capítulo 9: Vencendo a rejeição

amor, apenas o lembra que é impossível atender às expectativas de todo mundo e que, inevitavelmente, você desagradará algumas pessoas ao longo da vida. Além disso, mesmo que tenha sido rejeitado em algum momento da sua história, não significa que você terá de carregar e viver isso para sempre.

Construa boas memórias e gerencie as relações

Já parou para pensar que o seu medo da rejeição faz com que existam mais conflitos nos seus relacionamentos? Ele pode acabar prejudicando a relação, e talvez você realmente passe por essa situação porque tornou a convivência exaustiva ou ficou sempre na defensiva. Por isso, é importante que o seu foco esteja em cultivar memórias com as pessoas que estão inseridas na sua vida hoje, em vez de minar os seus relacionamentos com brigas desnecessárias por causa desses cenários.

> Mesmo que tenha sido rejeitado em algum momento da sua história, não significa que você terá de carregar e viver isso para sempre.

Não quer dizer que você esconderá as suas emoções, mas que irá expô-las e remediá-las antes de ter uma reação agressiva. A melhor forma de exteriorizar seus sentimentos é conversando e mostrando o seu ponto de vista ao outro, por isso, pergunte e busque evidências para saber se você está ou não distorcendo a situação conforme a sua lente.

Psicologia na prática

PROFECIAS AUTORREALIZÁVEIS

Existe um conceito na Psicologia chamado de "profecias autorrealizáveis", que é quando o indivíduo acredita tanto em algo que acaba fazendo com que aquilo aconteça. Isso não tem relação com energias de atração ou coisas do tipo; não é nada quântico ou espiritual. Na verdade, o que acontece é que a pessoa acredita tanto em seus próprios pensamentos, de que não é amada, que é desinteressante ou que será rejeitada, que se comporta de tal forma. Logo se fecha para novos relacionamentos, não conversa, começa a brigar muito com as pessoas ou se torna carente demais. Isso é bastante problemático para o bem-estar mental de qualquer um, pois dá início a um ciclo de autossabotagem que afeta a convivência social, os relacionamentos e a realização pessoal. Alguém que age dessa forma pode chegar a ponto de realmente estar sozinho, pois foi se afastando de todos, lentamente, por medo da rejeição.

Caso esteja em uma posição assim, saia dela aos poucos, dando pequenos passos para se conectar com as pessoas. Se possui essas crenças e o medo de rejeição, provavelmente tem a necessidade de se conectar, sentir-se amado e valorizado. A questão é que esse objetivo será realizado somente quando você se abrir aos relacionamentos e quebrar o padrão de se excluir e se afastar. Caso tenha se identificado com o que falei até aqui, **quebre o ciclo**! Quando for a um evento social, seja em uma igreja, um aniversário ou em qualquer outro contexto, busque conversar com as pessoas e tente não se isolar torcendo para que ninguém puxe uma conversa. **Você** precisa adquirir consciência e agir para sair desse lugar!

Capítulo 9: Vencendo a rejeição ☺

Muitas vezes, não existirá alguém para lhe dar tudo de que você precisa ou preencher o buraco de rejeição que há no seu interior. Terapia e ajuda devem ser buscadas! Se acredita em algo superior — em Deus ou algo além desse plano —, você também pode procurar se preencher. É necessário olhar para a sua história e ser ativo para lidar com ela, principalmente com as marcas negativas que foram deixadas, pois somente cuidando e tratando desses pontos é que você conseguirá se relacionar melhor com as pessoas ao seu redor e consigo mesmo. Se estiver muito difícil, busque a terapia! Busque ajuda!

O que costumamos fazer em momentos de dor e sofrimento?	O que poderíamos fazer?
Beber Assistir à televisão Brigar Comprar Comer Evitar/fugir	Observar Refletir Escrever Acolher Conversar Enfrentar

É NECESSÁRIO OLHAR PARA A sua história E SER ATIVO PARA LIDAR COM ELA, PRINCIPALMENTE COM AS MARCAS NEGATIVAS QUE FORAM DEIXADAS.

Capítulo 10

Compreendendo o luto

Eu não sei se, ao ler o título deste capítulo, você se interessou pelo tema de imediato ou considerou que, por nunca ter passado por um luto, ele não seria tão relevante. No entanto, arrisco dizer que há uma grande possibilidade de que você se surpreenda com o conteúdo que será desenvolvido aqui, já que o luto não está relacionado apenas à morte, mas, também, a outros tipos de eventos que causam pesar e podem nos trazer algum sofrimento.

De modo geral, para a Psicologia, o luto tem a ver com os processos que enfrentamos diante de qualquer tipo de perda. Naturalmente, nós o associamos mais à morte, e imagino que seja porque essa é, de fato, uma das perdas mais significativas e fortes que podemos vivenciar. Afinal, o que a maioria de nós mais teme na vida é a morte de uma pessoa amada. Ainda assim, o modo como lidamos e damos significado às perdas e mudanças — a todas elas — tem muito a ver com o luto. O processo de sair da casa dos pais, por exemplo, acaba nos fazendo entrar em um momento como esse, porque também se trata de um rompimento, no qual não há a quebra apenas de uma relação, mas de tudo o que ela representa. Isso significa que o apego emocional não se limita a pessoas, mas se estende a tudo o que foi construído, sejam lugares, objetos e, até mesmo, certos tipos de tradições familiares. Diante dessa série de conexões, a nossa identidade e a nossa história vão se formando, e, por isso, quando essa realidade é encerrada, uma parte da nossa vida — que só existia a partir dela — também se vai.

> O modo como lidamos e damos significado às perdas e mudanças — a todas elas — tem muito a ver com o luto.

O trabalho com a perda, portanto, deve ser feito com o intuito de integrar o rompimento à vida cotidiana. Ou seja, existe uma construção de significado e uma adaptação que devem acontecer a partir do luto. Por exemplo, eu nasci em Florianópolis, e me lembro de que, quando me mudei para São Paulo, muitas coisas eram bem diferentes da minha cidade natal. De uma forma ou de outra, a Alana moradora do Sul do país é bastante diferente da Alana moradora do Sudeste. Isso não significa, no entanto, que a primeira Alana foi apagada e esquecida, mas ela se integrou à nova realidade: houve um processo de **perda, transformação e adaptação**.

Capítulo 10: Compreendendo o luto 😊

O luto faz parte da vida e está presente nas mais diversas situações. O que precisamos é aprender a lidar com ele e entender que, embora tenhamos desejado determinada mudança, ela pode, sim, gerar um desconforto, um pesar, e se tornar bem difícil — retome o exemplo da saída da casa dos pais. É por isso que existe a necessidade de nomear situações e sentimentos, mas, sobretudo, aceitá-los. Para isso, precisamos identificar, primeiro, o modo como nós lidamos com momentos de transição, transformação e perda, afinal eles não serão iguais para todos. Você já parou para pensar que algumas pessoas sofrem mais, enquanto outras são mais abertas e flexíveis? É claro que isso pode estar ligado à personalidade de cada um, mas também tem muita relação com o que chamamos de **Teoria do Apego**.

TEORIA DO APEGO E FORMAS DE LIDAR COM A PERDA

Para desenvolver esse assunto, quero apresentar o livro *Apegados*, de Amir Levine e Rachel S. F. Heller, obra que, com muitas pesquisas científicas sobre o desenvolvimento humano, baseia-se na Teoria do Apego, de John Bowlby — que fez uma pesquisa bem extensa sobre a importância do vínculo para os seres humanos. Bowlby afirma que, para uma criança sobreviver, ela precisa se vincular a alguém, e, como já falamos algumas vezes ao longo destas páginas, nossos primeiros anos de vida influenciam muito a forma como faremos conexões e nos relacionaremos quando adultos. Isso significa que aprendemos

Psicologia na prática

a nos relacionar a partir das experiências que tivemos com nossos pais ou cuidadores, o que nos fez moldar nossa visão sobre intimidade e proximidade — os tipos de apego "medirão" o quanto nos sentimos à vontade nessas situações e o quanto elas podem, ou não, despertar em nós algum nível de ansiedade. O esquema abaixo, adaptado do livro *Apegados*, exemplifica isso.

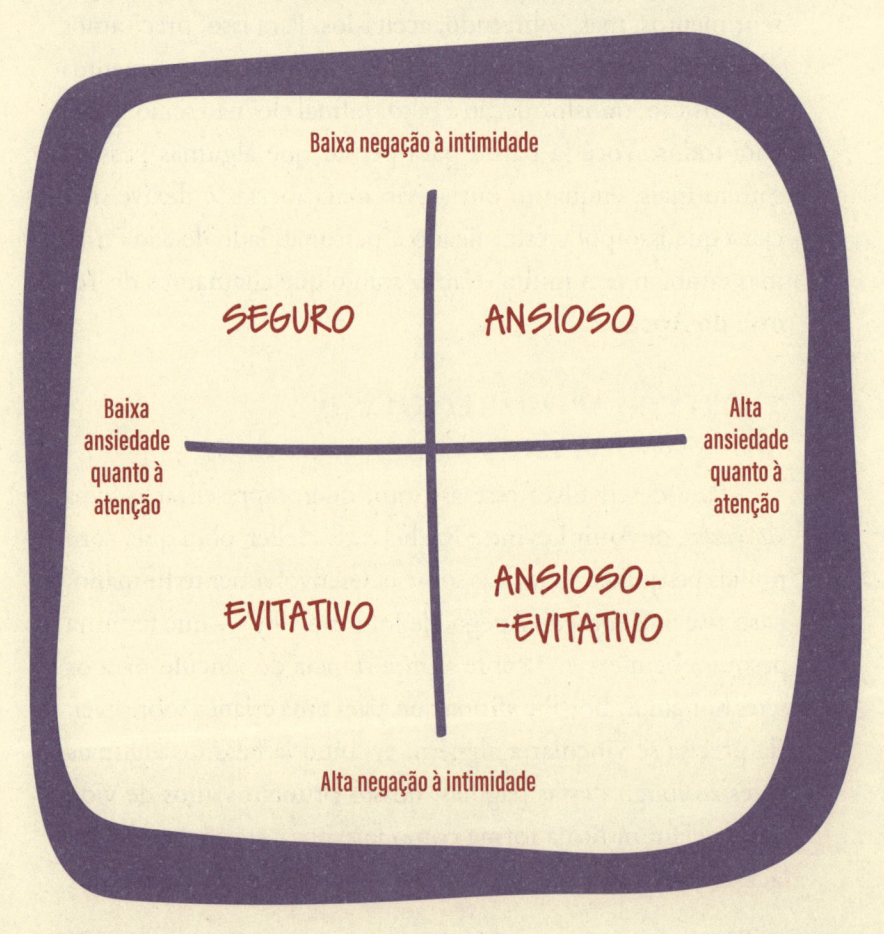

```
                Baixa negação à intimidade

        SEGURO          |    ANSIOSO
                        |
Baixa                   |                    Alta
ansiedade               |                    ansiedade
quanto à   ─────────────┼─────────────       quanto à
atenção                 |                    atenção
                        |
                        |         ANSIOSO-
        EVITATIVO       |        -EVITATIVO

                Alta negação à intimidade
```

Apego seguro

O apego seguro diz respeito àquelas pessoas que se sentem à vontade em se conectar, ter intimidade, depender de outros e se abrir. Isso significa que a proximidade e a intimidade não são um problema para elas. Ao mesmo tempo, elas não se preocupam em excesso com os seus relacionamentos; não ficam se perguntando coisas como: "Será que Fulano gosta de mim?"; "Será que ele vai me abandonar?"; "Será que vai responder?". Esse tipo de questionamento não é um grande problema para pessoas desse primeiro grupo, justamente porque elas se sentem seguras e vêm de histórias normalmente mais tranquilas na infância. Provavelmente, os seus pais estavam disponíveis e eram constantes no carinho e no cuidado.

Esse apego forma uma pessoa mais resiliente, que tem a certeza de que é amada e, por isso, não transfere suas necessidades para os outros, embora seja capaz de construir fortes vínculos. Se ela perde uma figura importante ou vive uma grande mudança, tem mais facilidade em se adequar e seguir em frente — isso não significa, no entanto, que não haja sofrimento, mas que, apesar do amor, ela sabe resistir e lidar com a ausência. Embora esse pareça ser um lugar difícil, é muito saudável quando construído.

Apego ansioso

O segundo tipo de apego é o ansioso, aquele que fica extremamente inquieto diante dos seus relacionamentos, questionando-se o tempo inteiro se é amado e se existe reciprocidade na relação. Pessoas com esse apego não têm dificuldade com a proximidade e com a intimidade, mas carregam uma ansiedade muito grande em relação a isso e podem até se tornar muito ciumentas, pois acreditam que poderão ser rejeitadas a qualquer momento. Provavelmente, essas marcas também vieram da infância, por causa de um cuidador que oscilava entre a disponibilidade e a ausência, por exemplo, ou, ainda, pais que eram muito próximos e amorosos, mas também tinham momentos extremamente explosivos.

Diante do luto e das mudanças, essa pessoa torna-se ainda mais ansiosa — ela pode, até mesmo, ter aquele perfil de quem está sempre com medo de que algo ruim aconteça, ou seja, evita os processos difíceis a todo custo ao mesmo tempo em que teme a mudança ou a rejeição.

Apego evitativo

O terceiro tipo de apego é o evitativo e se refere às pessoas que têm dificuldade com a proximidade e com a intimidade — aquelas que não costumam se abrir ou se expor e são mais reservadas. Em geral, pessoas com esse tipo de apego não dizem o que pensam, são mais desconfiadas e, por isso, têm mais dificuldade em estabelecer conexões verdadeiras. Normalmente, são aquelas que sempre dizem ser autossuficientes e independentes, ignorando o fato de que todos nós nascemos para nos relacionarmos e de que precisamos de relacionamentos significativos para ter uma boa saúde mental. Apesar da dificuldade em se aproximar e estabelecer intimidade, essas pessoas não têm uma ansiedade diante das relações sociais.

Provavelmente, os seus pais não as acolhiam na infância nem davam importância aos seus sentimentos.

Na vida adulta, quando têm de experienciar o luto, essas pessoas continuam a gerar um distanciamento e, muitas vezes, agem como se nada estivesse acontecendo, ignorando e bloqueando a dor.

Apego ansioso-evitativo

Uma pequena parte da população se encaixa neste quarto tipo, que nada mais é do que a combinação entre o apego ansioso e o evitativo. Pessoas nesse grupo, são bastante reservadas quando se trata de relacionamentos e têm uma alta negação à intimidade; ao mesmo tempo, sentem-se ansiosas diante da possibilidade de serem trocadas ou rejeitadas.

Por carregar muita ansiedade e não falar sobre seus sentimentos abertamente, essas pessoas podem sofrer de forma demasiada após uma perda. Elas não agem como se nada estivesse acontecendo, mas têm dificuldade em processar a dor e compartilhá-la com alguém.

Eu imagino que, enquanto lia acerca das diferentes formas de apego, você tenha se identificado com alguma delas e, talvez, tenha entendido um pouco melhor sua própria forma de se relacionar e de lidar com as perdas. Agora que sabe dar nome a mais situações e comportamentos, eu quero sugerir um exercício. Você passou por algum processo de luto recentemente? Lembre-se de que não precisa ser, necessariamente, a morte de alguém (embora isso não esteja excluído). Pode ser o término de um relacionamento ou a saída de um emprego; talvez você tenha se tornado mãe ou tenha visto os seus filhos saírem de casa; é possível que suas relações tenham se transformado ou que você tenha passado por alguma mudança física (emagrecimento, corte de cabelo, cirurgia…) e que não se reconheça mais. Aproveite o espaço abaixo para escrever sobre essa mudança, sobre a sua dor e sobre o modo como você lidou com a perda.

Quais foram as suas últimas perdas e como você tem lidado com elas?

Agora, olhe para si mesmo e seja sincero ao ponderar: "Quem eu sou sem tudo isso? O quanto a situação anterior definia a minha identidade?".

Capítulo 10: Compreendendo o luto

QUANDO A DOR SE TORNA UM PROBLEMA?

É muito importante que você entenda que todo luto está relacionado à identidade, por isso o exercício anterior é tão relevante. Recorrentemente, as pessoas procuram formas de se reencontrar após perder alguém querido, pois esse processo envolve entender quem você é sem o outro ao seu lado. Mas é fundamental destacar que essa compreensão não significa a cura ou a superação do luto, afinal, não existe tempo ou receita para isso: cada pessoa tem uma jornada diferente.

> Todo luto está relacionado à identidade.

Procurar ajuda após três meses de uma perda não significa que você já deveria seguir em frente. No entanto, é um sinal de alerta se o sofrimento estiver trazendo algum tipo de disfuncionalidade que paralisa a sua vida — por exemplo, você não consegue parar de chorar e retomar a rotina, não come, não dorme e começa a ter sintomas de depressão e ansiedade, além de sentir muito medo e muita culpa. No luto, quando falamos sobre tempo, nós precisamos considerar a dimensão do sofrimento e entender o quanto a pessoa está paralisada, porque, após uma perda, é necessário que haja alguma movimentação — ainda que mínima. Isso significa que não há problema se você continuar chorando, mas é importante retornar ao trabalho e sair com os amigos em outros momentos. A oscilação vai acontecer; os altos e baixos são normais; mas o movimento não pode parar. O perigo está em ficar estático (esse é um sinal urgente para procurar ajuda).

Psicologia na prática

Infelizmente, é muito comum vermos pessoas que paralisam e não conseguem dar continuidade à vida, mas existem, também, aquelas que simplesmente seguem em frente, não falam nem olham para a perda, não se permitem sofrer. Esse é, da mesma forma, um alerta vermelho, e acontece muito com viúvas, por exemplo, que não encontram espaço para viverem a dor, de fato. Imagine uma mulher que perdeu o marido e ficou sozinha com um filho pequeno: em que momento ela pode sofrer? Quanto tempo ela tem para lidar com isso de verdade? Se ela não tiver rede de apoio, o único espaço possível será a terapia.

AFINAL, É POSSÍVEL SUPERAR UM LUTO?

Quando se trata do luto pela morte de pessoas queridas, frequentemente ouvimos frases como estas: "Perdi minha avó há quatro anos e toda vez que falo dela ainda sinto saudades e choro"; "O Natal é sempre difícil". Quantas vezes nós mesmos não ficamos esperando esse tipo de sentimento passar? Eu não sei se isso tranquiliza ou preocupa você, mas preciso dizer que o sofrimento é normal e vai continuar a existir — mesmo que já tenham se passado muitos anos. É por isso que falamos que o luto não é superado. É impossível que, em determinado momento, você simplesmente não sinta mais nada ao pensar na pessoa.

Na verdade, falar dos que já se foram é manter sua memória viva e espalhá-la para o máximo de contextos possíveis. Talvez você não conheça os seus bisavós, por exemplo, mas sabe aquilo que eles fizeram em sua família por causa das histórias que foram passadas adiante. Na Psicologia, nós chamamos isso de integração do luto. É o momento em que você pode falar, consegue lembrar, ver fotos e permitir que a nova realidade atravesse a sua vida. Não significa que a dor diminui, mas, sim, que você cresce em torno dela e cria estratégias de enfrentamento para encará-la de outra forma.

Essa integração vale para todas as outras perdas sobre as quais também conversamos. Como já contei aqui, meus pais são divorciados e, por muitos anos, eu vivi o sofrimento como o de um luto — muitas coisas realmente haviam morrido: sonhos, planos, histórias… mas foi necessário, em determinado momento, aceitar aquela nova realidade e falar sobre ela. Eu fico imaginando o quão disfuncional seria se os meus pais, que hoje são casados com outras pessoas, não tivessem conseguido integrar esse rompimento à sua história. Isso teria nos prejudicado, atingiria outras pessoas da família e, com certeza, impediria que eles construíssem novos relacionamentos saudáveis. No fim, isso é muito mais sobre reconhecer a sua história e aquilo que foi capaz de formar a sua vida.

Algumas pessoas não conseguem viver a integração do luto e acabam se mantendo presas a situações passadas. Um exemplo são aqueles que, após vivenciarem o término de um namoro, não são capazes de iniciar novos relacionamentos, porque têm medo de experimentar um novo rompimento. A falta de integração da primeira perda, faz, então, com que se entreguem ao receio de passar pela mesma situação mais

Psicologia na prática

uma vez, o que culmina em paralisação. É natural que esse sentimento permaneça dentro da pessoa durante um tempo, e até cresça, aumentando a sua consciência sobre ele; mas não é natural — ou esperado — que o sentimento trave os seus próximos movimentos e as suas próximas relações.

Há algum luto que você tem carregado de forma disfuncional e precisa integrar à sua vida? Preencha o quadro indicando qual foi a sua perda e os sentimentos que ela acarretou (por exemplo, a sua perda pode ter sido a morte de um ente querido, e os seus sentimentos a partir dela talvez sejam tristeza, saudade, culpa e insegurança).

PERDA	SENTIMENTO

Capítulo 10: Compreendendo o luto

Agora, escreva como você pode viver o processo de integração do luto, sem descartar aquilo que aconteceu. Se o luto é por morte, você pode começar falando mais sobre a pessoa com aqueles que também a conheciam, além de criar algum tipo de memorial (um álbum de fotos, por exemplo); se o luto for devido a um momento de transição, como uma mudança de cidade ou o fim da graduação, tente registrar todas as outras transições pelas quais você já passou, destacando as mudanças que ocorreram a partir delas.

Como você pode passar pelo processo de integração do luto?

Psicologia na prática

PASSOS PARA ENFRENTAR O MOMENTO DE LUTO

Eu sei que esse assunto é bastante complexo e delicado, mas tentei trazê-lo de uma forma mais leve. No entanto, se você está passando por um processo difícil de luto, eu gostaria de incentivá-lo a buscar ajuda profissional, porque entendo que algumas dores e perdas são inimagináveis. A partir disso, também quero apresentar alguns caminhos para ajudar você a atravessar essa etapa da sua jornada.

Cerque-se de pessoas que você ama

A rede de apoio é essencial nesse processo, por isso, se puder, cerque-se daqueles que realmente o amam e validam seus sentimentos. O momento de luto já é muito difícil para ter de passá-lo ao lado de pessoas que menosprezam e diminuem a sua dor.

Não crie a expectativa de que precisa ser forte

Existe uma frase, de autoria desconhecida, que resume muito bem o que quero dizer: "Você não precisa ser forte para enfrentar seu luto, mas é enfrentando o seu luto que você se tornará mais forte". Livre-se do peso de permanecer inabalável em um momento de fraqueza e se permita sofrer, porém não deixe de enfrentar a sua dor.

Siga em frente

Não se culpe por continuar a sua vida após vivenciar uma perda, você não está preso a ela, portanto não há nenhum problema em seguir com as suas atividades normalmente, mesmo que isso signifique chorar de vez em quando.

Escolha como vai viver o luto

É verdade que você não escolheu viver o luto, mas pode escolher **como** vivê-lo. Esse não é um processo passivo, em que se espera a cura vir com o passar do tempo; ao contrário disso, é necessário cuidar daquilo que se está sentindo — veja, não é sobre curar ou esperar. Você está se permitindo viver? Está se permitindo seguir em frente? Está se permitindo receber e pedir ajuda diante desse processo? Ele fará parte da sua vida, de qualquer modo, e será uma cicatriz. Você está cuidando dela?

Esse caminho serve para todas as perdas, mas, como tudo o que vimos até aqui, não é uma receita. Perceba que, no fim, é necessário enfrentar a dor, em vez de tentar evitá-la a todo o custo. Você também não precisa viver uma dicotomia; não é necessário estar feliz ou triste — sinta-se livre para ter mais de um sentimento ao mesmo tempo. Eu acredito, na verdade, que a vida se traduza nessa mistura, e que o luto é um bom exemplo de como devemos lidar com os sofrimentos, em geral. Eu sinto muito caso você tenha passado por uma perda recentemente e espero, de verdade, que as recomendações deste capítulo façam sentido para você nesse momento difícil.

LIVRE-SE DO PESO DE PERMANECER INABALÁVEL EM UM MOMENTO DE FRAQUEZA E se **permita sofrer.**

Capítulo 11

Superando a culpa

Em 2022, eu viajei de avião sozinha com o Ben, meu filho mais velho, que estava com apenas sete meses. Decidi encarar o desafio para fazer uma visita à minha avó, e foi nesse episódio da minha vida que enfrentei um dos meus maiores medos: fazer coisas pela primeira vez com meu bebê. No fim, eu consegui, e deu tudo certo na ida até lá! Na volta, nós saímos com bastante antecedência, às 8h, para pegar o voo às 11h40 com calma e evitar atrasos, já que o aeroporto era em uma cidade vizinha (as mães vão entender que a logística com um bebê é bem mais lenta). Tomei o café da manhã às pressas, arrumei o Ben e precisei fazer com que ele tirasse uma soneca no carro até o local de destino.

Quando chegamos, descobri que o voo não era às 11h40. Era no final da tarde! Logo pensei que algo havia acontecido e que tivessem alterado o horário da viagem, ou até mesmo o dia, mas, ao abrir o aplicativo da companhia aérea no celular, percebi que, na verdade, eu tinha me confundido. O voo sempre fora naquele horário, mas a minha mente supôs que era pela manhã. O agravante de toda essa situação foi que, durante a minha infância e adolescência, eu fui muito taxada pelos outros, inclusive pela minha família, de ser uma pessoa distraída, de sempre perder as coisas ou errar, e, nesse dia, a minha mãe estava comigo. Então ela logo falou: "Nossa, mas como você não viu? Ainda pedi para conferir…". Eu estava com muita certeza de que era aquele horário, então me senti bastante culpada, pois, por um erro meu, teríamos de passar o dia com um bebê em um aeroporto pequeno e sem estrutura nenhuma.

Comecei, assim, a me cobrar e pensar: "Como eu não vi esse horário? Como foi que isso aconteceu?". Fiquei ruminando a situação por um tempo, indignada comigo mesma, mas logo comecei a refletir sobre a minha história e a forma como eu lidava com os meus próprios erros. Pessoalmente, considero que saí daquele processo de culpa rapidamente e aceitei a situação para tentar buscar alternativas com a minha mãe. Decidimos, então, ir a um shopping, que ficava a apenas trinta minutos do aeroporto, para almoçar e esperar dar o horário correto do embarque. No fim, deu tudo certo!

Diante de um erro como esse, quantas vezes não nos deixamos ser levados pelos nossos pensamentos e pelo sentimento de culpa, e perdemos horas e horas apontando nossos próprios erros e brigando com as pessoas ao nosso redor? Ficamos presos a um ciclo de culpabilização, autocrítica e arrependimento.

ERROS

Antes de falarmos sobre a culpa em si, preciso lhe fazer uma pergunta... **Como você lida com os seus erros?** Eu dei um exemplo neste capítulo de um episódio que ocorreu comigo por causa de uma falha simples — confundir o horário de um voo —, porém existem erros bem mais complexos do que esse, como magoar alguém e perder um relacionamento que é importante para você, por exemplo. Você pode ter feito uma escolha que não foi a melhor e que, depois, teve uma consequência ruim, mas, no momento, você não tinha dimensão do que aquilo lhe proporcionaria.

O fato é que várias pessoas carregam muita culpa e arrependimento por decisões que tomaram no passado. Eu me lembro, especificamente, do caso de um dos meus pacientes, que, por estar preso a decisões que havia tomado ao longo dos últimos dez anos, revivia e sentia muito arrependimento pelas escolhas do passado. Como sua vida atual não era aquilo que havia desejado e sonhado, ele se lamentava por não ter feito tudo diferente. O problema, no entanto, é justamente este: nós não temos como voltar atrás e mudar o que passou. Desde os erros mais simples aos mais graves, esses sentimentos podem nos aprisionar em um ciclo de culpa e arrependimento, e, mesmo consumindo o nosso tempo e saúde mental, não terão o poder de mudar a nossa realidade atual.

Há algum tempo, eu vi uma série documental chamada *Sou um assassino*, em que cada episódio traz um pouco da história de como os criminosos que estão no corredor da morte[1], nos Estados Unidos, foram parar ali. Uma das pessoas que o documentário apresenta é um homem que matou uma senhora em um assalto. Por causa de seu crime, ele foi sentenciado à pena de morte e, no episódio, revela o seu arrependimento, afirmando que, se pudesse, voltaria atrás. Ao detalhar como ocorreu o assassinato, ele cai aos prantos. Enquanto eu assistia ao relato, tentei imaginar como seria estar no lugar daquele homem, lidando com uma culpa tão intensa diariamente. É claro que essa é uma situação extrema, mas a todo momento eu vejo, dentro e fora da clínica, pessoas que cometeram erros bem menores e que possuem um nível de sofrimento muito forte também, porque se prendem a essa distorção cognitiva de querer mudar o passado, sendo levadas até a casos de depressão.

AS MARCAS DA AUTOCOBRANÇA

Talvez você nunca tenha parado para pensar nisso, mas a sua forma de lidar com os erros, provavelmente, é muito parecida com a maneira como os seus cuidadores primários lidavam com eles quando você era criança. Se viveu em um ambiente de cobrança excessiva e não soube como romper com isso na sua vida adulta, é provável que, hoje, você se puna

---

[1] Parte da prisão na qual os presos condenados à morte esperam pela execução.

Capítulo 11: Superando a culpa

demais e passe muito tempo se martirizando pelas suas falhas — sejam elas grandes ou pequenas.

Tente se lembrar da sua infância: quais eram as reações quando você derramava suco na mesa na hora do jantar ou quando, sem querer, quebrava um copo? Essas eram ações gravemente punidas? É importante saber que nem sempre a punição vem em forma física, às vezes pode vir por meio de uma bronca e, até mesmo, de frieza na relação. Identificar esses comportamentos é muito útil quando desejamos entender o nosso grau de tolerância aos erros — aos nossos próprios e aos de outras pessoas. Evidentemente, eu não estou dizendo que se deve tolerar todas as falhas de uma criança — a disciplina e a correção são necessárias —, o que quero esclarecer aqui é que erros acontecem e o modo como os adultos lidam com eles será refletido no futuro das crianças.

Desde muito nova, eu sempre carreguei uma grande autocobrança, sem, necessariamente, ser cobrada pelos outros, e me lembro de uma situação, quando era bem pequena e ainda estava na segunda série, em que fui mal em uma prova. Em vez de esperar para contar para a minha mãe quando ela chegasse em casa, acabei me colocando de castigo sozinha e passei a tarde inteira no meu quarto, por causa daquela nota baixa. Quando a minha mãe chegou do trabalho, eu contei o que havia acontecido, e ela foi bem acolhedora, porque eu já havia sofrido bastante com a situação.

Eu entendo que muitas pessoas têm essa tendência à autocobrança e à autocrítica como uma forma de alcançar seus

Psicologia na prática

objetivos, pois desejam ter um desempenho melhor, e isso é muito válido. O problema é que esse método é muito sofrido, concorda? Eu vim de um contexto em que os meus cuidadores eram pessoas bastante rígidas, e, embora eles tenham sido compreensivos no caso da nota baixa, esse não era um padrão na minha casa. Juntando a exigência familiar aos meus próprios fatores, como o meu comportamento e a minha personalidade, acabei me tornando uma pessoa pouco tolerante com os meus próprios erros e me culpava exageradamente por coisas simples. Hoje, eu tenho alegria em dizer que já não sou assim e consigo lidar muito bem com as minhas falhas quando elas acontecem. Essa mudança trouxe leveza e liberdade para a minha vida.

Agora, eu quero que você reflita.

- ☹ Você é uma pessoa que se cobra muito?
- ☺ Como lida com os seus erros?
- ☹ Como lida com a situação quando não tem um desempenho tão bom?

O CAMINHO PARA LIDAR COM A CULPA

Se você tem se cobrado excessivamente, vivenciando uma grande dificuldade em lidar com os próprios erros e se criticando constantemente, prendendo-se às suas falhas, eu tenho um conselho para lhe dar: está na hora de desenvolver a **autocompaixão**. Quando compreendi a importância de aplicar isso à minha vida, tudo se tornou bem mais leve. Sei que, em geral, é muito fácil pensar que se você for gentil consigo não vai aprender nem crescer, mas a verdade é que existem formas de caminhar para um lugar melhor sem que seja necessário viver uma punição excessiva.

A autocompaixão é a forma como você se relaciona consigo, independentemente da sua avaliação sobre si mesmo — ou seja, da sua autoestima — e de como esteja se sentindo. Ela envolve tratar-se da forma como você trataria um amigo querido que está passando por dificuldades, mesmo que ele tenha cometido um erro. Eu quero que você se lembre, agora, de alguma situação recente em que foi compassivo com alguém após essa pessoa compartilhar uma falha. Eu imagino que você a tenha acolhido, ao mesmo tempo em que reconheceu que realmente existiu um problema, não é? Por meio da autocompaixão, nós nos tornamos um aliado interno, em vez de um inimigo. Errar é humano, e todos nós passamos por isso constantemente — pode ser uma falha no trabalho ou um tratamento ríspido com alguém —, o que muda é o modo como lidaremos com a nossa falta depois. De nada adianta carregar uma culpa e não pensar em soluções para melhorar o que deu errado ou, ainda, não voltar e se desculpar com quem você tratou mal. Muitas vezes, temos uma facilidade grande em racionalizar e acolher o erro daqueles que estão ao nosso redor, mas nos deparamos com a dificuldade em fazer

> De nada adianta carregar uma culpa e não pensar em soluções para melhorar o que deu errado.

o mesmo conosco, e logo começamos a nos classificar com os piores adjetivos nos quais pensamos.

Para deixar esse conceito mais claro, eu gosto de apresentar um exemplo bem extremo, mas muito real. Imagine que uma amiga lhe diga o quanto está se sentindo mal, feia e desinteressante, porque o namorado terminou com ela e já está com outra pessoa. Eu acredito que, dificilmente, você daria uma resposta como esta: "Realmente, amiga, a nova namorada dele é bem mais bonita, já que você está acima do peso, feia e toda *avacalhada*". Que tipo de pessoa diria isso à outra? Eu nem consigo imaginar que alguém seja capaz de responder a um desabafo dessa forma. O problema, no entanto, é que jamais faríamos isso com alguém que amamos, mas fazemos coisas até piores conosco.

A autocompaixão é tão importante para o nosso desenvolvimento que até se tornou objeto de pesquisa atualmente. Kristin Neff, em seu livro *Autocompaixão*, afirma que pessoas autocompassivas tendem a sentir mais felicidade, satisfação e motivação, bem como ter relacionamentos duradouros, saúde física e menos ansiedade e depressão. Elas também têm a resiliência necessária para enfrentar os eventos estressantes da vida, como divórcio, crises de saúde, fracasso acadêmico e traumas. Você consegue ter noção disso? O que as pesquisas têm mostrado é que aqueles que carregam essa habilidade lidam muito melhor com os próprios erros, os problemas e as dificuldades.

Capítulo 11: Superando a culpa

SEMPRE EXISTE UM PROCESSO

Eu entendo que o processo de lidar com a culpa não é simples e que não adquirimos autocompaixão de um dia para o outro, mas quero ajudar você a pensar sobre o arrependimento que tem carregado por algum erro que cometeu no passado — ele pode ter sido grande ou pequeno.

Primeiro, conecte-se com o presente (estamos falando, mais uma vez, da técnica de *mindfulness*). Permita que seus pensamentos e emoções o encontrem neste momento e esteja consciente do que você viveu e que ainda está sentindo.

> Descreva, de forma racional e objetiva, o que aconteceu naquela situação.

Psicologia na prática

Por que você se sentiu tão culpado?

O que diria a alguém que passou pela mesma coisa que você? Incentivaria a culpa ou apresentaria uma nova perspectiva sobre a situação?

Capítulo 11: Superando a culpa

Perceba que você não precisa negar que está se sentindo mal por ter errado, mas precisa estar consciente a respeito do que aconteceu. Aceite as suas experiências sem exagerar demais. Imagine, por exemplo, uma pessoa que não passou no vestibular e se sente culpada por não ter estudado mais; ela acredita que é péssima por causa do que aconteceu e que a sua falha é imperdoável. Você concorda que existe um nível de exagero nessa reação? Precisamos pensar de forma clara e equilibrada sobre o que acontece para não criarmos um problema maior do que aquele que existe de fato. Reprovar no vestibular é algo que realmente traz frustração e tristeza, e quando vivenciamos coisas semelhantes, podemos pensar em tudo o que deveríamos ter feito diferente. A questão é: **nós não temos nenhum controle sobre o que passou**.

Se eu reprovei no vestibular, por exemplo, tudo bem! Poderia ter me preparado mais, poderia ter estudado melhor, mas eu não tenho como mudar o passado. Então, agora, eu me sinto frustrada e penso que deveria ter feito algo de outra forma; estou arrependida por não ter me engajado o suficiente. Posso reconhecer isso, aceitar essa experiência e me comprometer a fazer diferente daqui para frente, porém não preciso me tratar com autocrítica e recriminação, não preciso me tratar com desprezo. A situação é o que é. Por isso, é necessário encará-la de uma forma equilibrada.

> Você não precisa negar que está se sentindo mal por ter errado, mas precisa estar consciente a respeito do que aconteceu.

Psicologia na prática

Nós temos de nos livrar dos pesos que criamos a partir das nossas falhas. Todos nós somos seres humanos, e isso significa que somos uma obra em andamento: todos cometemos erros, todos experimentamos dificuldades e todos nos arrependemos. Esse é um conceito chamado "humanidade compartilhada", que é o senso de interconectividade essencial para a autocompaixão. Afinal, precisamos lidar com o fato inevitável de que a vida envolve sofrimento para todos. Isso significa que a dor que eu sinto em momentos difíceis é a mesma que você sente. Quantas pessoas no mundo inteiro não passaram por um divórcio, um luto, uma doença, uma crise de ansiedade, um episódio depressivo ou uma demissão, assim como você, no último ano? Quando compreendemos que todas as pessoas enfrentam momentos assim, somos capazes de experimentar a humanidade compartilhada, que nos tira o título de "pior ser humano da Terra" — aquele que costumamos nos atribuir diante da culpa.

Eu posso lhe garantir que, mesmo que não conheça ninguém enfrentando o mesmo desafio que você, existe alguém no mundo que já passou ou vai passar pela mesma coisa. Às vezes, nós nos sentimos culpados porque acreditamos que todos à nossa volta são muito mais confiantes, mas acredite: a maioria das pessoas não compartilha a sua vulnerabilidade; todas, no entanto, experimentam sentimentos muito parecidos — e essa consciência deve nos ajudar a exercitar a autocompaixão. Não se culpe por ter emoções, pois elas são normais; aceite as suas fraquezas e os seus defeitos. Isso não o deixará acomodado, mas o impulsionará a fazer melhor nas próximas vezes.

ARREPENDIDOS

De acordo com o dicionário Michaelis, a palavra arrependimento significa o "ato ou efeito de arrepender-se; pesar sincero por algum ato ou omissão que se tenha praticado; compunção, contrição" ou também "negação ou desistência de coisa feita ou empreendida no passado". Ou seja, quando nos arrependemos, experimentamos uma série de outras emoções: tristeza, frustração, pesar, decepção, remorso, ansiedade, culpa... E, mais uma vez, precisamos aprender a lidar com elas! Por isso...

☺ Aceite que não temos o poder de mudar o passado, só podemos aprender com os nossos erros e seguir em frente melhorando.

☺ Anote tudo! Na TCC, existe uma técnica que pode ajudá-lo a visualizar esses pontos, que são os **cartões de enfrentamento**. Anote neles o que você considerou mais relevante neste capítulo e deixe em um lugar visível, que você olhe com frequência, para que o seu cérebro reestruture esses conceitos. Quando se sentir culpado por algo, principalmente, pegue os cartões, *post-its* ou folhas e leia. Anote, releia e repita. Talvez você concorde com as questões trazidas aqui, mas no meio da tempestade é difícil organizar os pensamentos, o que nos faz cair no mesmo ciclo. Entretanto, agora, pense: o que farei daqui para frente? Quais opções eu tenho?

Psicologia na prática

> ☻ Busque ao máximo reparar os seus erros e encontre todas as possibilidades de retratação. Porém, em relação a uma situação que não pode ser mudada, você terá de se perdoar e liberar perdão a outras pessoas também, e, se necessário, pedir ajuda. Assuma a responsabilidade pelos seus atos em vez de alimentar a culpa. Se você precisa pedir perdão a alguém, peça e busque reparar os seus erros usando as ferramentas que estão sob o seu controle! Perdoe-se também e aplique a autocompaixão, estendendo para si o mesmo perdão que você estende aos outros.

Você só tem domínio sobre o que pode fazer! Agarre a responsabilidade e maturidade para lidar com erros, mas, além de tudo, respeite o seu tempo, pois é um processo. A culpa não vai sumir rapidamente e você não fará as pazes com toda a sua história nos minutos que foram gastos ao folhear este capítulo. Essa é uma jornada complexa que exige intencionalidade e constância! Então recolha as ferramentas que foram dadas aqui e comece por: "O que eu posso aprender com as escolhas que eu fiz e como posso fazer melhor daqui para frente?".

A MAIORIA DAS PESSOAS NÃO COMPARTILHA A SUA **vulnerabilidade**; TODAS, NO ENTANTO, EXPERIMENTAM SENTIMENTOS MUITO PARECIDOS.

Capítulo 12

Combatendo o estresse e a ansiedade

Eu gosto de acreditar que pessoas saudáveis, que cuidam de si e de suas mentes, constroem um mundo melhor: melhor para suas famílias, para os amigos e para aqueles que estão ao redor. Uma mente saudável reflete na forma como tratamos as pessoas, tomamos decisões, lidamos com os nossos relacionamentos e, até mesmo, exercemos o nosso trabalho. Dessa forma, nós conseguimos melhorar o que está ao nosso alcance, começando pela nossa casa e por aquilo que está à nossa volta no dia a dia. Acho importante trazer isso, porque muitos de nós temos o desejo de transformar grandes causas, que são nobres, mas, se não conseguirmos lidar com a nossa mente, não seremos capazes de fazer todo o resto com sustentabilidade.

Como seres humanos, vivenciamos o estresse e a ansiedade, que não são, necessariamente, ruins. No entanto, quando nós começamos a senti-los com uma intensidade mais forte e em uma frequência muito alta, com certeza eles podem se tornar um problema. Infelizmente, isso é bastante comum no mundo em que vivemos — e, embora muitos fatores dos nossos dias cooperem para o crescimento do estresse e da ansiedade, eles não são exclusivos dos nossos tempos: a humanidade sempre teve de lidar com isso.

Ao olharmos para a História, nós nos deparamos com dados muito interessantes sobre esse assunto. Na Era Vitoriana, os ingleses se sentiam ansiosos devido ao crescimento da cidade, ao abismo que existia entre os ricos e os pobres e às novas tecnologias que estavam surgindo — eles acreditavam que o telégrafo, por exemplo, poderia se tornar uma ameaça à interação humana. Além disso, o fim da Segunda Guerra Mundial gerou um período de grandes transformações, causando ansiedade em muita gente. Na época, um remédio que prometia acalmar as pessoas passou a ser comercializado e se tornou a droga mais vendida nos Estados Unidos.

Muitas coisas mudaram no mundo entre os séculos XIX e XX, e mais ainda até o século XXI, no entanto, as pessoas continuam sofrendo de ansiedade e estresse. De acordo com dados divulgados pela Organização Mundial da Saúde (OMS), 9,3% da população brasileira sofre de ansiedade

Capítulo 12: Combatendo o estresse e a ansiedade ☺

— dado que coloca o Brasil em primeiro lugar nessa pesquisa. O número é, de fato, preocupante, e justamente por isso é tão necessário aprendermos a lidar com as nossas emoções, a fim de mantermos uma boa saúde mental.

Eu costumo dizer que lidar com o estresse e a ansiedade é como aprender a surfar. Imagine um oceano em dia de calmaria. Agora, imagine-se em cima de uma prancha no meio do mar: você está aprendendo a surfar e sabe que, vez ou outra, as águas estarão supercalmas, paradas e relaxantes, permitindo, até mesmo, que você consiga ficar apenas sentindo as ondas. Em outros dias, porém, pode ser que venha alguma tempestade e que o que antes estava calmo comece a ficar muito revolto. Essa imagem costuma ser bem assustadora, porque as tempestades e as ondas podem se comparar às situações externas da nossa vida — aquelas que, como já falamos aqui, não temos como controlar. No entanto, à medida que passamos mais tempo na água, nós começamos a conhecer suas condições, os momentos em que as ondas estão calmas e os momentos em que estão maiores e mais agitadas. É a partir desse conhecimento que somos capazes de nos sentir mais confortáveis, independentemente de como estiverem as águas.

> Lidar com o estresse e a ansiedade é como aprender a surfar.

A mesma coisa acontece com os nossos pensamentos e sentimentos. Conforme entendemos um pouco mais como eles funcionam e como ativam o nosso corpo, já não ficamos mais tão assustados, mesmo que as situações sejam difíceis

223

e desafiadoras. Diante do estresse e da ansiedade, portanto, podemos aprender a manter o equilíbrio, a compostura e a harmonia. Afinal, não temos como eliminar totalmente as nossas emoções, mas podemos mudar a nossa relação com elas — na verdade, é exatamente isso o que propomos na TCC.

ESTRESSE

Todos nós temos de lidar com a vida real e não há como negar isso. Alguns têm mais responsabilidades, como uma mãe e um pai de família ou o CEO de uma empresa; outros lidam com questões diferentes. Ainda assim, todos têm problemas. Eu imagino que a sua meta seja viver a sua vida, ir atrás dos seus sonhos e construir coisas significativas, mas *guess what*[1]? Esse processo vai gerar estresse. Não tem jeito! Não existe uma pessoa 100% zen, que consiga, ao mesmo tempo, conquistar muitas coisas, ter muitas responsabilidades e não passar por nenhum nível de exaustão.

Em algum momento, por mais calmo que seja, você ficará cansado e estressado, questionando-se se é capaz de dar conta de tudo. Se esse for o caso agora, preciso dizer: está tudo bem! Isso é uma experiência humana normal. O importante é se perguntar como é possível manter um ritmo saudável em sua rotina e lidar melhor com as adversidades no dia a dia.

---

[1] *Guess what* é uma expressão do inglês utilizada antes de algo interessante ou surpreendente ser dito. É, geralmente, usada como "Adivinha!" em português.

Capítulo 12: Combatendo o estresse e a ansiedade 😊

Muito do nosso estresse diário vem dos nossos pensamentos e das histórias que criamos em nossa mente. Talvez o nosso trabalho não seja necessariamente estressante (às vezes, sim), mas os pensamentos que temos sobre ele e sobre as responsabilidades que carregamos geram em nós esse sentimento. Sabe aqueles questionamentos que aparecem quando você está fazendo alguma coisa? "Será que vou conseguir pagar todos os boletos?"; "Será que daqui 5 anos ainda estarei empregado?", "Será que serei capaz de conquistar meus sonhos?"; "Será que minha carreira vai dar certo?". Nossos diálogos mentais são os maiores responsáveis pelo nosso estresse — que, geralmente, é originado dentro de nós.

Eu imagino que, a essa altura, você já tenha aprendido que quando mudamos a nossa perspectiva, existe uma grande possibilidade de mudarmos, também, a forma como nos sentimos. Então eu queria que você se perguntasse quanto espaço tem dado, no seu dia a dia, ao "será que..." — esses questionamentos involuntários que tornam sua rotina mais pesada.

Psicologia na prática

QUEM ESTÁ NO CONTROLE?
O PENSADOR OU O PENSAMENTO?

Quais pensamentos e interpretações da realidade estão lhe causando estresse hoje?

De que outra maneira você poderia enfrentar esses pensamentos e situações?

Capítulo 12: Combatendo o estresse e a ansiedade

No capítulo 7, eu mencionei, e acredito que seja bom reforçar, que quando falo sobre a necessidade de mudarmos o modo como interpretamos a realidade, não estou apoiando uma positividade e um otimismo cegos: "Ah, tudo vai dar certo!"; "Sem problemas! Logo as coisas voltam ao normal!". Não é disso que se trata, mas, sim, de voltarmos os nossos olhos para aquilo que está sob o nosso controle. Se você tem um novo projeto para apresentar no trabalho, por exemplo, provavelmente espera por uma aprovação, mesmo sabendo que essa não é uma responsabilidade sua. A expectativa de ter o seu projeto aprovado, no entanto, não pode dar lugar ao estresse. O melhor que você pode fazer é se empenhar para apresentar a sua ideia de forma clara e profissional — o resultado disso pode ou não gerar satisfação, mas não está sob o seu controle.

Como lidar com o estresse

Se você se sente exausto, tem dificuldade para dormir, chora com muita facilidade, sente-se incapaz e improdutivo, e tem muitas dores de cabeça, provavelmente está experimentando um alto nível de estresse. Por isso, fique atento aos sinais antes que eles piorem. Caso você esteja se sentindo assim, eu quero lhe dar três dicas que podem mudar tudo.

Reavalie suas prioridades e foque no que é essencial

Olhe para sua rotina e veja se você está sendo intencional em construir um dia a dia sustentável, que corresponda ao seu ritmo de funcionamento. É muito provável que você conheça pessoas que fazem muitas coisas ao longo da semana. Algumas, por gostarem desse ritmo, saem de casa bem cedo e só voltam à noite; outras, no entanto, funcionam de uma forma diferente, e isso não significa que elas sejam preguiçosas. Eu, por exemplo, não gosto de ter uma rotina muito apressada, embora seja responsável por inúmeras coisas. É claro que nem sempre pude escolher exatamente qual seria o meu ritmo e, em alguns momentos, tive de caminhar um pouco mais rápido para alcançar o resultado que eu queria, mas mantive a consciência de que aquele estilo de vida não poderia durar muito tempo.

Talvez, por conta do trabalho, você realmente precise sair cedinho e voltar tarde, mas será que não está dizendo "sim" a responsabilidades que, neste momento, poderia deixar de lado para focar no que é essencial? Às vezes, nós aceitamos uma série de demandas e convites e, quando notamos, estamos esgotados e sobrecarregados, sem qualquer reserva de energia. Então o meu conselho para você é: foque no que é essencial. Todo o resto pode esperar para que a sua saúde mental esteja em primeiro lugar. Não é o fim do mundo você pausar um projeto ou dizer "não" a um convite.

> Não é o fim do mundo você pausar um projeto ou dizer "não" a um convite.

Capítulo 12: Combatendo o estresse e a ansiedade 😊

Quais são as suas prioridades neste momento? Evite fazer uma lista muito extensa, mas realmente avalie aquilo que faz sentido para você nesta temporada da sua vida.

Quais são as atividades e compromissos dos quais você precisará abrir mão para focar no que é mais importante agora?

Psicologia na prática

Faça pequenos breaks ao longo do dia

Uma pesquisa conduzida pela Microsoft e publicada pela Forbes, em 2021, apontou que pessoas que fazem uma série de reuniões online ao longo do dia, sem nenhum intervalo, possuem maior atividade cerebral associada ao estresse, se comparadas àquelas que fazem pequenos breaks entre as videochamadas. Eu não sei como é a sua rotina de trabalho, mas, se puder, tente separar dez ou quinze minutos, ao longo do dia, para relaxar com atividades que não estejam relacionadas às telas. Você pode respirar um pouco, ir até a janela para olhar a paisagem ou fazer carinho no seu cachorro, mas seja intencional em ter um tempo de descanso. A pesquisa mostrou como esses intervalos são capazes de proporcionar uma sensação de calma e relaxamento, além de uma atividade cerebral com menos estresse.

Reserve um tempo para desconectar

Depois de reavaliar as suas prioridades, o ideal é que o seu dia se torne menos corrido, de modo que você tenha um tempo diário para o descanso. Por isso, à noite, quando for a hora de parar o trabalho, tenha um momento só seu — sem pensar nas pendências ou se preocupar com as tarefas do dia seguinte. Aos finais de semana, desconecte-se de verdade e faça outras coisas que são tão importantes quanto ser produtivo: separe horas de lazer, dentro do possível, encontre seus amigos ou pratique algum esporte. Planejar viagens ou atividades para o período de férias e feriados também ajuda muito durante esse processo. Talvez você não consiga fazer isso com a frequência que gostaria, mas não subestime a importância do descanso.

ANSIEDADE

Eu quero começar lembrando o óbvio que precisa ser dito: a ansiedade é uma emoção normal, que acontece como antecipação a uma ameaça futura. Você já deve ter ouvido falar sobre a importância do medo na nossa vida, certo? Resumindo muito, o medo nos deixa alertas diante de um perigo real ou percebido — aqui, eu falo sobre níveis de medo que qualquer pessoa saudável tem, e não sobre um medo extremo e paralisante. A ansiedade atua em nós de forma bastante semelhante. Aliás, é saudável que, em alguns momentos, nós antecipemos ameaças futuras, para que possamos nos preparar. Quando temos um compromisso ou uma prova importante e ficamos ansiosos, somos capazes de nos planejar melhor. Quando pensamos que sair do trabalho à noite pode ser perigoso, de certa forma, antecipamos uma ameaça e tomamos atitudes de prevenção — não sair no escuro, não andar sozinho. Percebe como a ansiedade pode ser funcional dentro do contexto correto? O problema acontece quando ela toma uma proporção muito maior do que deveria.

É verdade que existem alguns transtornos, como as fobias, que lidam com medos desproporcionais, mas, mesmo quando não se trata de um transtorno, a ansiedade também carrega uma série de sintomas: dificuldade para respirar, batimentos cardíacos acelerados, boca seca, transpiração excessiva, tensão muscular, náuseas e tremores. No caso de uma ansiedade elevada, esses sinais ainda são considerados normais, mas indicam algo significativo: não estamos conseguindo lidar tão bem com esse sentimento.

Podemos vivenciar inúmeras situações no nosso dia a dia que nos causam preocupação. Ainda assim, o nosso cérebro precisa ser capaz de distinguir quais ameaças são reais e quais não são. Embora mudanças gerem algum tipo de gatilho em nós, não podemos viver como se tudo fosse nos desestabilizar, caso contrário, qualquer coisa ativará o nosso sistema de luta ou fuga — boletos não pagos, situações no trabalho, em casa, na faculdade, nos nossos relacionamentos... —, gerando cada vez mais sensações fisiológicas.

Lidando com a mente ansiosa

Quando estamos ansiosos, tendemos a evitar situações e lugares, além de procrastinar tomadas de decisão. Muitas vezes, acabamos "metendo os pés pelas mãos" e agindo de forma impulsiva — imagine uma pessoa que, dentro de um relacionamento, fica ansiosa porque o parceiro não respondeu tão rápido quanto esperava, e começa a enviar uma série de outras mensagens. A ansiedade gera essa inquietude e dificuldade de esperar, de abrir mão do controle. Por isso é tão comum vermos pessoas que querem ter o domínio de tudo tão ansiosas por terem de esperar os processos que não dependem delas nem acontecem na velocidade que gostariam. Preciso confessar que, embora eu esteja falando na terceira pessoa, também me incluo

Capítulo 12: Combatendo o estresse e a ansiedade 😊

aqui, pois já me vi ansiosa, inúmeras vezes, por coisas que eu desejava que acontecessem no meu tempo; por pessoas que eu gostaria que agissem de determinada forma; e por decisões que eu precisava tomar, mas não conseguia chegar a uma resposta.

Mesmo sendo algo normal, é fundamental aprendermos a lidar com a ansiedade de forma saudável. Então, para começar a entender e ganhar mais autoconsciência do modo como você tem se sentido, reflita e responda às perguntas a seguir.

Quando você se sente ansioso?
_____

Quais **situações** potencializam a sua ansiedade?
_____

Quais **áreas** da sua vida têm deixado você mais ansioso hoje?
_____

Isso acontece na maior parte do tempo ou só ocasionalmente?
_____

É uma ansiedade leve, moderada ou você a considera grave?
_____

Psicologia na prática

Enquanto a mente da pessoa estressada está sempre pensando "será que...", a mente ansiosa é aquela que pensa, constantemente, "e se...". Aliás, esse é o padrão que mais causa ansiedade, porque todas as possibilidades vindas depois do "e se..." costumam ser ruins — e, caso você se considere uma pessoa ansiosa, provavelmente está concordando comigo agora. A grande questão é que, na maioria das vezes, as coisas não acontecem conforme foram previstas. Já parou para pensar em quantas vezes você saiu de casa ansioso, pensando que seria assaltado e não foi? O assalto, por exemplo, pode ocorrer com qualquer pessoa, isso significa que talvez você até fique mais atento, mas que pensar nele antes de sair não vai aumentar ou diminuir a probabilidade de acontecer.

Houve uma época em minha vida em que enfrentei situações muito difíceis financeiramente. Meu marido e eu estávamos quase perdendo o apartamento que havíamos financiado, e, diariamente, eu me perguntava se conseguiria pagar as contas no fim do mês, se perderia o apartamento, se saberia o que fazer... Nós estávamos vivendo uma incerteza, que, naturalmente, acabou se transformando em ansiedade — afinal, como disse nos capítulos anteriores, o ser humano deseja controle e previsibilidade. A vida, no entanto, nem sempre é previsível. Eu não sei se você já enfrentou alguma questão financeira, mas momentos como esse são muito incertos, e precisamos aprender a lidar com eles, senão sempre perderemos para a ansiedade, e ninguém quer viver assim, certo?

Capítulo 12: Combatendo o estresse e a ansiedade ☺

Viva um dia de cada vez

Nessa mesma época, recebi um conselho e gostaria de compartilhá-lo com você. Uma pessoa me disse que eu deveria viver um dia de cada vez, não uma semana, não um mês ou um ano, mas um dia. Então eu me perguntava, logo pela manhã: "Como eu posso vencer hoje? Como eu consigo viver o presente sem me desesperar ou descabelar?". Em geral, o que está ao nosso alcance é fazer o melhor que podemos, cumprindo as nossas responsabilidades — não as da semana ou do mês, mas as do dia. Ao viver dessa forma, nós percebemos que, mesmo que tudo dê errado, como previmos, nós somos capazes de lidar com a situação.

"Basta a cada dia o seu mal"[2], já ouviu essa frase? Ela está em um livro muito sábio e milenar, chamado Bíblia, e, ainda que você não seja religioso, pode aplicá-la à sua vida, pois a cada dia nós já temos problemas para resolver, decisões para tomar e tarefas para cumprir. Então foque no que você precisa fazer **hoje**. Talvez você esteja se perguntando "Ah, mas eu não tenho que planejar a minha vida? Não tenho que pensar em minhas metas e objetivos?", e o meu conselho para as pessoas ansiosas que estão lendo este livro é: pense menos e viva um dia de cada vez.

---

[2] A frase é dita por Jesus e registrada no evangelho de Mateus, capítulo 6, versículo 34. A versão bíblica aqui utilizada é a Almeida Revista e Corrigida.

Psicologia na prática

Abra mão do controle

Outro ponto que aprendi enquanto vivia com a incerteza e com a imprevisibilidade foi a importância de abrir mão do controle — ou simplesmente reconhecer que eu não o tenho. Nós até podemos nos planejar, mas a vida sempre escolherá percursos que não imaginamos, e, diante deles, precisamos estar abertos e flexíveis, pois boa parte da nossa ansiedade vem da rigidez e do desejo de saber que tudo dará certo.

A fórmula perfeita para ficarmos ansiosos é superestimar a ameaça e subestimar a nossa capacidade de lidar com ela. Existe a possibilidade de dar tudo errado? Sim! Mas ela pode ser minimizada se fizermos o que está ao nosso alcance. Nós temos a capacidade de lidar com as situações, mesmo que elas saiam do controle, mesmo que elas não sejam como eu planejamos. A vida requer flexibilidade. Abandone a necessidade de controlar tudo.

Quando a ansiedade se torna um transtorno?

Como eu falei, existe um nível normal de ansiedade que todo ser humano enfrenta, e há o que chamamos de Transtorno de Ansiedade Generalizada (TAG). Eu considero importante trazer as diferenças aqui, porque, às vezes, você pode apenas estar vivenciando níveis muito altos de uma ansiedade comum, mas também pode ser que exista um problema mais grave. Nos dois casos, o acompanhamento psicológico é fundamental. Além disso, acho necessário ressaltar que os únicos que podem lhe dar um diagnóstico são um psiquiatra e um psicólogo. Por isso, se conseguir reconhecer em si

Capítulo 12: Combatendo o estresse e a ansiedade 😊

mesmo algumas características que citarei aqui, não deixe de procurar ajuda profissional, porque há vários outros critérios a serem analisados — como o prejuízo no funcionamento profissional, social e em outras áreas importantes, e o sofrimento clinicamente significativo.

De modo geral, existem três principais características nas pessoas com TAG.

1. Preocupação excessiva e persistente

A pessoa está sempre com uma preocupação desproporcional em relação à situação — e isso pode durar dias, semanas ou até meses. Além disso, ela se preocupa com diferentes atividades, áreas e eventos ao mesmo tempo; é uma ansiedade crônica e generalizada.

2. Dificuldade em controlar a preocupação

A pessoa que tem TAG não consegue ter o mesmo controle que as outras e, muitas vezes, acaba se sentindo sobrecarregada e esgotada por conta dessa ansiedade — pois ela está constantemente pensando em tudo o que pode dar errado e não sabe como parar seus pensamentos.

Psicologia na prática

> 3. Sintomas físicos
>
> Junto às preocupações e às sensações de sobrecarga, vêm os sintomas físicos. Os mais fáceis de reconhecer são fadiga, tensão muscular, palpitação, suor excessivo, dor de cabeça, disfunção do sono, perda de memória, dificuldade de concentração, irritabilidade e inquietação. É importante ressaltar que os sintomas físicos, nesse caso, são frequentes.

Como tratar o TAG

Muitas pessoas se questionam sobre os motivos de terem desenvolvido o TAG, mas os transtornos mentais são sempre multifatoriais — isso significa que existem fatores genéticos, biológicos, ambientais, além da nossa história de vida, por exemplo. O mais importante diante disso é saber que existe tratamento e que algo pode ser feito.

Hoje, a TCC tem se mostrado a linha mais eficaz para tratar o Transtorno de Ansiedade Generalizada; é possível, também, que a medicação seja necessária nesse processo. Aproveito para abrir um parêntese e dizer que a medicação realmente pode ajudar você, apesar de todo o preconceito que a sociedade carrega sobre esse assunto. Atualmente, existem muitos remédios modernos capazes de auxiliar o seu cérebro a regular um pouco melhor os níveis dos hormônios e dos neurotransmissores, mas

Capítulo 12: Combatendo o estresse e a ansiedade 😃

saiba que não adianta se medicar sem aprender a lidar com os seus pensamentos e crenças. Um tratamento eficaz deve ser feito por meio da união entre acompanhamento psicológico, medicação e mudança de perspectiva.

ALIVIANDO O ESTRESSE E A ANSIEDADE

Eu espero que, ao longo deste capítulo, você tenha entendido que está tudo bem se sentir estressado ou ansioso de vez em quando, mas que é necessário ter cuidado e atenção para que isso não prejudique a sua vida. Procure fazer um detox da sua mente diariamente, confrontando os seus pensamentos disfuncionais assim que percebê-los. Escreva sobre a sua ansiedade e o seu estresse: de onde vieram? Como você age quando está estressado e ansioso? Essas respostas são importantes para desenvolver bons mecanismos de enfrentamento do estresse e da ansiedade, e não recorrer à comida, ao álcool ou a relacionamentos — nada disso funcionará enquanto você não olhar para dentro de si e aprender a lidar com as emoções que o acompanharão pelo resto da vida.

Para finalizar, quero deixar uma dica prática que pode ajudá-lo, a nível fisiológico, diante de um momento difícil. Quando estiver se sentindo muito ansioso ou estressado, com tremores, respiração ofegante e palpitação, saia do ambiente em que estiver e encontre um lugar onde possa ficar sozinho, a fim de praticar a respiração diafragmática.

Psicologia na prática

- 😃 Acomode-se de forma confortável, sentado ou deitado.
- 🙂 Coloque a mão no abdômen.
- 😐 Feche os olhos e concentre-se em sua respiração.
- 😊 Inspire pelo nariz, enchendo os pulmões de ar — perceba que quando você inspira, o abdômen desce — e retenha por dois segundos.
- 🙂 Expire lentamente pela boca, contando até cinco — perceba que quando você expira, o abdômen sobe.
- 😊 Repita o processo dez vezes.

PENSAMENTOS PARA AJUDAR VOCÊ A ENFRENTAR MOMENTOS DE SOFRIMENTO EMOCIONAL

"Essa é uma oportunidade para eu aprender a lidar com meus medos."

"Estou tendo uma experiência difícil agora e posso me acolher."

"São apenas meus sentimentos e eles irão passar."

"Sou forte o suficiente para lidar com isso que está acontecendo agora."

"Posso estar ansioso e mesmo assim lidar com a situação."

A FÓRMULA PERFEITA PARA FICARMOS ANSIOSOS É **superestimar** A AMEAÇA E **subestimar** A NOSSA CAPACIDADE DE LIDAR COM ELA.

Capítulo 13

Entendendo a depressão

No mundo, mais de 300 milhões de pessoas sofrem com a depressão. Dentro desse número, temos, aproximadamente, 11,7 milhões de brasileiros — o país tem a população mais depressiva da América Latina, segundo relatório da OMS. Mesmo com esses dados tão alarmantes, ainda há uma grande ignorância em torno desse assunto, além de confusões no que se refere ao diagnóstico. É muito comum encontrarmos pessoas que continuam a encarar a depressão como frescura e besteira, dizendo que não passa de uma tristeza. Mas trata-se, na verdade, de um transtorno mental, e, explicando de forma bem leiga, afeta negativamente o modo como nos sentimos, pensamos e agimos.

Por não ser uma doença visível aos olhos, infelizmente, nós temos tendência a encará-la de maneira leviana e até tomamos atitudes que seriam impensáveis no caso de uma doença física. Quando estamos com um pé quebrado, por exemplo, ninguém nos manda parar de frescura, tirar o gesso e começar a andar, dizendo que nosso pé está ótimo e que a situação não passa de "coisa da nossa cabeça". Pensar em um cenário como esse é até fora da nossa realidade. Ninguém faria isso.

No caso da depressão, é tudo muito subjetivo, por isso existe essa dificuldade em compreender e tratar o problema com a seriedade necessária — e isso parte, principalmente, daqueles que nunca passaram por um transtorno mental, por um episódio depressivo ou por uma crise emocional. Mas nós precisamos aprender sobre esse tema para que tenhamos não apenas mais conhecimento como também mais empatia, pois, inevitavelmente, todos conviveremos com alguém que tem esse diagnóstico — afinal de contas, sua incidência não é baixa.

PRIMEIRO, O QUE É A TRISTEZA?

O primeiro fato que precisamos entender, quando falamos sobre depressão, é que não se trata simplesmente de uma tristeza. A nossa vida, de modo geral, é feita de muitos altos e baixos, e todos nós experimentamos situações que nos levam a esse sentimento em algum momento — seja a perda de alguém, alguma situação que não esteja saindo como gostaríamos, o término de um namoro, a mudança de cidade… são inúmeras as possibilidades. É por isso que, para não chegar a extremos, precisamos ter clareza sobre o que estamos sentindo.

Capítulo 13: Entendendo a depressão ☺

Muitas pessoas fogem da tristeza e a empurram para longe, pois acreditam que lidar com isso as impossibilitaria de serem felizes; outras, ao contrário, abraçam o sentimento, sem racionalizar a situação, e "decidem" que estão depressivas. O problema é que sempre que não nos permitimos viver as emoções de modo saudável, deixamos de processar boa parte da nossa existência como seres humanos — o que culmina em baixa inteligência emocional. É por isso que, antes de nos aprofundarmos no assunto da depressão, preciso trazer algumas informações para que possamos entender a tristeza.

Cada um de nós tem frequências e intensidades diferentes para sentir as emoções, ou seja, diante de determinado cenário, uma pessoa pode ficar com muita raiva, enquanto outra entra em um episódio de tristeza. No processo de autoconhecimento, é fundamental entendermos quais são as emoções presentes em nossos dias com mais frequência, pois essa medida está diretamente relacionada aos nossos padrões de pensamento, cognição e interpretação — como vimos no início do livro, eles nos dizem muito sobre o modo como nos sentimos.

Uma pessoa que acredita que alguém pode "passar a perna" nela o tempo todo, que carrega a sensação de que está sempre sendo enganada, que tem um perfil mais desconfiado e competitivo é alguém mais propenso à raiva. Se, por outro lado, ela tem muitos pensamentos catastróficos, vive considerando o "e se…" e acreditando que as coisas darão errado, como já vimos, sua tendência é a ansiedade. Aqueles que são mais inclinados à tristeza têm um padrão de pensamento muito pessimista, e, geralmente, sentem grande dificuldade em enxergar as coisas com clareza, considerando apenas os pontos negativos nas situações. Se esse padrão de pensamento é frequente, ele pode interferir no nosso modo de ver o mundo e, diante disso, surge a necessidade de reestruturarmos nosso olhar.

As emoções, no entanto, servem para nos comunicar algo, e com a tristeza não é diferente, por isso não podemos fugir dela. Perceba: ao contrário da raiva e da ansiedade, por exemplo, que nos levam a comportamentos mais impulsivos, a tristeza nos permite o pensamento reflexivo e o momento de quietude. É a partir disso que temos a oportunidade de olhar para nossa vida de uma forma diferente. Se algo nos entristece, significa que estamos diante de uma coisa importante para nós, relacionada aos nossos valores.

Além disso, esse sentimento provoca alterações na nossa fisiologia, existe uma mudança bioquímica, uma mudança de postura e de expressão facial. Também vivenciamos aquele aperto no peito que muitas vezes dá vontade de chorar, e tudo isso porque essa emoção vem como um pedido de ajuda — talvez você esteja ajudando muitas pessoas e evitando seus próprios sentimentos para não precisar buscar suporte, não é?

Após entendermos isso e termos clareza de que a tristeza é importante, precisamos aprender a lidar com ela. Por isso, diante de uma situação que o deixou triste, é fundamental que você se permita sentir e aceitar essa emoção, mas também distanciar-se um pouco dela para ser resolutivo em relação ao que está acontecendo — pois se afundar na melancolia não vai

Capítulo 13: Entendendo a depressão 😊

ajudar. Para isso, pergunte-se o que esse sentimento está lhe mostrando e o que você precisa fazer para superá-lo. Você se lembra do exercício que fizemos no fim do capítulo 4? Escrever seus motivos de gratidão também é uma ótima forma de combater a tristeza e identificar na sua vida o que lhe traz alegria. Não se esqueça de que esse é um sentimento comum, mas que pode se tornar preocupante se for profundo e recorrente.

QUAIS SÃO OS SINTOMAS DA DEPRESSÃO?

Considerei importante definir o que é tristeza para que, ao longo deste capítulo, ela não seja confundida com o transtorno depressivo, que envolve questões muito mais profundas. A seguir, elencarei alguns dos sintomas mais comuns da depressão, mas é necessário dizer que, para que se chegue a um diagnóstico, eles precisam durar, pelo menos, duas semanas. Além disso, é meu dever reforçar que não é possível se autodiagnosticar. Se você se identificar com os tópicos a seguir, procure um psicólogo ou psiquiatra, que poderão lhe dar um diagnóstico e conduzir você em um tratamento adequado.

Tristeza recorrente e profunda

A pessoa com esse diagnóstico terá um humor deprimido na maior parte do tempo; uma tristeza recorrente e profunda. A tristeza, como já vimos, é um sentimento normal, e precisamos ter a habilidade de lidar com ela, saindo do estado em que somos colocados ao senti-la. No momento em que não nos vemos mais capazes de superá-la sozinhos e percebemos que ela persiste com o passar do tempo, temos de começar a suspeitar que não se trata mais de algo natural, mas, sim, patológico.

Perda de interesse ou prazer em atividades que antes eram apreciadas

É muito comum que a pessoa deprimida passe a abandonar, sem motivo aparente, atividades que antes eram prazerosas. Às vezes, era alguém que gostava muito do trabalho e que, de uma hora para outra, já não tem mais interesse naquilo e começa a dar desculpas para faltar; ou uma pessoa que se animava nos dias em que ia à igreja, mas deixa de ir sem justificativas. A depressão nos desconecta das coisas que nos dão prazer — os nossos hobbies e as nossas atividades de lazer deixam de fazer sentido.

> A depressão nos desconecta das coisas que nos dão prazer.

Alterações no apetite e problemas para dormir

Problemas com sono e alimentação são bem comuns diante de um quadro depressivo. Muitos pacientes começam a ter insônia e passam noites seguidas acordados; outros percebem que estão dormindo mais do que o normal e relatam a vontade de passar o dia inteiro na cama. Além disso, a depressão muda o comportamento alimentar. Ou as pessoas começam a comer muito e usam a relação com a comida como uma forma de compensação, ou então perdem totalmente o apetite e já não têm mais vontade de se alimentar — o que gera um ganho ou uma perda de peso não intencional.

Perda de energia ou aumento da fadiga

Muitas pessoas com depressão relatam a sensação de terem um peso no corpo e, mesmo querendo, não conseguem fazer aquilo que precisam. Essa sensação é totalmente involuntária e gera apatia, dificuldade de concentração e falta de emoção.

Culpa e baixa autoestima

A pessoa com depressão cria uma imagem negativa de si mesma, o que pode envolver questões físicas, morais e intelectuais, além de gerar uma autocobrança excessiva. Ela tem medo de falhar, dificuldade de pensar e de tomar decisões, culpa-se por tudo o que eventualmente possa dar errado, além de trazer peso sobre as escolhas do passado.

Pensamentos de morte e suicídio

Em casos mais graves, os pensamentos de morte e suicídio são frequentes. A pessoa deprimida já não consegue mais lidar com a tristeza e o desconforto, e tem pensamentos involuntários sobre deixar de viver. Alguns casos podem envolver, também, automutilação.

ATENTE-SE AOS SINAIS

Reflita sobre os sintomas que apresentei anteriormente e faça uma análise dos seus últimos dias. Para aprofundar a sua reflexão, quero propor o teste DASS-21 (*Depression, Anxiety and Stress Scale*)[1], muito utilizado na TCC para medir o nível

---

[1] Esse teste ("Escala de depressão, ansiedade e estresse", em português) foi desenvolvido pelos psicólogos australianos S. H. Lovibond e Peter F. Lovibond.

de depressão, ansiedade e estresse dos pacientes no período de uma semana — considero que, após ter lido o capítulo anterior, esse teste será de grande ajuda. É fundamental que você se lembre, porém, de que os resultados não eliminam a necessidade do diagnóstico feito por um profissional.

Para responder ao questionário a seguir, considere e assinale as seguintes possibilidades:

0 — Não se aplicou de maneira alguma.
1 — Aplicou-se em algum grau ou por pouco tempo.
2 — Aplicou-se em um grau considerável ou por uma boa parte do tempo.
3 — Aplicou-se muito ou na maior parte do tempo.

Nesta semana, eu...

Achei difícil me acalmar.	0	1	2	3
Senti minha boca seca.	0	1	2	3
Não consegui vivenciar nenhum sentimento positivo.	0	1	2	3
Tive dificuldade para respirar em alguns momentos (respiração ofegante ou falta de ar sem ter feito nenhum esforço físico).	0	1	2	3
Achei difícil ter iniciativa para fazer as coisas.	0	1	2	3
Tive a tendência de reagir de forma exagerada às situações.	0	1	2	3
Senti tremores (nas mãos, por exemplo).	0	1	2	3
Senti que estava sempre nervoso.	0	1	2	3

Capítulo 13: Entendendo a depressão 😊

Preocupei-me com situações em que eu pudesse entrar em pânico e parecesse ridículo.	0	1	2	3
Senti que não tinha nada a desejar.	0	1	2	3
Senti-me agitado.	0	1	2	3
Achei difícil relaxar.	0	1	2	3
Senti-me depressivo e sem ânimo.	0	1	2	3
Fui intolerante com as coisas que me impediam de continuar o que eu estava fazendo.	0	1	2	3
Senti que ia entrar em pânico.	0	1	2	3
Não consegui me entusiasmar com nada.	0	1	2	3
Senti que não tinha valor como pessoa.	0	1	2	3
Senti que estava um pouco emotivo/sensível demais.	0	1	2	3
Sabia que meu coração estava alterado mesmo não tendo feito nenhum esforço físico (aumento da frequência cardíaca, disritmia cardíaca).	0	1	2	3
Senti medo sem motivo.	0	1	2	3
Senti que a vida não tinha sentido.	0	1	2	3

Agora, tenha um olhar analítico para as respostas que você apresentou no teste. Você consegue enxergar equilíbrio nas emoções que experimentou na última semana? Houve algum evento ou fator que o deixou mais estressado, deprimido e ansioso ou as suas reações surgiram sem um motivo aparente? As suas respostas podem indicar como está a sua saúde mental, e o meu conselho para você é: não procure justificar os resultados, mas encare-os com sinceridade, a fim de iniciar o tratamento necessário para as suas necessidades. Talvez você esteja muito perto de desenvolver um transtorno, e o melhor modo de lidar com isso é buscando ajuda.

EXISTE UMA CAUSA ESPECÍFICA?

A dúvida sobre o que causa a depressão é muito comum. "Como alguém entra nisso?"; "É um trauma?"; "É espiritual, uma opressão ou algo do tipo?". Nesses casos, eu sempre gosto de apontar para as pesquisas científicas. Nós já sabemos que os transtornos mentais não têm uma causa específica, então não é possível dizer, hoje em dia, como era afirmado por determinadas vertentes da psicanálise há alguns anos, que o transtorno mental é resultado de um trauma na infância ou de uma experiência com o luto, por exemplo. Se fosse assim, todas as pessoas que perderam alguém importante entrariam em depressão — mas as coisas não funcionam dessa forma. Por isso, ainda que um episódio traumático tenha cooperado para o desenvolvimento do transtorno, ele não atua sozinho. Assim, eu gostaria de elencar aqui três grandes fatores que podem levar uma pessoa a desenvolver depressão.

Genética

Esse recorte é muito significativo, porque, em grande parte dos casos, a depressão tem um fator genético bastante considerável. Estima-se, inclusive, que o componente genético represente até 40% da suscetibilidade de desenvolver depressão. Ou seja, se na sua família existe alguém que já passou por isso — pai, mãe, tios, avós —, a sua probabilidade de desenvolver esse transtorno é maior do que a de uma pessoa que não tem nenhum caso na família.

Deficiência de substâncias cerebrais

Além da questão genética, também existem fatores físicos, como a bioquímica cerebral — neurotransmissores que afetam a regulação da nossa atividade motora, do apetite, do sono e do humor. As principais substâncias cerebrais que podem acarretar uma depressão, caso não estejam com os níveis ideais, são a serotonina, dopamina e noradrenalina. Você já deve ter ouvido falar que exercício físico ajuda a estimular os neurotransmissores para que você tenha uma sensação de bem-estar, certo? Isso porque uma corrida, por exemplo, pode liberar dopamina e serotonina, fazendo com que você tenha mais disposição. É por esse motivo que a atividade física é uma das formas naturais de vencer a depressão.

Eventos estressores

Os eventos da vida — um trauma ou uma história difícil — também colaboram para o desenvolvimento de um transtorno mental como a depressão. Quando falamos sobre esses acontecimentos, precisamos levar em conta o modo como a pessoa lidou com eles, pois isso é fundamental para desencadear, ou não, episódios depressivos. Nesses casos, o acompanhamento psicológico pode evitar que isso se desenvolva, auxiliando o paciente a encarar a situação.

Psicologia na prática

A FÉ E O TRATAMENTO PSICOLÓGICO

Na Psicologia e na ciência, nós não falamos sobre cura para um transtorno mental, mas, sim, sobre remissão de sintomas com tratamento, porque, uma vez que os sintomas diminuem, é necessário continuar com os cuidados para que eles não voltem. Esse assunto é sempre muito delicado, pois pode envolver a fé das pessoas. Na sua crença pessoal religiosa, você pode acreditar na possibilidade de cura — e preciso deixar claro que não estou falando contra isso. A questão é que, muitas vezes, as pessoas se apegam ao fato de que serão curadas e não buscam ajuda psicológica, o que é algo incoerente, porque não há essa mesma resistência em ir a um cardiologista diante de um problema no coração, por exemplo.

Então, por que será que isso acontece com os transtornos mentais? Por falta de informação. Nem todos sabem sobre os fatores genéticos da depressão, e muitos ainda creem que se trata apenas de uma tristeza e sensação de vazio. A verdade é que precisamos entender que não existe problema em buscar ajuda profissional para questões que são físicas, emocionais e comportamentais, e que isso não impede de possuir suporte espiritual durante esse processo também — caso queira e acredite.

> Não existe problema em buscar ajuda profissional para questões que são físicas, emocionais e comportamentais.

CONSTRUINDO UMA VIDA ANTIDEPRESSIVA

No processo de depressão, a terapia pode ajudar as pessoas com a reestruturação cognitiva, mudando a forma como elas

Capítulo 13: Entendendo a depressão ☺

se enxergam, como enxergam o mundo e como enxergam os problemas que têm passado. Essa reestruturação, porém, precisa vir acompanhada de mudanças de hábitos. Isso significa que, diante de quadros depressivos, não podemos ficar parados, pois isso só contribui para o desenvolvimento do transtorno. Eu sei que não é simples, mas precisamos dar pequenos passos, mesmo sem vontade, para que possamos melhorar pouco a pouco. Para o tratamento dos sintomas, eu costumo sugerir a construção de uma "vida antidepressiva", que começa pela criação de novos hábitos.

Esse é um transtorno que só pode ser vencido com mudança de rotina. Eu sei que o mais comum quando passamos por isso é parar de fazer as coisas — porque, como já falamos, perdemos o prazer nas atividades de que gostamos, sentimos muita fadiga e temos falta de disposição —, mas, se nos permitirmos parar completamente por uma ou duas semanas, acabaremos presos nesse ciclo por dias e mais dias. Quando nos dermos conta, já estaremos há um mês sem tomar banho e sem dormir. Ao criar esse tipo de rotina, passamos a alimentar o quadro depressivo, comunicando para o nosso cérebro que ele não precisa se regular.

Para evitar que as ações da pessoa com depressão se baseiem unicamente em seus sentimentos, uma das técnicas que utilizo na TCC é a ativação comportamental, em que posso ajudar o paciente a se comprometer com pequenos passos — pode ser tomar um banho, fazer uma refeição, sair da cama ou se arrumar, o importante é se movimentar, mesmo sem vontade.

Psicologia na prática

Depois de avançarmos nesse sentido, é possível dar uma volta no quarteirão e estabelecer outras atividades capazes de tirá-lo daquela rotina que estimula a depressão.

Se você estiver com dificuldade em estabelecer passos para si mesmo, a fim de alterar uma possível rotina depressiva, tente criar pequenas tarefas, das mais simples às mais complexas. Considere que você está subindo uma escada e que cada degrau pode significar um avanço até o lugar desejado. Agora, preencha os degraus, de baixo para cima, com os seus pequenos passos, como levantar-se da cama, alimentar-se direito, tomar um banho, passar alguns minutos na varanda, dar uma volta no quarteirão etc.

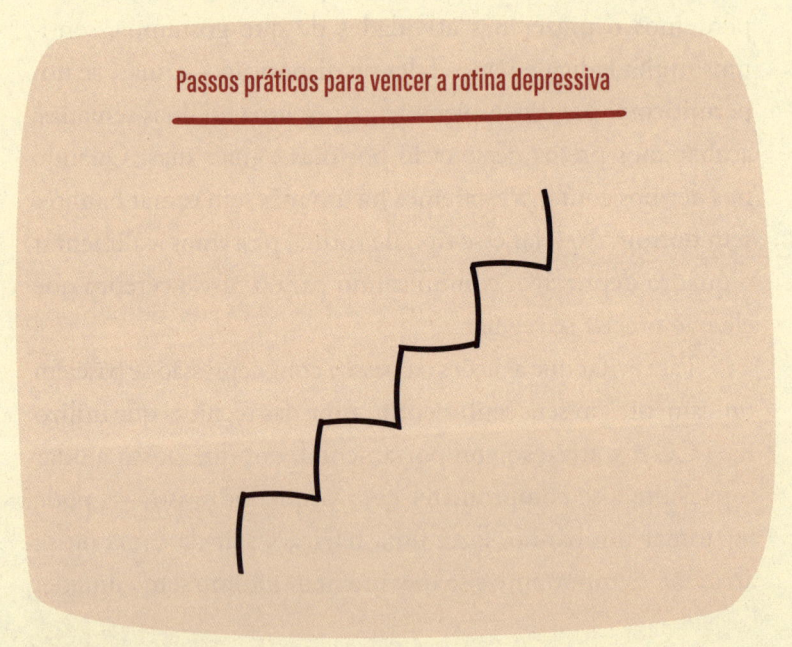

Passos práticos para vencer a rotina depressiva

Aqueles que não estão em uma situação como essa também podem trabalhar na construção de hábitos que proporcionem mais saúde mental — como ter uma boa alimentação, cuidar do corpo e dormir bem. Outro ponto, muito simples, capaz de gerar bons resultados é passar, pelo menos, trinta minutos por dia no sol. Isso melhora o sono, pois aumenta a produção de melatonina e de serotonina. Não se preocupe em ter o melhor ambiente de todos para fazer isso, não estou falando sobre tomar sol na piscina do condomínio; você pode ir até a sua janela ou encontrar um lugar em sua casa com mais incidência de luz solar para passar alguns minutos. Construir essa vida antidepressiva é superimportante, mas você precisa saber que isso não é linear: apenas dê pequenos passos.

BUSQUE AJUDA PROFISSIONAL

Se ao longo da leitura deste capítulo você se identificou com algumas das descrições apresentadas (não necessariamente com todas), está na hora de buscar ajuda e entender que, se você não parar para cuidar da sua saúde mental, isso lhe trará muitos prejuízos futuramente — se já não estiver afetando o seu dia a dia. Pode ser que você tenha percebido que algo está fora do lugar, mas esteja deixando de lado e "empurrando com a barriga". No entanto, daqui a alguns meses ou anos, é possível que tenha uma consequência muito pior. Por isso, estou aqui para dizer: peça ajuda!

É como quando você está sentindo uma dorzinha em alguma parte do corpo e não busca cuidado; no início, quase não incomoda, e você esquece, porém, com o passar dos dias, essa dor aumenta e fica cada vez pior, podendo até limitar algum movimento do seu corpo. Ao passar um pouco mais de tempo, pode aparecer uma dor em outro lugar, e você começa a apresentar sintomas mais sérios, como náusea ou tontura, mas pensa não ser nada e segue sem pedir ajuda. Então, quando finalmente vai fazer um exame, descobre que, por não ter tratado os sintomas desde o início, aquela dorzinha se transformou em algo bem mais sério do que poderia ser.

Assim como o ideal é que você faça check-ups anuais, tenha uma rotina de autocuidado, busque médicos e cuide da sua saúde física, o mesmo se aplica à sua saúde mental. Nesse caso, o check-up anual e os exames de sangue dão lugar a um acompanhamento semanal ou mensal em uma terapia regular, por exemplo. Dê atenção a esses sintomas que, embora sejam mais subjetivos do que uma dor física, também são indícios de adoecimento.

Caso você já tenha recebido um diagnóstico, eu lhe peço: não desista do seu tratamento, não desista de si mesmo! O acompanhamento profissional é basilar nesse processo, pois a depressão não vai se curar sozinha, então não espere os sintomas simplesmente desaparecerem da noite para o dia, porque eles não irão. Pelo contrário, podem até piorar.

Assim que finalizar este capítulo, procure por um psicólogo; caso não tenha recursos, você pode buscar atendimento gratuito no SUS. Por fim, para reforçar: não tenha preconceito com a medicação. Se você tivesse um problema no coração, é provável que aceitasse os remédios tranquilamente. A medicação pode ser uma grande aliada no tratamento de casos mais severos — e ela com certeza ajuda na construção de uma nova rotina.

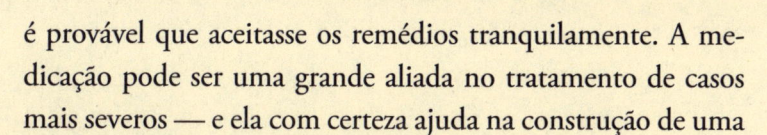

NÃO DESISTA DO SEU TRATAMENTO, não desista DE SI MESMO!

Parte III

A VIDA QUE VALE A PENA VIVER

Capítulo 14

A verdade sobre a terapia

Acredito fortemente que, se todas as pessoas trabalhassem suas questões e seus traumas, o mundo seria um lugar mais equilibrado e mais fácil de se viver, uma vez que a saúde mental é tão séria quanto a física, e que as duas necessitam permanecer interligadas, pois não existe saúde efetiva sem uma delas. Espero que, até aqui, você já tenha compreendido um pouco mais sobre a importância de cuidar da sua mente e das suas emoções. E, agora que estamos iniciando a última parte da nossa jornada, eu gostaria de retomar algumas pesquisas e informações, a fim de aprofundar um pouco mais as razões pelas quais o cuidado com a mente é tão indispensável — e até mesmo urgente — em nossos dias. Imagino que você se lembre que, de acordo a Organização Mundial de Saúde (OMS), o Brasil tem a população com a maior

Psicologia na prática

prevalência de transtornos de ansiedade do mundo, conforme falamos no capítulo 12. Observe mais alguns dados da pesquisa.

- ☹ Aproximadamente 9,3% dos brasileiros sofrem com ansiedade patológica; além daqueles que, apesar de sofrerem com sintomas de ansiedade, não receberam o diagnóstico ainda, mas têm o dia a dia impactado por essa condição.
- ☺ O Brasil é o país com maior prevalência de depressão dentro da América Latina, e o segundo país com a maior prevalência em toda a América.
- ☺ Cerca de 72% dos brasileiros sofrem com distúrbios relacionados ao sono, como a insônia.

Esses são só alguns dados que nos apontam um problema claro e alarmante não apenas no Brasil, mas em todo o mundo: pessoas sofrem com uma saúde mental ruim e disfuncional. É só observar a forma como elas lidam com as suas relações, com a autoestima, com os vícios, com o trabalho ou com o dinheiro. Existe um desequilíbrio! Aqueles com quem conversamos no dia a dia, seja no trabalho ou em casa, podem estar sofrendo com ansiedade, depressão, estresse excessivo, traumas ou questões ligadas a relacionamentos.

Capítulo 14: A verdade sobre a terapia ☺

Por esse motivo, podemos considerar que vivemos uma espécie de epidemia, pois a população está adoecendo em suas emoções e mentes, sem saber como tratá-las. Não é possível dizer que alguém é saudável, mesmo que faça exercícios e se alimente bem, se essa pessoa não possui uma boa saúde mental e não mantém em ordem seus sentimentos, pensamentos e seu mundo interior. Por isso, gerar mais consciência em relação à totalidade de uma vida leve é uma das chaves para mudar essa conjectura, pois, como já vimos, buscar apoio profissional para tratar questões mentais profundas é tão importante quanto buscar um médico quando sentimos dor ou temos febre — é relevante na mesma proporção!

O QUE É ESSA TAL TERAPIA?

Imagino que, antes de ler este livro, você já tenha escutado alguma coisa sobre a importância de fazer terapia, mas é possível que, ainda assim, não entenda o tema com clareza. A terapia, na realidade, é uma **ferramenta** da Psicologia para lidar melhor com comportamentos disfuncionais que atrapalhem a sua rotina, as suas relações ou a sua forma de ver o mundo. É realizada, principalmente, por psicólogos, e pode ser aplicada por médicos — como os psiquiatras.

Além disso, existe a possibilidade de ser realizada por psicoterapeutas — pessoas que possuem formação em áreas distintas, mas oferecem o serviço. Essa prática é bastante comum vinda de psicanalistas (formados em Psicanálise). Como a psicoterapia faz parte da atuação dos psicólogos, ainda não existe uma regularização clara sobre o tratamento oferecido por outras áreas, por isso acredito que a melhor alternativa seja buscar profissionais da Psicologia ou da Psiquiatria, que se prepararam mais profundamente para aplicar tais técnicas.

PARA QUE SERVE?

Um dos principais objetivos da terapia é melhorar a qualidade de vida do paciente por meio do tratamento e da diminuição dos sintomas relatados. Entre eles estão os comportamentos disfuncionais — como a preocupação excessiva, a agressividade, a insônia — ou comportamentos autolesivos e impulsivos — desde compulsões ou falta de propósito até coisas mais complexas, como transtornos e patologias (a depressão, o TDAH, a esquizofrenia, o transtorno bipolar, entre outros).

Cada tratamento possui metas específicas, definidas junto ao paciente a partir da análise de seu caso. Esse fator, entretanto, também depende de algo muito importante na terapia: a abordagem. Esse é um nome conhecido pelos profissionais, mas que, provavelmente, confunde e gera muitos questionamentos nas pessoas que não são da área e pesquisam um pouco sobre o assunto. Afinal de contas, o que é a abordagem?

Capítulo 14: A verdade sobre a terapia ☺

DIFERENTES ABORDAGENS

Sistêmica, Cognitivo-comportamental, Psicanálise, Behavorista, Gestalt, Fenomenológica, Existencial ou Humanista. Na psicoterapia, existem essas e outras diversas maneiras de aplicar os conceitos teóricos da Psicologia no tratamento do paciente, ou seja, a abordagem nada mais é do que as teorias que fundamentam "o modo de fazer" e a visão de mundo do profissional.

É muito válido buscar um psicólogo, receber a indicação de um amigo ou encontrar um profissional no Instagram, mas você precisa levar em conta que, após a sua busca, sempre existe a possibilidade de perceber, durante a sessão de terapia, que aquele método não faz sentido para você ou não o ajuda a evoluir. Nesse caso, pode ser que a abordagem escolhida pelo profissional não seja a melhor para você, então, antes de iniciar o tratamento, é importante entender o foco e o modo de trabalho daquele psicólogo. Quando eu ainda estava na faculdade, vivi um período em que passei, como paciente, por diferentes métodos da Psicologia — um deles, inclusive, foi a Psicanálise, em que as sessões eram no divã e eu ficava de costas para a psicóloga. Foi uma experiência bem interessante, que me ajudou a entender como essa abordagem funciona, mas confesso que não é muito a minha *vibe*, então segui em outros modelos.

Existem algumas abordagens que, como a TCC, são mais práticas, objetivas e diretas, já outras são um pouco mais subjetivas, abstratas e filosóficas. Dentro da Psicologia Clínica, há uma discussão — que tem crescido cada vez mais — acerca das práticas baseadas em evidências na área da saúde, que se referem à utilização de intervenções e abordagens respaldadas por pesquisas científicas sólidas e resultados empíricos. O objetivo é garantir que os psicólogos utilizem métodos e intervenções que tenham demonstrado ser eficazes em tratamentos de condições específicas. Isso envolve uma abordagem crítica em relação às intervenções tradicionais e uma disposição para adotar novas abordagens com base nas evidências mais recentes.

A implementação de práticas baseadas em evidências não significa uma atuação única ou padronizada para todos os casos, mas, sim, uma abordagem que utiliza o conhecimento científico para informar e adaptar intervenções de acordo com as necessidades individuais dos pacientes. Por exemplo, para o tratamento do Transtorno de Personalidade Borderline, a Terapia Comportamental Dialética é a abordagem que, de acordo com os estudos, apresenta mais eficácia. Isso significa que, mesmo trabalhando majoritariamente com a TCC, posso aplicar a DBT nos casos em que ela for mais eficaz.

Considero necessário apresentar essas informações para que você saiba que essa discussão existe e que, entre os próprios psicólogos, há divergências a respeito desse assunto. Para que possa refletir e tomar a melhor decisão no momento em que for buscar ajuda profissional, é importante que você tenha conhecimento sobre isso.

COMO FUNCIONA?

É fundamental que as metas da terapia sejam estabelecidas entre o profissional e o paciente logo no início do tratamento, para que ambos entendam o caminho que farão juntos. Houve uma época em que eu fazia terapia e até conseguia ter alguns insights, mas sentia falta de saber para onde estava indo, porque não tinha um objetivo claro — e esse é um grande problema hoje em dia, porque precisamos ter clareza sobre os motivos que nos levam a buscar e iniciar um tratamento. Isso significa que, se decido fazer terapia para lidar com a minha ansiedade, por exemplo, eu preciso ter metas, saber o que será feito para tratar os sintomas e identificar quais serão os marcos de progresso no caminho. Isso torna a evolução mais palpável e transparente, e faz com que a compreensão do processo seja clara!

Geralmente, a terapia funciona em sessões, que são encontros recorrentes entre o profissional e o paciente — podem ser semanais, quinzenais ou mensais, a depender do caso, da evolução ou do profissional. A partir daí, os assuntos trabalhados durante os encontros são as dificuldades que o paciente trará para o psicólogo, ou seja, questões com as quais, de alguma forma, a pessoa não está conseguindo lidar sozinha. Na terapia, entram em pauta as coisas mais triviais — como dificuldades no trabalho, estudos, organização, ansiedade, relacionamentos, autoestima — e as mais complexas — como variação brusca de humor, agressividade, pensamentos intrusivos, transtornos alimentares e outras queixas.

Apesar de a fala ser a principal ferramenta do terapeuta, durante as sessões, ele pode fazer intervenções ou perguntas para conduzir o paciente. Ao contrário de uma crença muito comum, a terapia não é uma conversa que você poderia ter com um amigo ou familiar que irá escutá-lo e aconselhá-lo. Na verdade, o que acontece na sessão é um diálogo direcionado, com perguntas que o farão chegar a respostas que fazem sentido para você e que serão coerentes com os seus valores. É um lugar de escuta, acolhimento e validação. Claro que existem técnicas e ferramentas que serão aplicadas, a depender da sua necessidade, mas você será levado a encontrar as respostas.

MITOS SOBRE A TERAPIA

Listei aqui algumas mentiras comuns que você já pode ter ouvido, lido na internet ou internalizado sobre o processo terapêutico. Talvez você até saiba que estas afirmações são mentiras, porém não sabe bem como rebatê-las, por isso quero apresentar os argumentos que as anulam.

1. "A terapia é para pessoas fracas ou com problemas muito graves"

Primeiro, é muito importante entendermos que na terapia não são trabalhados apenas problemas ou coisas "graves", mas também o desenvolvimento de habilidades sociais, o gerenciamento de emoções, a comunicação assertiva, a capacidade de resolução de desafios e o modo de lidar com a tolerância ou

Capítulo 14: A verdade sobre a terapia

frustração. A terapia vai muito além de só ajudar a solucionar problemas, pois também trabalha com o desenvolvimento pessoal e interpessoal. Muitas pessoas buscam o tratamento terapêutico simplesmente porque entendem que podem reagir melhor às situações que estão vivendo e reconhecem isso com humildade.

2. "A terapia é para loucos"

Outro mito, bastante *batido*, é que a terapia, o psicólogo e o psiquiatra são para loucos. O conceito de loucura e o histórico desse tipo de diagnóstico, porém, têm outro tipo de fundamentação.

É possível vermos isso na história da Psicologia, que surgiu diante da busca pelo tratamento de doenças mentais — principalmente as graves. Ainda no início, os psicólogos e cientistas tinham como objetivo estudar a mente humana e obter o tratamento para os transtornos. Acredito que seja esse o motivo da disseminação de uma perspectiva errada a respeito da terapia. Você se lembra de Martin Seligman, psicólogo que elaborou a teoria da Psicologia Positiva, que citei no capítulo 4? Foi a partir dele, em 1998, que essa perspectiva começou a mudar, quando assumiu a presidência da Associação

Americana de Psicologia (que hoje não lidera mais) e deixou claro que a Psicologia Positiva era o caminho para a promoção da felicidade e do bem-estar, e não somente para a cura das dores e dos males emocionais. Ou seja, a Psicologia é, sim, para os que necessitam de diagnóstico e tratamento, mas todas as outras pessoas também podem se beneficiar dela, buscando uma qualidade de vida melhor e investindo na própria saúde.

3. "A terapia é um processo infinito"

Uma crença recorrente é a de que a terapia é um processo infinito e perdura pelo resto da vida. O correto, porém, é que ela tenha início, meio e fim. É necessário ser dessa forma para que não se crie uma relação de dependência com o terapeuta, afinal, você precisa aprender habilidades, entender os seus sintomas ou o seu transtorno e desenvolver-se. Claro que, em alguns casos mais complexos e graves, será necessária ajuda contínua, que pode durar anos, mas em algum momento precisará acabar — segundo a minha perspectiva e a abordagem com a qual trabalho, a TCC.

Capítulo 14: A verdade sobre a terapia 😊

4. "A terapia é só para falar de coisas do passado"

Outro mito é o de que a terapia serve apenas para falar de coisas do passado e dos traumas da infância, para remoer o que aconteceu na sua vida. Esse é um pensamento que, embora seja bem comum, não carrega verdade. Existem certas abordagens que têm um foco maior no passado, e, sim, a nossa história é extremamente importante e faz parte do processo terapêutico, mas, se só ficarmos parados, apegados ao passado na tentativa de encontrar explicações para tudo o que estamos vivendo hoje, perderemos a chance de mudar aquilo que está, minimamente, sob nosso controle: o presente e o futuro.

Eu acredito que olhar para o passado é sempre uma boa ferramenta para refletir e agir diferente no presente. A terapia, principalmente na abordagem com a qual trabalho, não é só falar do que passou, mas olhar para as situações e entendê-las — porque as nossas crenças se solidificaram lá —, e trabalhar o agora, pensando: "O que posso/devo fazer daqui para frente?". Isso nos ajuda a sair da posição de vítimas e assumir a responsabilidade da vida que estamos construindo hoje.

5. "A terapia é para terceirizar os seus problemas"

Já ouvi mais de uma vez que a terapia serve apenas para despejar os seus problemas no seu terapeuta e esperar que ele tome as decisões e dite o rumo que você deve seguir. Na verdade, não! O profissional não ocupa esse lugar de resolver suas pendências ou falar o que você deve fazer, o papel dele é ajudá-lo a analisar as possibilidades, os prós e contras de cada uma delas e entender o que faz sentido para a sua vida no momento. Eu posso garantir que você não receberá as respostas e soluções ao levar o seu problema até o seu psicólogo.

6. "A terapia é muito cara e não é acessível"

Esse ponto também é bem comum e importante. Acredita-se que a terapia seja muito cara e não acessível às pessoas. De fato, as sessões não são baratas! Não vou dizer o contrário aqui, mas quero trazer uma nova perspectiva para você. Existem alternativas públicas e gratuitas para buscar ajuda nesse sentido, e, embora saibamos que é muito difícil encontrar vagas disponíveis e ter acesso aos serviços, não é impossível! Vale a pena procurar por profissionais que realizam atendimentos sociais e que cobram um valor dentro do seu orçamento; além disso, também

Capítulo 14: A verdade sobre a terapia 😊

existem as clínicas escola, nas quais estudantes de Psicologia oferecem o serviço de forma gratuita nas próprias faculdades. Quem não tem recurso, pode buscar no SUS, entretanto, temos ciência de que, infelizmente, os atendimentos não são tão acessíveis nesse espaço público — ou seja, temos de lidar com uma questão muito complexa de acessibilidade aos serviços de saúde mental no nosso país.

Eu sei, ao olhar para a realidade do Brasil, que nem todas as pessoas podem investir uma média de cem reais por sessão (uma terapia semanal, que é o mais comum, daria cerca de quatrocentos reais mensais). O que quero propor aqui, no entanto, é que você foque no que tem valorizado e priorizado em seus dias. Como qualquer profissional de outra área, o psicólogo ou o psiquiatra investiu tempo e dinheiro em sua formação e precisa custear a especialização, a manutenção da clínica, os funcionários e os materiais que utiliza — tudo isso tem um custo. A questão é: se você consegue investir algum valor, quanto valeria a sua saúde mental? O valor pode ser subjetivo por vários fatores, porque, de fato, é uma missão praticamente impossível precificar a saúde de suas emoções e a redução de sintomas do seu transtorno.

Psicologia na prática

> É realmente difícil estabelecer um preço, mas eu queria trazer esse novo olhar para que você entenda que, realmente, a terapia não é acessível a todos, mas é um serviço que vale o investimento. Os profissionais éticos fazem o melhor para trazer acessibilidade às pessoas que não têm condições de pagar — eu vivo isso e vejo outros psicólogos que conheço fazerem o mesmo —, porém, se você pode, eu o aconselho a investir na sua saúde mental. Existem todos os tipos de psicólogos e, consequentemente, de valor.

Gostaria de deixar o convite para você conhecer a minha clínica, a Psi do Futuro! Caso tenha o desejo de receber tratamento terapêutico e queira mais informações sobre valores, acesse o formulário do QR Code ao lado e preencha-o com as suas informações pessoais. Os nossos profissionais conversarão com você e tentarão tornar o tratamento viável para a sua realidade, na medida do possível.

SERÁ QUE EU PRECISO DE TERAPIA?

Até aqui já desmistificamos várias questões relacionadas ao assunto, mas talvez a principal pergunta, quando falamos sobre o tratamento terapêutico, ainda paire em sua mente: "Então **todos** precisam fazer terapia?". E já adianto, com base na abordagem da TCC, que não! Não são todas as pessoas que

Capítulo 14: A verdade sobre a terapia 😊

precisam de terapia. Talvez essa não seja a resposta que você esperava, mas vou explicar o porquê e o que pauta essa visão.

Os profissionais que têm foco na TCC compartilham muito do que sabem com os seus pacientes. Por causa disso, trabalhamos com o termo chamado psicoeducação, cuja definição é educar e ensinar sobre os processos que estão acontecendo na terapia. Assim, explicamos os sentimentos, comportamentos e pensamentos, e ensinamos a pessoa a lidar com os seus problemas e a resolver as próprias questões. Portanto, no fim, o objetivo da TCC é que o paciente se torne o seu próprio terapeuta. Isso é uma quebra de paradigma muito grande, não é? Principalmente nos casos em que a pessoa não apresenta nenhum transtorno psicológico, a terapia com essa abordagem costuma ser mais breve e tem o objetivo de desenvolver autonomia. Dessa forma, você não precisa fazer terapia baseado na experiência de outras pessoas. Talvez, no seu caso, as sessões sejam dispensáveis — talvez, não.

> O objetivo da TCC é que o paciente se torne o seu próprio terapeuta.

Em resumo, segundo a TCC, o tratamento psicológico nunca culminará em uma terapia infinita e em uma relação de dependência. Para que consiga visualizar melhor, vou lhe dar um exemplo: para nos alimentarmos bem e de forma balanceada, precisamos do auxílio de um nutricionista, certo? Não necessariamente! Hoje, podemos buscar informações sobre como ter uma alimentação saudável na internet, nas redes sociais ou em livros, pois existem muitas dicas que conseguimos

Psicologia na prática

aplicar na nossa rotina sozinhos. Agora, entre ler uma dieta na internet e realmente aplicar os princípios que embasam aquela informação há uma grande diferença! Além disso, se o caso for mais grave, existe a necessidade de um acompanhamento profissional para iniciar o tratamento — tenha como exemplo uma taxa alterada em seu organismo. O ponto aqui é: vamos ao nutricionista para obtermos um tratamento específico e recebermos auxílio se tivermos dificuldades em nos disciplinar, mas o objetivo nunca é ir para sempre. Depois de um tempo, passamos a aplicar os conceitos aprendidos e, sozinhos, nós nos mantemos saudáveis. Com a terapia, a lógica é a mesma!

Quando eu estava na faculdade e comecei um estágio na clínica, precisei fazer terapia por um tempo, tanto na abordagem que trabalho quanto em outras — a psicanálise, por exemplo, como falei anteriormente —, já que era necessário passar por esse processo para que pudéssemos atender. Algumas experiências foram muito boas, outras nem tanto; mas, de toda forma, foi ótimo para mim, pois eu queria estar do outro lado e saber como era ser uma paciente. Eu não tinha nenhum transtorno, entretanto percebi que todos temos nossas questões para resolver e melhorar, e o período em que fiz terapia foi essencial para que eu pudesse me conhecer, entender a maneira como eu funcionava e lidar melhor comigo mesma. Hoje, pratico o que chamo de "autoterapia". Isso significa que eu não preciso da ajuda de ninguém? Não, não é isso! Quer dizer que, agora, consigo resolver as minhas questões sem um acompanhamento profissional — levando em consideração que não tenho nenhum diagnóstico ou transtorno. Mas, evidentemente, isso não anula a possibilidade de eu voltar a fazer terapia no futuro. Logo que o meu primeiro filho nasceu, inclusive, entendi que precisava de suporte terapêutico para lidar com algumas questões, e, então, busquei ajuda.

É possível que, com todas essas informações, você ainda esteja se questionando se realmente precisa de ajuda psicológica. E, se eu pudesse resumir, de modo bem prático, diria que, quando falamos sobre a psicoterapia, existem três grandes grupos de pacientes.

Os que têm um diagnóstico

Caso tenha o diagnóstico de algum transtorno mental, **você precisa de terapia**. Aqui, acho importante ressaltar que falo sobre todo e qualquer tipo de transtorno — depressão, ansiedade, esquizofrenia, pânico… —, afinal, uma patologia, seja ela qual for, sempre nos causa muitos prejuízos. Os transtornos são descritos e catalogados no Manual Diagnóstico e Estatístico de Transtornos Mentais, que atualmente está na quinta versão. Esse manual não tem como objetivo colocar as pessoas em uma caixinha ou definir rótulos para elas, mas direcionar os melhores tipos de tratamento para cada caso.

A minoria da população possui diagnósticos de transtorno, e essas pessoas precisam de tratamento adequado — o qual envolve a atuação do psicólogo aliada à do psiquiatra. Não é frescura, falta de Deus ou indisciplina, é algo que precisa ser acompanhado da maneira certa. Então, se você tem um transtorno diagnosticado ou desconfia que possui algum, busque a ajuda de um profissional. Faça uma avaliação com um psicólogo ou psiquiatra e inicie um tratamento o quanto antes, para ter mais qualidade de vida e uma boa saúde mental. Isso é muito importante para você, e preciso reforçar que não existe outro caminho!

Os que têm dificuldade em resolver seus problemas

Imagine-se diante de um problema pessoal que só pode ser resolvido por você. Frente a essa situação, o que você faria? Buscaria a opinião da maior quantidade possível de pessoas, a fim de ouvir muitos pontos de vista antes de dar o primeiro passo, ou analisaria a situação considerando suas variáveis, a partir das decisões que mais fazem sentido para a sua realidade? Na Psicologia, nós chamamos essa capacidade analítica de "autoeficácia" — ou seja, trata-se da habilidade de resolver problemas sem recorrer a muitas pessoas, que, às vezes, nem estão relacionadas à situação.

Portanto, o fato de você se sentir paralisado diante de um problema, ficar muito ansioso ao considerar o resultado de suas ações ou não saber bem como lidar com alguns sentimentos não quer dizer, necessariamente, que você tenha algum transtorno. É possível, na verdade, que a sua autoeficácia esteja baixa. Nesse caso, o **acompanhamento psicológico o auxiliaria muito** — e isso significa que eu realmente recomendo que você busque terapia, porque é muito possível que questões complexas e profundas estejam atrapalhando o seu desenvolvimento. Também posso garantir que, com o acompanhamento correto, o processo será bem mais rápido do que você imagina!

Os que têm curiosidade em saber como funciona

Talvez esse terceiro grupo cause algum tipo de estranhamento, mas essa é uma demanda frequente. Existem muitas pessoas que não têm um diagnóstico e conseguem lidar muito bem com as suas questões, porém, ainda assim, desejam descobrir como é o processo terapêutico — às vezes, por simples curiosidade, para desenvolver inteligência emocional, ou por serem estudantes de Psicologia.

Caso tenha se identificado com essa descrição, preciso dizer: **você não precisa da terapia, mas pode se beneficiar dela**. Existem, porém, outras ferramentas úteis para ajudá-lo com essa questão — uma delas, por exemplo, é este livro. Quando você começa a consumir conteúdos em podcasts, cursos, livros ou vídeos, algumas chaves em sua mente podem ser viradas — trata-se do famoso "é terapêutico, mas não é terapia". Para algumas pessoas, somente esses artifícios já podem auxiliar o desenvolvimento pessoal de alguma forma. Por isso, se você percebe que consegue aprender conceitos e aplicá-los a algumas áreas da sua vida, talvez não seja necessário buscar ajuda profissional. Evidentemente, isso não exclui a possibilidade de passar por algumas sessões de terapia para ajudá-lo nesse processo.

Eu espero que este capítulo tenha ajudado você a compreender melhor o trabalho que é feito com o paciente durante

Psicologia na prática

a jornada com a terapia, além de ter desmistificado uma série de pensamentos muito comuns em nossos dias. Como eu disse, esse processo não deve durar para sempre, mas, sim, ser guiado por objetivos, a fim de acompanhar a sua evolução. Se você acredita que precisa iniciar um tratamento, não adie os próximos passos — ainda que tenha bons argumentos para isso. Não tente enfrentar as suas dificuldades e prolongar o seu sofrimento sozinho. Eu não creio que todo mundo seja obrigado a fazer terapia, mas todos podem se beneficiar dela. Vale a pena experimentar!

EU ACREDITO QUE OLHAR PARA O PASSADO É SEMPRE **uma boa ferramenta** PARA REFLETIR E AGIR DIFERENTE NO PRESENTE.

Capítulo 15

Descobrindo o seu propósito

Quem nunca se pegou pensando sobre a razão de sua existência? Eu arrisco dizer que a maioria das pessoas já passou por algum tipo de crise existencial após perceber que simplesmente não sabia como caracterizar o seu propósito. Isso acontece porque todo ser humano precisa de um motivo para viver: nós ansiamos ser movidos por "algo maior". Aliás, esta é uma das perguntas que recebo com mais frequência: "Como eu posso descobrir o meu propósito, Alana?". E isso não é por acaso. Se fizermos uma pesquisa rápida no Google, encontraremos uma série de artigos falando sobre a importância de se ter um propósito e o impacto dele na nossa vida. Somos constantemente cobrados de ter essa certeza, e eu confesso que, por vezes, acabo me vendo um pouco resistente diante desse assunto e busco a melhor forma de responder a todos os questionamentos, porque, para ser bem sincera, não existe uma fórmula mágica ou uma receita para se chegar ao propósito perfeito — embora tenhamos a tendência de romantizar essa busca.

Antes de me formar em Psicologia, fiz uma formação em coaching. Isso aconteceu na época em que eu estagiava na área de Recursos Humanos, e, para que pudesse realizar algumas palestras, era interessante que eu fizesse esse curso, já que trabalhávamos com coaching executivo dentro das empresas. O interessante é que muito se falava sobre encontrar um propósito, e eu comecei a perceber que, embora as técnicas e os discursos nos ajudassem em alguma medida, muitas pessoas ficavam bastante *bitoladas* pelo desejo de descobrir o seu propósito — o que gerava frustração, por não conseguirem encontrar algo realmente incrível e grandioso para elas.

É por isso que quero desmistificar um pouco toda essa pressão que recai sobre a busca por propósito, e, para fazer isso, apresentarei uma ferramenta chamada Ikigai, que pode nos trazer muitos insights nesse sentido.

AFINAL, O QUE É PROPÓSITO?

> **pro.pó.si.to.** *sm.* [1]. Intenção de fazer ou deixar de fazer alguma coisa; desígnio, plano, projeto, vontade. [2]. Objeto que se tem em vista; meta, mira.[1]

---

[1] Dicionário Michaelis online.

Capítulo 15: Descobrindo o seu propósito ☺

O propósito, então, está relacionado a uma finalidade ou a um intuito. Uma pessoa com propósito é aquela que tem um objetivo na vida, pretende alcançar algo, tem clareza sobre um projeto e sobre as suas intenções. Quem não encontra essa meta e esse intuito, por outro lado, acaba vivendo de maneira aleatória e não vê muito sentido no que faz.

É verdade que, quando encontramos um motivo, uma razão para fazer o que nos é proposto no dia a dia, temos muito mais qualidade de vida e satisfação, além de nos sentirmos mais felizes. Isso não significa, no entanto, que você precisa encontrar um propósito grandioso, e, menos ainda, que ele será o mesmo até o fim da sua vida. Geralmente, aos vinte e poucos anos, nós temos esse ímpeto para descobrir o porquê de termos nascido, desejamos fazer coisas extraordinárias e saber, com clareza, qual é a nossa missão. Mas, embora algumas pessoas possam encontrar seu propósito logo cedo, muitas terão de esperar anos até que consigam, de fato, identificar os seus objetivos. Isso é normal! O grande problema acontece quando deixamos de agir por não sabermos qual é o nosso propósito.

É muito comum nos depararmos com a crença de que não devemos tomar decisões, ainda que pequenas, caso não tenhamos uma direção clara para seguir. Já lidei com algumas pessoas que vieram até mim e falaram: "Ah, eu estou desempregada e não queria entrar em um outro trabalho sem saber qual é o meu propósito"; ou então: "Eu não comecei nenhuma faculdade, não estou estudando ainda, porque não descobri o meu objetivo de vida". Mas, por favor, deixe-me lhe falar uma coisa: muitas vezes — arrisco dizer que na maioria delas — o propósito será encontrado no caminho, na jornada que trilhamos. Enquanto buscamos ser úteis e excelentes no que fazemos, vamos aprendendo um pouco mais sobre o que amamos, o que sabemos executar bem e o que pode virar, de repente, uma profissão (e, aqui, eu já estou dando um pequeno spoiler sobre o que é Ikigai).

A FILOSOFIA IKIGAI

Ikigai é uma filosofia de vida — cujo conceito está relacionado ao motivo da nossa existência — que tem origem na Ilha de Okinawa, local no sul do Japão conhecido por ter uma população que costuma viver, em média, mais de cem anos. Muitos atribuem a longevidade dessa comunidade a um alto nível de propósito e felicidade. Basicamente, o povo de Okinawa busca encontrar o seu Ikigai, ou seja, a sua razão de ser, pois acredita que isso pode lhe proporcionar uma vida com mais bem-estar.

A demonstração desse conceito une quatro pontos, e eu quero que você comece a refletir sobre eles desde já.

- ☺ O que você ama.
- ☺ Do que o mundo precisa.
- ☺ Pelo que você pode ser pago.
- ☺ No que você é bom.

Essa filosofia afirma que, se você consegue encontrar uma função, tarefa ou atividade que una esses quatro tópicos, então você encontrou o seu **Ikigai**. Se você se depara com algo que ama fazer e em que você é bom, somente, mas que não lhe gera lucro e de que o mundo não precisa, trata-se simplesmente de uma paixão, de um **hobby**. Se você ama fazer algo de que o mundo precisa, mas não faz tão bem e não consegue tornar isso a sua fonte de renda, falamos de uma **missão**. Se você faz algo de que o mundo precisa e ainda consegue ser pago por isso — embora não ame e não seja tão bom — você encontrou uma **vocação**. E, por fim, se você é pago por alguma coisa que faz muito bem, essa é a sua **profissão**.

Psicologia na prática

IKIGAI

Conceito japonês que significa "uma razão para viver"

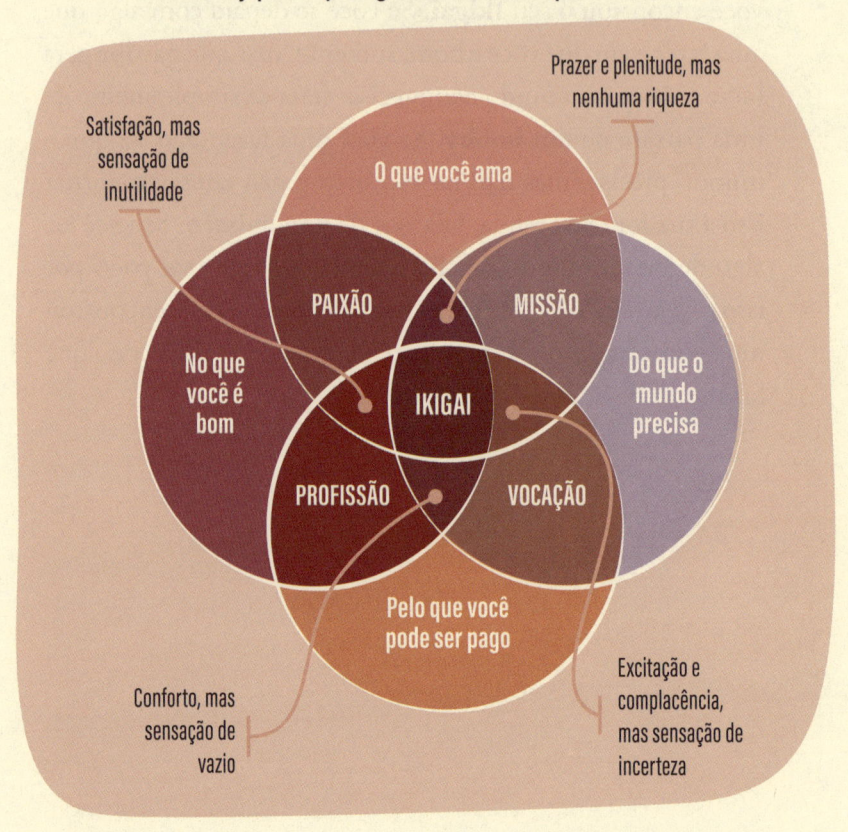

- Satisfação, mas sensação de inutilidade
- Prazer e plenitude, mas nenhuma riqueza
- Conforto, mas sensação de vazio
- Excitação e complacência, mas sensação de incerteza

- O que você ama
- No que você é bom
- Do que o mundo precisa
- Pelo que você pode ser pago

- PAIXÃO
- MISSÃO
- PROFISSÃO
- VOCAÇÃO
- IKIGAI

Parece até meio difícil encontrarmos algo que una esses quatro aspectos ao mesmo tempo, mas eu trouxe essa ferramenta para lhe dar um norte, e não para preocupar você. Caso ache complexo chegar a uma resposta para isso, tente responder a algumas perguntas.

Capítulo 15: Descobrindo o seu propósito 😊

O que o motiva e o faz ficar empolgado hoje?

Quais são as atividades que fazem você perder a noção do tempo?

Quais fatores lhe dão animação e entusiasmo para viver a sua vida e aguardar com expectativa pelo dia seguinte?

O que você gostaria de construir e deixar de legado para este mundo, ajudando e beneficiando outras pessoas?

Psicologia na prática

No que você é bom?

Embora essa seja a última pergunta da nossa lista, eu gosto de começar por ela, porque muitas pessoas não se consideram boas em nada. Você já achou isso de si mesmo? Eu já passei por momentos em que acreditava nesse pensamento, mas havia um motivo para nutrir essa crença: eu estava, constantemente, me comparando com pessoas que sabiam cantar muito bem, que eram muito boas em oratória ou em algum esporte. No entanto, precisamos ter consciência de que sempre que nos compararmos com aqueles que têm o que consideramos serem mega-habilidades, realmente nos convenceremos de que não somos bons em nada.

A verdade é que a maioria das habilidades pode ser desenvolvida, e é muito provável que você seja bom em alguma coisa. Talvez esse seja um ótimo momento para refletir sobre a sua infância. O que você gostava de fazer? No que você era bom? Pode ser que você tenha se destacado na escola de alguma forma, ou que tivesse muita facilidade em algo que os seus amigos não conseguiam fazer. Caso não se lembre de nada, está na hora de começar a se desafiar. Experimente novas atividades e novas funções, escolha algumas habilidades que você acha que não seriam tão difíceis assim e procure se desenvolver nessas áreas. Eu, por exemplo, acredito que me comunico bem hoje, mas isso não foi algo que nasceu comigo — precisei me desenvolver nesse sentido, até que a comunicação se tornou uma das minhas razões de ser.

> A maioria das habilidades pode ser desenvolvida, e é muito provável que você seja bom em alguma coisa.

Capítulo 15: Descobrindo o seu propósito

Se você, assim como eu, frequenta uma igreja e faz parte de uma comunidade religiosa há um tempo, já deve ter se deparado várias vezes com esses questionamentos sobre propósito. Muitas vezes, nesse contexto, esperamos respostas prontas "vindas do Céu" acerca do motivo pelo qual estamos aqui. Embora sua espiritualidade possa trazer muito mais clareza nesse sentido, é importante refletirmos sobre todos os pontos mais concretos sobre os quais falo neste capítulo. Eu me lembro de que, antes de conhecer a Psicologia, ficava um pouco *noiada* com isso e dizia que não tinha um objetivo de vida, por acreditar que não me destacava em nenhuma área. Eu não sabia, no entanto, que, à medida que fosse me desenvolvendo, naturalmente criaria alguma habilidade — isso não significava que eu me destacaria de forma grandiosa, mas, sim, que eu poderia realizar alguma tarefa muito bem.

O que precisamos entender quando falamos sobre isso é que nós podemos nos desenvolver e aprender a fazer as coisas de uma maneira mais excelente. Não precisamos ser os melhores do mundo em determinada área, mas podemos simplesmente aprimorar algumas habilidades até que nos tornemos capacitados.

Separe alguns minutos agora para pensar no que você é bom — às vezes temos qualidades e não as consideramos nem damos valor a elas. Talvez você seja um ótimo ouvinte ou comunicador; talvez faça excelentes edições de vídeos ou tenha um olhar bastante sensível para a fotografia... Independentemente do que for, utilize o espaço a seguir para registrar.

Psicologia na prática

> **Eu sou bom em...**

O que você ama?

Neste ponto, nós também temos de lidar com a falta de autoconhecimento. Quantas vezes, por estarmos tão imersos na correria diária, deixamos de sentir prazer em atividades das quais antes gostávamos? Quando já não conseguimos identificar o que amamos, talvez seja a hora de parar e voltar a praticar antigos hobbies — sempre haverá algo que pode nos entusiasmar.

Muitas vezes, estive em trabalhos e em funções de que não gostava, mas que serviram para aumentar o meu desenvolvimento. Ao mesmo tempo em que descobria novas habilidades nas quais era boa, eu também identificava as coisas

Capítulo 15: Descobrindo o seu propósito

que definitivamente não tinham nada a ver comigo. Então, se você tem dificuldade em saber quais são as atividades que ama e podem o entusiasmar, comece nomeando as tarefas que nunca poderiam ser o seu propósito ou a sua profissão. Exclua áreas de interesse, funções, atividades; selecione aquilo que talvez você não ame tanto assim, mas que gere algum tipo de prazer; e, depois, experimente praticar essas atividades, sem qualquer cobrança.

Como eu falei, muitas vezes, nós encontraremos o nosso propósito no processo, na jornada, mas, para isso, precisamos estar em movimento. Trancados em nosso quarto, pesquisando e lendo sobre propósito, não descobriremos nada.

Aproveite as linhas abaixo para listar, do lado esquerdo, as tarefas que você detesta e, do lado direito, as de que gosta.

Tarefas que detesto	Tarefas que amo

Psicologia na prática

Do que o mundo precisa?

Quando refletimos sobre a razão de estarmos onde estamos e fazermos o que fazemos, inevitavelmente direcionamos o nosso olhar ao outro. Já pensou sobre isso? Muitas vezes, nós vivemos a nossa vida confortavelmente, mas, ao avaliarmos o que estamos construindo, sentimos falta de "algo maior"; algo que, de alguma forma, possa impactar a vida daqueles que estão à nossa volta. Isso, porque o ser humano precisa se sentir útil, e, quando falamos sobre aquilo de que o mundo precisa, estamos tratando da utilidade que podemos ter uns para os outros.

É importante, no entanto, que sejamos capazes de identificar as pequenas necessidades ao nosso redor, porque, recorrentemente, nós focamos nas grandes lacunas que precisam ser preenchidas. Veja, é verdade que o mundo precisa de saúde mental, saneamento básico, alimento e moradia, mas não estou falando sobre isso. Eu posso garantir que aqueles que estão ao seu redor sempre necessitam de pequenas ajudas. Talvez, no seu trabalho, hoje, as pessoas precisem de um ambiente mais organizado; talvez, na sua casa, a necessidade seja uma pia livre de louças.

Do que o mundo precisa? Na maioria das vezes, o mundo será a nossa casa, o nosso trabalho, a nossa faculdade e os ambientes que frequentamos. Comece a pensar nisso e se disponha a fazer coisas que podem ser úteis para as pessoas que convivem com você. Por vezes, a nossa autoestima pode

Capítulo 15: Descobrindo o seu propósito

estar abalada porque não estamos nos sentindo relevantes ou necessários em alguma situação.

O que está sendo uma necessidade ao seu redor? Reflita sobre isso e escreva como você pode ser útil nos ambientes nos quais está presente. É possível que você encontre propósito servindo às pessoas com quem convive.

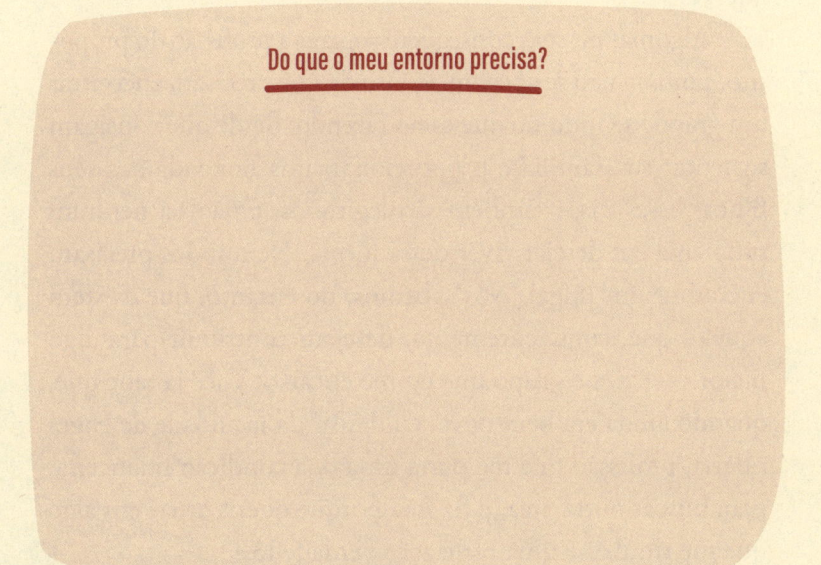

Do que o meu entorno precisa?

Pelo que você pode ser pago?

Por fim, é importante pensarmos no que pode nos gerar alguma renda — e este tópico é fundamental, porque não estamos trabalhando com o mundo das ideias. É muito fácil, quando falamos sobre propósito, pensarmos em questões grandes e nobres, em atividades que nos geram prazer e satisfação, sem considerar se é possível ganhar dinheiro com aquilo. Nós vivemos em um mundo capitalista, ou seja, não é possível sobreviver sem uma renda, e, se você apenas se apegar a sonhos, sempre dependerá financeiramente de outras pessoas — o que vai impedi-lo de alcançar a sua independência e conquistar o que deseja.

Algumas pessoas conseguem separar a profissão do propósito, por isso não se apegam ao fato de que precisam encontrar um grande sentido no que estão fazendo, desde que consigam sustentar sua família e proporcionar uma boa vida aos seus filhos. Esses casos também são legítimos, e não há nenhum problema em desejar viver dessa forma. Nem todos precisam encontrar um Ikigai. Nós sabemos, no entanto, que existem aqueles que, conscientemente, desejam contribuir para algo maior — é nesse grupo que eu me encaixo. Você já sabe que, quando ainda era bem nova, eu desisti da faculdade de engenharia, profissão que me daria uma boa condição financeira, para buscar outra área, e fiz isso porque queria atuar em algo que me trouxesse uma realização verdadeira.

Você precisa se conhecer e perceber qual é o nível de propósito necessário para que se sinta completo e viva de forma significativa. É importante, nesse processo, encontrar um modo de monetizar o que você ama fazer. Se é algo de que o mundo precisa, é muito provável que exista uma forma de ser pago por isso, e, talvez, por meio do empreendedorismo, você tenha a chance de encontrar soluções para os problemas das pessoas.

Capítulo 15: Descobrindo o seu propósito

É possível que o processo seja mais difícil em algumas áreas, mas preciso dizer que não é impossível. Então, para começar a explorar as possibilidades, elenque formas de ganhar dinheiro por meio do que você ama.

> **Como posso ganhar dinheiro com o que amo fazer?**

APLICANDO O IKIGAI

Agora é com você! Pare, pense e reflita. Se estiver difícil, converse com pessoas que o conhecem; caso esteja se sentindo perdido profissionalmente, por exemplo, procure aqueles que estão em transição de carreira. Conversas intencionais sobre as atividades que são significativas para você podem ser de grande ajuda na busca por um propósito e por um objetivo de vida.

Psicologia na prática

A minha dica para a sua jornada é: não fique preso demais ao que leu aqui; você pode e deve agir mesmo sem ter todas as respostas. Dê os passos que consegue dar hoje, e, à medida que se expor a novos ambientes, novos contextos e novas atividades, você descobrirá coisas que lhe trazem mais sentido.

Para finalizar, preencha o esquema no fim deste capítulo com algumas das respostas que deu ao longo da leitura. Visualizá-las juntas pode trazer ainda mais clareza e autoconhecimento. Esse é um assunto complexo e bastante profundo, mas acredito que você tenha em mãos bons insights para começar. O meu desejo aqui não é, nem de longe, romantizar a ideia de propósito, no entanto também não posso banalizar a importância de se encontrar um sentido para a vida. Isso, com certeza, vai ajudá-lo em seu processo.

ENCONTRANDO O MEU PROPÓSITO DE VIDA

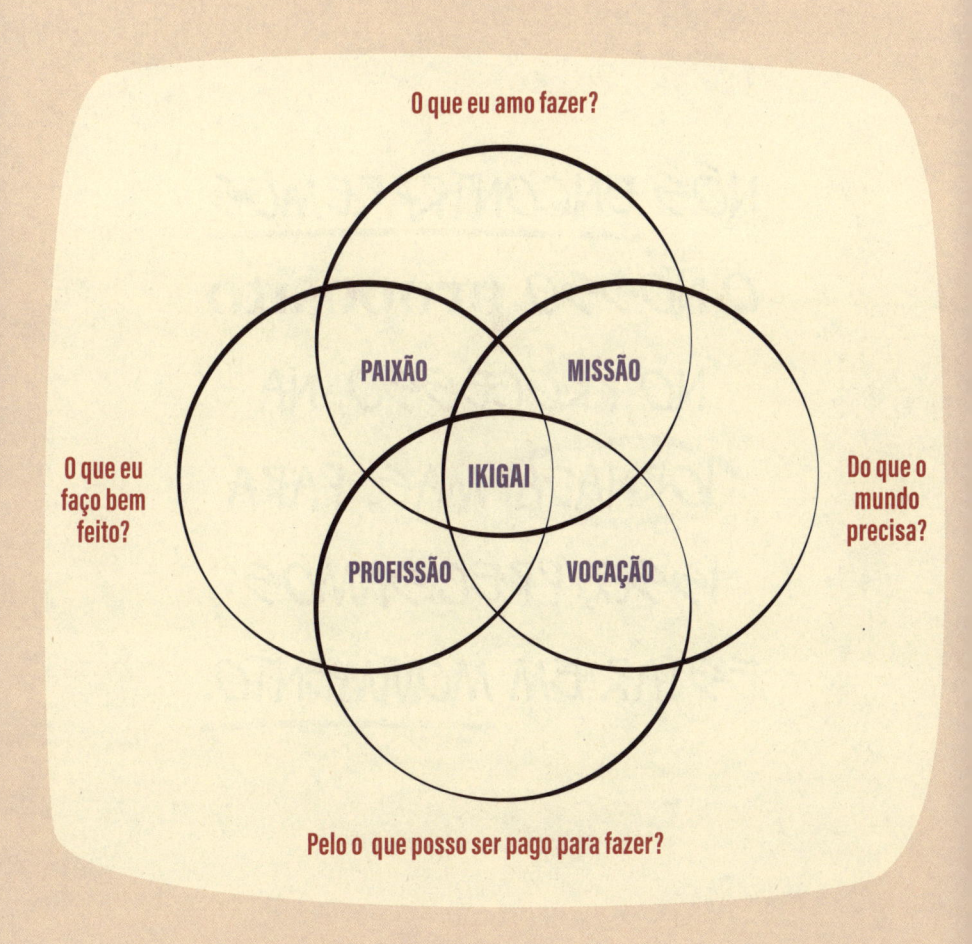

O que eu amo fazer?

O que eu faço bem feito?

PAIXÃO

MISSÃO

IKIGAI

PROFISSÃO

VOCAÇÃO

Do que o mundo precisa?

Pelo o que posso ser pago para fazer?

NÓS ENCONTRAREMOS O NOSSO **propósito** NO PROCESSO, NA JORNADA, MAS, PARA ISSO, PRECISAMOS ESTAR EM MOVIMENTO.

Capítulo 16

Priorizando o que importa

Sendo um ser humano vivo em 2024, provavelmente você já se sentiu sobrecarregado com a quantidade de tarefas que precisa desempenhar todos os dias. A produtividade é um assunto que tem ganhado cada vez mais espaço em nossos círculos, você já percebeu? Não é preciso ir muito longe para saber que a maioria de nós cumpre inúmeros papéis e que, muitas vezes, acabamos nos cobrando por acreditarmos que poderíamos fazer ainda mais. Quem nunca abriu o Instagram e, após apenas cinco minutos na rede, deparou-se com dezenas de pessoas mostrando, desde às 5h da manhã, sua rotina cheia e produtiva? Eu mesma recebo, com frequência, algumas mensagens de questionamento: "Nossa, Alana, parece que você faz tanta coisa! Como consegue dar conta de tudo?". Eu sei que é até *batido* dizer isto, mas a verdade é que é impossível dar conta de tudo, e, embora nós saibamos como a vida funciona na prática, continuamos nessa busca incansável por uma produtividade sobre-humana.

Eu imagino que isso aconteça porque temos a oportunidade de observar as pessoas ao nosso redor e admiramos grandemente aquelas que conseguem conciliar vários papéis. Ao mesmo tempo que isso é muito bom — porque pode nos inspirar e nos dar insights para ajustar nossa rotina —, também se torna bastante perigoso quando começamos a acreditar que, de alguma forma, determinada pessoa tem mais horas no dia do que nós, além de ter mais capacidade, pois consegue dar conta de tudo.

Mas, afinal, como nós mudamos a nossa visão sobre isso? Como podemos conciliar todas as nossas funções, lidar com a ansiedade, com as cobranças, com as expectativas — internas e externas — e com os prazos? Ao longo deste livro, já falei um pouco sobre os meus papéis como mãe, esposa, empreendedora, psicóloga e até acadêmica. E eu sei que, se não permanecermos atentos, é muito fácil nos frustrarmos com o modo como levamos nossa vida, por isso, com alguns relatos um pouco mais pessoais, quero ajudar você a refletir sobre a correria dos seus dias e sobre os papéis que também precisa equilibrar, priorizando, de fato, o que é mais importante para você.

O MITO DO EQUILÍBRIO PERFEITO

Provavelmente, você já ouviu que é necessário equilibrar e ter alta performance em todas as áreas da sua vida ao mesmo

Capítulo 16: Priorizando o que importa ☺

tempo, certo? Essa ideia veio com o *boom* do coaching há mais ou menos cinco anos, e uma das atividades propostas a partir desse conceito é a famosa roda da vida — um círculo dividido em doze áreas, em que é necessário atribuir uma nota a cada uma delas. O exercício é bem interessante, pois conseguimos visualizar o quanto estamos priorizando cada aspecto da nossa vida, no entanto, se não o fizermos com a atenção devida, poderemos acabar nos frustrando ao vermos notas não tão boas em algumas áreas. Lembro-me que na primeira vez em que fiz, ainda durante minha formação em coaching, disseram-me que o alvo era ter apenas notas 9 e 10, porque todas as áreas eram igualmente importantes para uma "vida extraordinária". Claro! Eu entendo o que eles queriam dizer com isso... Idealmente, darmos atenção para as diversas áreas de nossa vida é maravilhoso. Mas na prática, sabemos que não é tão simples assim. É verdade que conseguir esses números nos levaria ao mundo perfeito, ideal — eu adoraria que minha vida social, financeira, intelectual e familiar, por exemplo, estivesse em perfeito equilíbrio e com notas altíssimas. No entanto, preciso lhe dizer: isso é impossível!

> É verdade que conseguir esses números nos levaria ao mundo perfeito, ideal [...]. No entanto, preciso lhe dizer: isso é impossível!

Viver na expectativa — e em uma tentativa constante — de nivelar todas as áreas da sua vida é como se cobrir com um edredom curto: você consegue melhorar um aspecto, porém acaba dando uma piorada em outro; então você foca naquele que piorou e percebe que existe mais um descoberto bem ao lado. Portanto, para evitar que situações assim aconteçam, nós precisamos analisar a nossa vida e entender o momento que estamos vivendo, além de estabelecer nossas prioridades para cada temporada, porque, no fim, não conseguiremos ter alta performance e desempenhar um papel excelente em todas as áreas ao mesmo tempo.

Se em alguma época você conseguiu essa proeza, parabéns! Você está indo muito bem! Mas esse não é o padrão e está longe de ser. O que acontece, na maioria das vezes, é uma mudança de prioridade de acordo com cada fase da vida — o que nos faz focar no que é mais importante no momento. É claro que não podemos desviar completamente a nossa atenção das outras áreas, pois devemos, de certa forma, continuar a equilibrar alguns pratos. E é justamente isso o que torna tudo mais complexo, pois não estamos diante de uma tarefa fácil. Por esse motivo, precisamos repensar essa expectativa irreal de dar conta de tudo com a mesma atenção.

Eu não estou aqui o convidando à mediocridade, para que você se acomode e seja uma pessoa mediana, que não emprega nenhum esforço nas atividades do seu dia a dia. Muito pelo contrário! O que quero dizer é que, hoje, você pode dar 100% de si naquilo que é a sua prioridade, e, se nesse processo conseguir segurar as outras áreas sem fazê-las despencarem, já está de bom tamanho!

Capítulo 16: Priorizando o que importa

COMPREENDENDO AS FASES DA VIDA

Já falei algumas vezes que os anos antes de me tornar mãe foram períodos em que trabalhei muito e, entre outras áreas da vida, priorizei a minha carreira. Eu estava recém-formada, queria prosperar, ser bem-sucedida e alcançar meus objetivos. Eu desejava uma qualidade de vida melhor e, no caminho, o meu intuito era conquistar muitas coisas. Por isso, meu marido e eu passamos pelo menos três anos — 2019, 2020 e 2021 — completamente focados no trabalho, e isso nos deu muitos frutos: nós tivemos inúmeros resultados e um grande crescimento financeiro e profissional. Foi maravilhoso! É evidente que, nesse período, precisei abdicar de outras áreas: renunciei ao meu tempo de lazer e descanso, à minha vida social e, até mesmo, à minha saúde. Embora atitudes assim não sejam saudáveis, quando temos um objetivo muito grande, fazemos algumas escolhas (até mesmo equivocadas).

Em 2022, no entanto, nasceu o meu primeiro filho, e eu me vi em outro momento. Foi uma transição gigante na minha vida: o trabalho já não era mais uma prioridade; agora, eu precisava focar completamente na minha família, no meu filho. Isso não significa que eu parei de trabalhar — continuei gravando episódios para o meu podcast e produzindo conteúdos para o Instagram —, mas, como precisava fazer algumas escolhas, abri mão dos atendimentos individuais com os pacientes para que tivesse mais tempo em família.

Você pode imaginar que não foi somente a área profissional que recebeu menos atenção nesse período. Durante um tempo, não consegui cuidar da minha saúde como gostaria, não consegui fazer exercícios físicos nem ser constante com a minha vida intelectual — ao acabar com os atendimentos, eu já não estudava ou fazia cursos como antes. Ou seja, no primeiro ano do Ben, a minha vida basicamente teve uma pausa. Ao entrar no universo da maternidade, as outras áreas deixaram de ser tão importantes.

Embora eu tivesse consciência do momento que estava vivendo e tenha feito uma série de escolhas, foi inevitável não passar por algum nível de autocobrança, afinal é muito fácil pensarmos que estamos ficando para trás ao olharmos para pessoas que vivem fases completamente diferentes da nossa. A comparação sempre vai nos gerar frustração. Por isso é fundamental que saibamos alinhar as nossas expectativas, além de desenvolver autoconsciência e autoconhecimento.

No meu caso, alcançar essa compreensão foi um processo e, aos poucos, pude entender que precisava viver aquela fase. Se eu ficasse preocupada porque queria trabalhar, não viveria nem aproveitaria o presente — e entendemos que essa é uma questão fundamental para uma vida leve e com sentido. Eu sabia que já havia feito muito na minha área profissional e precisei aceitar que não conseguiria continuar no mesmo ritmo que tive um dia, pois tinha de focar em uma outra área tão importante para mim. Aliás, é ótimo saber que podemos desacelerar alguns aspectos para viver plenamente o presente!

Talvez o seu contexto seja justamente o contrário, não é? Talvez você esteja trabalhando muito e queira construir uma

Capítulo 16: Priorizando o que importa 😊

família, mas isso ainda não está acontecendo. É muito fácil começar o processo de comparação, independentemente de qual seja o seu contexto, porque a nossa realidade nunca será igual à de ninguém. Quantas vezes não nos comparamos com o que vemos nas redes sociais e começamos a nos questionar sobre o motivo de não estudarmos ou de não malharmos tanto?! As pessoas têm tempos, prioridades e fases diferentes, e só conseguiremos diminuir a autocobrança quando compreendermos isso. O equilíbrio perfeito de todas as áreas não existe, e quanto mais cedo aceitarmos essa verdade, mais rápido conseguiremos agir de acordo com as nossas circunstâncias, entregando o melhor que pudermos. A frustração só conseguirá nos atingir se não formos capazes de realinhar as nossas próprias expectativas.

 Eu não sei se você já conseguiu pensar em quais são as suas prioridades atualmente, mas eu gostaria de propor um olhar diferente para a roda da vida. Em vez de preenchê-la atribuindo notas a cada um dos aspectos, procure analisar em quais áreas você precisa focar hoje e determine o nível de importância que elas terão em seus dias — considerando apenas a fase que você está vivendo nesta temporada. Se eu fizesse esse exercício agora, por exemplo, provavelmente o meu desenvolvimento intelectual estaria no nível 6 de prioridade, enquanto o meu relacionamento familiar estaria no nível 10. Talvez, neste momento, você precise focar nos seus estudos, e não há nenhum problema nisso. Compreender e aceitar essas questões, com certeza, poderá mudar o modo como você enxerga os seus diferentes papéis na vida.

MINHA TEIA DE PRIORIDADES

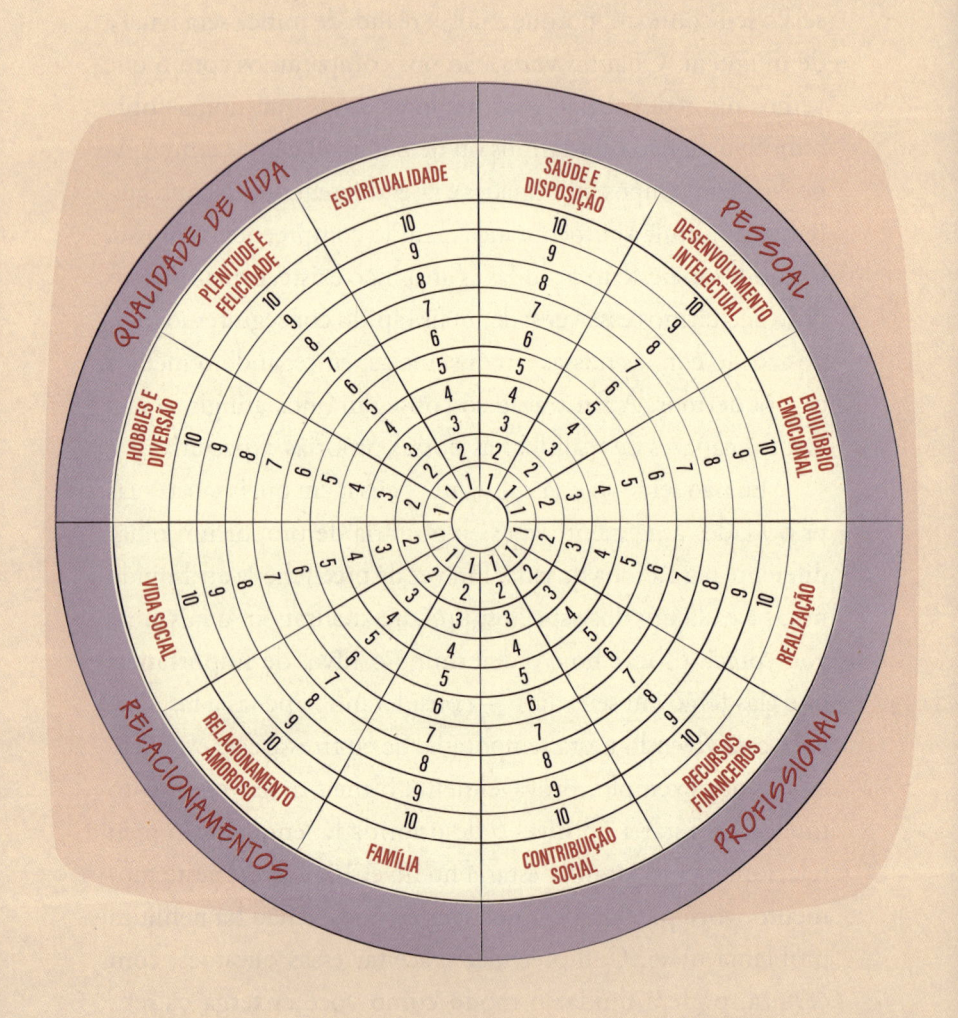

QUALIDADE DE VIDA: ESPIRITUALIDADE, PLENITUDE E FELICIDADE, HOBBIES E DIVERSÃO

PESSOAL: SAÚDE E DISPOSIÇÃO, DESENVOLVIMENTO INTELECTUAL, EQUILÍBRIO EMOCIONAL

PROFISSIONAL: REALIZAÇÃO, RECURSOS FINANCEIROS

RELACIONAMENTOS: CONTRIBUIÇÃO SOCIAL, FAMÍLIA, RELACIONAMENTO AMOROSO, VIDA SOCIAL

Capítulo 16: Priorizando o que importa ☺

COMO VIVER UMA VIDA MAIS LEVE

Antes de começarmos a parte mais prática, eu queria incentivar você a procurar ajuda psicológica, caso esteja passando por um momento em que precisa reavaliar as suas prioridades. Como falei no capítulo 14, depois que tive o meu primeiro filho, voltei para a terapia para lidar com a cobrança e a frustração que passei a carregar por não conseguir dar atenção às demais áreas da minha vida. O acompanhamento profissional foi muito importante para que eu conseguisse abandonar as expectativas irreais que havia criado — e que culminavam em pressão, estresse, ansiedade, sobrecarga emocional e sensação de esgotamento. Diante do desejo de dar conta de tudo, precisei ser realista comigo mesma e estabelecer alguns passos práticos que foram fundamentais para que eu pudesse me reconectar com o presente.

Priorize o que é prioridade

Você se lembra do capítulo em que falei sobre o estresse? Nós nos tornamos mais estressados quando não sabemos estabelecer prioridades, e algo bem semelhante acontece aqui. Se não definirmos aquilo que é mais importante em nossa vida, iremos nos sobrecarregar com atividades que nem deveriam tomar tanto tempo do nosso dia. Por isso, é importante identificar a prioridade do período que você está vivendo. É claro que você não vai focar somente nisso e se esquecer de todo o resto, mas será mais gentil consigo ao entender qual é o seu foco nesse momento — e, consequentemente, não se cobrará para ser excelente em áreas que não precisam de tanta atenção. Tenha clareza sobre as suas prioridades e foque nelas!

Estabeleça limites

Quando você entende o que é prioridade na sua vida, é mais fácil dizer "não" ao que não é fundamental no momento. Assim que comecei a focar na maternidade, por exemplo, tive de recusar muitas oportunidades de trabalho e muitos convites, pois estava com um bebê recém-nascido que precisava de mim o tempo inteiro, e ainda vivia o meu puerpério. Evidentemente, eu sentia vontade de aceitar todas as propostas e, vez ou outra, acabava naquele *fear of missing out* (em português, "medo de perder algo"), a famosa FOMO. Já notei que, às vezes, por causa desse medo, queremos dizer "sim" para tudo, estar em todos os lugares e aceitar todos os convites. Mas, em alguns momentos, precisaremos estabelecer limites e recusar ofertas, mesmo querendo aceitá-las. Recorrentemente, eu pensava que aquela poderia ser a última oportunidade que eu teria, no entanto, tive de entender que eu estava diante de uma tarefa muito preciosa e importante — e que era nela que eu deveria focar naquela fase. Quando sabemos quais são as nossas prioridades, conseguimos estabelecer limites melhores, sejam nas relações pessoais ou profissionais.

Pratique o autocuidado

É muito importante ter um tempo regular para cuidar de si mesmo, pois além de não podermos delegar essa tarefa,

Capítulo 16: Priorizando o que importa 😊

ela nos acompanhará independentemente da nossa prioridade ou da fase que vivemos. Falei sobre isso no capítulo 4, quando tratamos sobre a manutenção de uma boa saúde mental, pois, se não estivermos bem fisicamente ou emocionalmente, por exemplo, será difícil, até mesmo, cumprirmos com as atividades que fazem parte das nossas prioridades. Não conseguiremos dar a atenção devida aos nossos filhos e ao nosso cônjuge; não conseguiremos atingir um bom desempenho profissional; não conseguiremos estabelecer boas relações. Então priorize o autocuidado para ser excelente naquilo que é essencial hoje.

Busque ajuda

No processo de conciliar todos os papéis que você desempenha, é muito importante buscar apoio. Você não precisa passar pelos desafios e fazer tudo sozinho. Eu sempre tento deixar isto muito claro para as pessoas que me acompanham e veem a quantidade de coisas que faço: seria impossível cumprir todos os meus compromissos se eu não tivesse pessoas me auxiliando — e eu sei que isso é um privilégio. Tenho ajuda paga; tenho ajuda da família; tenho minha mãe e minha sogra sempre por perto; tenho uma funcionária na minha casa e uma equipe inteira na empresa. Ou seja, a maior parte do que eu faço só acontece porque não estou sozinha e tenho pessoas que facilitam o processo.

Eu sei que esse pode não ser o seu caso, talvez não seja simples ter uma ajuda paga, por exemplo, mas isso não significa que você precisa fazer tudo sozinho quando poderia estar buscando assistência — seja com os seus pais, parentes, amigos, colegas de trabalho… É claro que eu não estou dizendo que as pessoas têm a obrigação de nos ajudar, porém, às vezes, precisamos deixar nosso orgulho de lado para desafogar as demandas. Pode ser que você esteja com dificuldade em um projeto do trabalho e ainda não tenha pedido a um colega para tentarem, juntos, encontrar uma solução; ou, talvez, você seja um empreendedor e esteja centralizando todas as tarefas, em vez de delegá-las. Atente-se à sua vida e à sua realidade hoje. Como você poderia buscar suporte, pedir ajuda ou compartilhar a responsabilidade? Ter uma rede de apoio confiável com certeza facilita muito o processo de conciliar os papéis da vida.

A VIDA ESTÁ EM CONSTANTE MUDANÇA

As dicas que eu trouxe neste capítulo são práticas que aplico na minha própria vida, porque, de fato, a quantidade de pratos a serem equilibrados sempre parece crescer, e, se não organizarmos muito bem os nossos dias, tendo clareza sobre o é mais importante, estaremos constantemente sobrecarregados — pois a vida não para de mudar. O melhor que podemos fazer é compreender nossas fases e aceitá-las, entregando tudo o que pudermos em cada uma delas.

Quando este livro for lançado, já terei o meu segundo bebê nos braços, e saber que ele está a caminho gera em mim uma certa preocupação, entende? Sempre me pego pensando: "Como será daqui para frente?". Depois de seu nascimento, ainda terei mais um ano de mestrado e precisarei dobrar o meu cuidado

Capítulo 16: Priorizando o que importa ☺

com a família, pois serei mãe de duas crianças. Estou relatando isso para que você entenda que essa ansiedade é normal, sou um ser humano como qualquer outro e também me preocupo, também penso no amanhã, mas busco me concentrar de verdade no presente e fazer tudo o que está sob meu controle hoje para preparar o futuro que desejo. Eu sei que os desafios virão e sei, da mesma forma, que tenho capacidade para enfrentá-los com a ajuda das pessoas ao meu redor! Posso viver um dia de cada vez, porque a preocupação não tem nenhuma utilidade para mim.

Eu espero que você também aplique tudo isso à sua vida, de modo que consiga ter dias mais leves, sem a cobrança exagerada de dar conta de tudo. Lembre-se: para cada tempo há uma prioridade, e você precisa de autoconhecimento para que seja capaz de lidar com todas as mudanças. Não pressione a si mesmo para fazer tudo o que fazia há cinco anos e ainda desempenhar seus novos papéis. Você já não é mais a mesma pessoa — e daqui cinco anos também será alguém diferente, mais uma vez. Então conecte-se com o presente e, se necessário, abra mão de um ou outro papel para viver plenamente o que lhe está sendo proposto hoje! **Afinal, alta performance, mesmo, é...**

- ☺ Ter a saúde mental em dia.
- ☺ Manter uma rotina e um ritmo sustentáveis em longo prazo.
- ☺ Nutrir bons hábitos, sem exageros.
- ☺ Conseguir gerenciar as emoções de acordo com os objetivos.
- ☺ Viver de forma conectada aos valores pessoais.

NÃO PRESSIONE A SI MESMO PARA FAZER TUDO O QUE FAZIA HÁ CINCO ANOS E AINDA **desempenhar** SEUS NOVOS PAPÉIS. VOCÊ JÁ NÃO É MAIS A **mesma pessoa.**

Capítulo 17

A jornada do perdão

Eu tenho uma relação muito pessoal com esse assunto, e, se você já ouviu o meu podcast, Psicologia na prática, ou o acompanha há um tempo, sabe que meu primeiro episódio a ir ao ar teve como tema a minha história com o perdão. Acredito que ter uma vida leve e saudável só é possível por meio da habilidade de perdoar, ao exercê-la consigo e com o outro, uma vez que ser decepcionado ou magoado é, inevitavelmente, parte da nossa jornada — pois todos nós vivemos situações que nos marcam. Quando essas questões complexas acontecem ainda na nossa infância ou adolescência, temos mais dificuldade em lidar com as emoções que são geradas, pois até os doze anos de idade estamos criando e enraizando as nossas principais crenças sobre a vida, sobre os outros e sobre nós mesmos.

Psicologia na prática

No capítulo sobre rejeição, relatei um pouco mais o modo como o divórcio dos meus pais, que aconteceu logo na minha infância, acabou me afetando profundamente. Esse período marcou bastante a minha trajetória com as minhas emoções. Na época, eu tinha apenas seis anos e me lembro de poucas coisas antes disso, mas, a partir desse ponto da minha história, recordo-me de uma série de fatores que moldaram alguns pensamentos que carreguei comigo por um bom tempo — acredito que você lembre que eu me sentia rejeitada pelo meu pai e que isso afetou a forma como eu me enxergava.

Somente aos quatorze anos, com o desenvolvimento da minha espiritualidade, comecei a olhar toda a situação do divórcio dos meus pais por uma ótica diferente e iniciei o meu processo com o perdão, entendendo que o meu pai tinha suas próprias questões e estava fazendo o melhor que podia; ele nunca desejou me abandonar ou machucar. Então **decidi** perdoá-lo. Percebi que precisava disso para fazer as pazes com a minha história. Claro, isso não quer dizer que os erros cometidos por ele são justificáveis ou que tudo o que fez foi certo, mas significa, simplesmente, que ele é humano. E é exatamente este exercício que eu gostaria de propor a você neste capítulo: enxergar a atitude de perdoar por uma nova perspectiva, lembrando-se de que cada pessoa faz o que pode com a maturidade, o conhecimento e a consciência que tem.

Ao contrário dos temas que vimos até aqui, o perdão não é um sentimento, mas uma **decisão**. Por isso, antes de começarmos a desenvolver um pouco mais esse assunto, gostaria que você refletisse sobre a forma como o enxerga.

> Para você, como é perdoar, desde coisas simples às mais complexas? Tem facilidade ou considera difícil?

> Registre alguma situação em que precisou exercitar o perdão. Como você se sentiu?

GRANDES E PEQUENAS COISAS

A maioria de nós já passou por algumas situações de muito sofrimento, e elas, em geral, são bem mais difíceis de encarar com uma ótica de perdão. No entanto, existem também as pequenas coisas do dia a dia que, embora não causem um dano tão grande hoje, são capazes de gerar algum tipo de prejuízo à nossa vida e às nossas emoções no futuro. "Ah, eu não perdoei o meu marido por ter falado daquele jeito comigo" ou "Eu não resolvi bem essa situação com a minha irmã". Por serem questões mais simples, acreditamos que não há motivo para pensarmos em perdoar, mas as pequenas mágoas podem se acumular com o tempo — e, por esse motivo, o perdão é um exercício que deve ser praticado diariamente.

Quando estamos feridos, a mágoa passa a ser a lente pela qual enxergamos o mundo. Você se lembra da analogia da lente, que expliquei em capítulos anteriores? Na TCC, entendemos que os problemas do paciente podem estar ligados à forma como ele vê e interpreta os pensamentos, as situações, os problemas, as pessoas e o mundo. Então as mágoas carregadas têm o poder de mudar a forma como as coisas são — como uma manchinha nas lentes dos óculos —, e não lidar com elas pode interferir nos nossos relacionamentos e no nosso dia a dia.

É muito fácil criarmos uma hipergeneralização e começarmos a projetar sobre os outros aquilo que uma pessoa fez conosco no passado. Por exemplo: se sofri abandono, posso acreditar que todos em algum momento me deixarão; se já fui traída, posso desconfiar, excessivamente, de qualquer um que se aproximar de mim, ou desenvolver um ciúme extremo por medo de perder alguma relação. Existem inúmeras situações, mas a questão é que nada disso acontece de uma hora para a outra! Os sentimentos vão se enraizando aos poucos, em algumas pessoas mais e em outras menos.

Capítulo 17: A jornada do perdão

Se você se ofende ou guarda mágoa com facilidade por coisas pequenas, como alguém não falar com você ou lhe fechar no trânsito, talvez seja uma pessoa rancorosa, e não há problema algum em reconhecer isso! Não falo apenas de uma chateação inicial, mas de quando as decepções grandes e pequenas geram em suas emoções reações desproporcionais, e você acaba remoendo aquilo por dias ou até mesmo semanas. Será que essa não é a hora de embarcar na jornada do perdão e encontrar uma forma de limpar as suas lentes?

POR QUE PERDOAR?

Na Psicologia, existe um interesse crescente pelos estudos das qualidades e virtudes humanas, e o perdão é uma delas. Dentro do campo da Psicologia Positiva, principalmente, em vez de estudarmos somente a doença ou o transtorno, temos a vertente de analisar as nossas potencialidades, virtudes e o que nos ajuda a ser mais felizes — o entendimento de que o perdão é uma dessas habilidades e que ele pode ser desenvolvido está dentro desses estudos.

Os rancores, o desejo de vingança e os ressentimentos são experiências afetivas que trazem muito sofrimento para quem foi magoado ou ferido de alguma forma. Então, por mais que alguém lhe tenha causado algum mal, cultivar esses sentimentos só irá potencializar a angústia no seu interior. A verdade é que a outra pessoa não será afetada e talvez nem saiba que você se sente mal; perdoar não é sobre o quanto o outro merece, e sim sobre **a sua necessidade** de ter paz. É importante que, durante esse processo, você compreenda que o perdão não o obriga a voltar a conviver com quem o feriu ou a aceitar o mesmo erro para sempre, mas pode libertá-lo da mágoa e do peso que aquilo lhe traz.

Perdoar é uma alternativa, porque, de fato, não é algo obrigatório! Eu sou cristã e acredito no perdão como uma virtude espiritual, mas estou lhe falando a partir de uma perspectiva emocional e psicológica: você tem o poder de **decisão** e pode escolher não perdoar se quiser, porém precisa compreender os prejuízos que isso causará na sua vida e nas suas emoções. Avalie as suas possibilidades, mas também reflita nos motivos que o levariam a decidir por algo que não lhe fará bem emocionalmente e que está, de certa forma, impedindo-o de experimentar emoções positivas e viver de um modo mais livre. Você pode e merece ter uma vida plena e saudável, contudo, sem perdoar, infelizmente não conseguirá alcançá-la de forma integral.

No livro *Produções em Terapia Cognitivo-comportamental: integração e atualização*, os autores alegam que o exercício do perdão não está atrelado apenas à saúde mental, mas também traz benefícios para a saúde do seu corpo, como os exemplos abaixo.

- ☺ Melhora o funcionamento do sistema imunológico.
- ☺ Melhora a pressão sanguínea.
- ☺ Diminui as queixas de sintomas somáticos.
- ☺ Aumenta a qualidade do sono.

Capítulo 17: A jornada do perdão 😊

Por outro lado, a falta do perdão foi associada a muitas condições crônicas de saúde, conforme uma revisão bibliográfica feita por Pinho e Falcone em 2015. Esse tipo de pesquisa segue acontecendo e mostrando que, de fato, existe uma relação bem forte entre as mágoas e a nossa saúde física e emocional. Mas como podemos desenvolver essa habilidade na prática, então?

COMO PERDOAR?

Existem quatro pontos que devemos considerar e que podem nos ajudar a desenvolver melhor o perdão: entender que todos somos imperfeitos; ver a situação pela perspectiva do outro; ter compaixão e empatia; ressignificar a ofensa. Isso não quer dizer que, de uma hora para outra, ou que assim que finalizar a leitura destas páginas, você vai automaticamente perdoar a todos os que um dia o machucaram. Não! Esses tópicos são meios de trabalhar essa virtude internamente e refletir; aos poucos, ela se tornará uma consequência natural dos seus passos práticos.

Entenda que todos somos imperfeitos

O primeiro ponto é se lembrar de que nenhum ser humano é perfeito! Para perdoar alguém, ou a nós mesmos, precisamos compreender que as pessoas erram e que ninguém tem como fugir disso. Talvez você nem saiba, mas já pode ter magoado alguém profundamente em algum relacionamento ou situação. A verdade é que ninguém está livre de errar, seja por falta de maturidade ou por qualquer outro motivo.

Psicologia na prática

Saber que todos cometemos erros não invalida a sua dor e não isenta a responsabilidade das pessoas por suas próprias atitudes — pois existem, sim, consequências para cada ato. Geralmente, tentamos oferecer o melhor que podemos, mas continuamos a ser imperfeitos por estarmos vivendo nossos próprios processos de desenvolvimento pessoal, então esse "melhor" pode não ser o que o outro precisa ou deseja. Por isso, entender que os seres humanos são imperfeitos é crucial e o ajudará a dar um passo em direção ao perdão, porque, se não conseguir enxergar que as pessoas erram, inclusive você, uma cobrança irreal de perfeição pode domar as suas relações, causando um desgaste emocional gigantesco.

Veja a situação pela perspectiva do outro

O segundo ponto é enxergar as situações pela perspectiva do outro — o que costuma ser muito difícil, não é?! Quem é muito rancoroso e se magoa com facilidade com coisas pequenas do dia a dia normalmente tem dificuldade de enxergar a situação por outra perspectiva. Eu, particularmente, tenho certa facilidade com isso, não só pela minha profissão, mas, também, por causa da minha própria história e personalidade. É muito difícil eu guardar mágoa ou rancor, porque sempre que algo que pode me chatear acontece, faço o exercício de me colocar no lugar da pessoa e entender o motivo de ela ter agido de determinada forma. Fazer essa análise já é suficiente para o meu nível de mágoa, chateação e até raiva diminuir.

Capítulo 17: A jornada do perdão ☺

Por experiência própria, posso afirmar o quanto é importante que você tenha essa prática, que se coloque no lugar do outro e reflita: "Por que aquela pessoa pode ter agido assim?", "Por que ela falou de tal forma?", "Ela está passando por algo que eu não sei?", "Por que ela se comportou daquele jeito?". Claro que isso não anula o que você está sentindo, mas esse afastamento pode ajudá-lo a resolver a situação com mais tranquilidade e clareza.

Tenha compaixão e empatia

O terceiro ponto é treinar a compaixão e a empatia, e isso tem muito a ver com o tópico anterior, porque é a partir do momento em que começamos a enxergar a situação pela perspectiva do outro que nos tornamos compassivos e empáticos. Na prática, em um conflito, você pode falar para a pessoa que está chateado devido à forma como ela se expressou ou agiu, mas que entende que talvez ela também esteja magoada ou passando por um momento difícil. Isso faz com que a resolução do problema seja mais clara e que o outro fique menos "armado", porque a raiva se dissipa.

> É a partir do momento em que começamos a enxergar a situação pela perspectiva do outro que nos tornamos compassivos e empáticos.

Ressignifique a ofensa

Por fim, o quarto ponto é a ressignificação da ofensa ou experiência. Durante a minha jornada com o perdão, precisei fazer as pazes com a minha história e ressignificar aquilo que tinha vivido para, a partir disso, ajudar outras pessoas. Não quero que pense que isso é uma regra — nem sempre você usará o que viveu para ajudar alguém —, mas essa foi a minha experiência e fez muito sentido para mim. Ressignificar a situação pode ocorrer de outra maneira para você, porém é importante encontrar um sentido e um novo significado para o que aconteceu, seja um divórcio difícil, uma traição ou uma perda.

> Toda história tem dois lados. Não seja rápido em tomar partido, comprar uma briga ou, até mesmo, julgar alguém ou alguma situação. Tente fazer esse exercício, também, nas suas próprias histórias e mágoas. É sempre mais fácil criar narrativas de "certo e errado", "vilão e vítima", mas coloque-se no lugar da pessoa que o ofendeu e procure compreender seus motivos, pois, embora seja muito difícil aceitar isto, raramente as coisas são "preto no branco" como imaginamos.

UM CORAÇÃO DE TEFLON E UMA LONGA JORNADA

Na igreja que frequento, nós utilizamos uma ótima metáfora para falar sobre esse assunto: o coração de Teflon. Caso você não esteja habituado a esse termo, o Teflon é o revestimento utilizado em algumas panelas e frigideiras a fim de torná-las antiaderentes. Portanto, quando buscamos ter um coração e uma mente assim, deixamos de levar as coisas para o pessoal e passamos a ter mais facilidade em perdoar e resolver as situações logo que elas acontecem, pois nada "gruda" em nosso emocional. Perceba: isso não significa que não nos importamos com nada ou que seremos passivos e coniventes com o erro das pessoas, mas, sim, que compreendemos, relevamos, estabelecemos limites e nos afastamos quando necessário, sem carregar questões mal resolvidas na bagagem.

Até aqui, eu lhe dei algumas ferramentas que o ajudarão a amadurecer o seu coração e a sua mente para perdoar os outros de forma prática, mas tenha consigo um fator importante: esse é um processo. É uma jornada **contínua e interna**, necessária para uma vida mais leve e saudável, e, como todo caminho, possui os seus percalços. Comece a exercitar o perdão aos poucos, tendo a certeza de que é necessário dar o primeiro passo — mesmo que seja difícil! A jornada só começa verdadeiramente aí! Só não empurre com a barriga por anos e anos até que exploda. Continue a caminhar!

O PERDÃO NÃO O OBRIGA A VOLTAR A CONVIVER COM QUEM O FERIU OU A ACEITAR O MESMO ERRO PARA SEMPRE, MAS PODE **libertá-lo da mágoa** E DO PESO QUE AQUILO LHE TRAZ.

Capítulo 18

Como criar uma vida com significado

Você já parou para pensar no que está construindo a partir do seu estilo de vida? Ou, talvez, no motivo de fazer tudo o que faz diariamente? Muitos de nós até entendemos o valor que existe no que construímos no nosso dia a dia, mas, mesmo assim, vivemos sem muita intencionalidade, sem muito cuidado, como se já houvéssemos desistido da nossa existência, ignorando completamente as atividades, os princípios, as relações e, até mesmo, as reflexões que nos fazem encontrar sentido em nossos dias. Pode ser que você conheça inúmeras pessoas — se não for uma delas — que estabeleceram o que chamamos de "piloto automático" e vivem de forma desconectada de seus valores. Preciso dizer que isso é um fator de grande risco, porque, uma vez que abraçamos esse modo de caminhar, podemos acabar desenvolvendo algum tipo de transtorno psiquiátrico ou entrando em um momento de profunda crise existencial, a ponto de nos questionarmos se vale a pena viver.

Eu sei que, diante de tantas tarefas da vida real nos chamando à ação, vez após vez, e da sensação de que sempre há algo pendente, nós deixamos de lado a nossa necessidade de construir uma vida significativa — e, aqui, não falo somente sobre grandes feitos para a humanidade, mas sobre uma existência que tenha significado para nós pessoalmente e que esteja conectada aos nossos valores (aqueles de que falamos em um dos capítulos passados). De forma resumida, falo sobre **a vida que vale a pena viver**. Aprendi esse conceito em um livro que indico sempre que posso, *Building a life worth living* (em português, "Construindo uma vida que vale a pena viver"), da Marsha Linehan, criadora da DBT — sobre a qual já falamos algumas vezes.

A verdade é que todos nós, em algum momento, já passamos por períodos em que os dias pareceram exatamente iguais, como se a vida não estivesse avançando, como se nós não tivéssemos um rumo ou um objetivo. Às vezes, a nossa única vontade era ficar dormindo, porque não tínhamos um motivo grande o suficiente para acordar, não é mesmo? Nem sempre conseguimos fugir de situações assim, mas, quando começamos a nos sentir completamente desanimados e indiferentes com

Capítulo 18: Como criar uma vida com significado 😊

a vida, de forma geral, podemos estar diante de uma questão bem mais preocupante. Isso não quer dizer que você estará animado, disposto, feliz, cheio de gás e sonhador todos os dias. Algumas pessoas realmente têm, em sua própria personalidade, esse ímpeto e esse desejo por realização, outras, no entanto, têm um estilo diferente, e isso não é problema nenhum. O mundo não precisa que todos os seus habitantes sejam grandes sonhadores e tenham metas e objetivos ousados — cada pessoa é única, e isso é fundamental na sociedade.

Sempre que falo sobre esse assunto, gosto de citar o meu marido, Israel, a pessoa com quem mais convivo e que é completamente diferente de mim. Enquanto eu sou alguém bem mais estável, que gosta de rotina e de previsibilidade, o Israel é aquele cara "8 ou 80": ele gosta de metas muito ousadas e sonha bem alto — e isso permite que nossas personalidades se complementem de uma maneira muito bacana. No entanto, para ter uma vida significativa, eu não preciso fazer as coisas do jeito dele — o contrário também é verdade —, pois cada pessoa tem uma forma de viver e de construir sua existência com o seu próprio significado.

Hoje em dia, fala-se muito sobre empreendedorismo. Há uma pressão para que todos tenham o seu próprio negócio, ganhem muito dinheiro e fiquem milionários até os trinta anos. Se essa não for a sua escolha, ainda assim esperarão que você seja muito influente, tenha milhares de seguidores e faça algo que mude o mundo. Cobranças como essas têm sido tão fortes na geração atual que, às vezes, em vez de terem um objetivo, as pessoas passam a carregar um fardo. É por isso que eu quero dizer que, por mais simples, e até pacata, que a sua vida possa ser — se assim você desejar —, ela precisa estar conectada aos seus valores pessoais para que, dessa forma, você encontre um sentido e um significado que o faça querer viver, despertar e se levantar da cama toda manhã. Se, ao acordar, você não encontra nenhuma motivação, pode ser que esteja vivendo uma vida desconectada e, em algum momento, isso trará uma consequência para sua saúde mental.

A IMPORTÂNCIA DOS NOSSOS VALORES PESSOAIS

Você se lembra de que, no capítulo 3, logo no início da nossa jornada de autoconhecimento, eu falei sobre a importância dos valores pessoais — aquilo que consideramos mais significativo na vida — para a compreensão do que nos motiva e do que é capaz de nos trazer uma sensação de completude? Eles são fundamentais, pois nos fazem ter vontade de acordar pela manhã, além de trazerem brilho aos nossos olhos. Eu imagino que, após identificar os seus, você tenha sido capaz de perceber que inconscientemente a sua postura, o seu tom de voz e até o seu semblante mudam quando você fala sobre o que lhe traz motivação.

Os valores podem ser coisas muito simples, como a família, a fé, a conexão com as pessoas, a sensação de crescimento, o aprendizado, o sucesso profissional... O meu marido, por exemplo, precisa saber que está em constante crescimento, que

Capítulo 18: Como criar uma vida com significado ☺

faz a diferença na vida das pessoas, que é importante, relevante e reconhecido, ou seja, esses aspectos são valores para ele e o motivam a continuar construindo uma vida que vale a pena viver. Para algumas pessoas, o valor pode ser o conforto e o cuidado com a casa. Alguns falarão do seu trabalho e da sua pesquisa acadêmica com muita alegria e entusiasmo; outros compartilharão o sonho de construir uma família e valorizarão as lembranças da infância em coisas muito simples, como cozinhar, sentar-se à mesa ou viajar para a praia nas férias.

Preciso reforçar, no entanto, que viver de acordo com os seus valores é um processo e dificilmente você estará 100% alinhado a eles de uma hora para outra. Eu iniciei a minha jornada de autoconhecimento ainda bem nova, graças ao meu contato com a Psicologia na faculdade — o que me ajudou a refletir sobre aquilo que era importante para mim, mas que, por algum motivo, eu não estava vivendo. Antes disso, porém, ainda na minha adolescência, comecei a filtrar uma série de comportamentos e padrões da minha família e percebi que alguns aspectos não tão importantes para eles estavam se tornando relevantes para mim. Uma dessas coisas, por exemplo, foi a espiritualidade. Esse nunca foi um valor para os meus pais — na verdade, era algo até criticado na minha casa —, então eu não o recebi na minha infância e precisei passar por um processo para entender que esse era um valor para mim. Muitas vezes, eu não sabia exatamente como pautar as minhas ações, por isso agia de forma contrária à minha nova realidade, porque ainda não tinha clareza do quanto a espiritualidade era importante na minha vida. Quando compreendi, mais para o fim da minha adolescência, que realmente carregava uma fé e comecei a viver de acordo com ela, meus dias ficaram muito mais leves e passaram a fazer mais sentido. Foi maravilhoso!

É por isso que, diante do processo de autoconhecimento, temos de nos apropriar do que é importante para nós. Afinal, não nascemos com os valores implantados em nossa mente — a maioria deles é passada ao longo da vida. A família, ao contrário da espiritualidade, já era um valor incutido em mim, mesmo tendo pais separados — aliás, os dois acabaram se casando com outras pessoas após um tempo. Enquanto crescia, ninguém me dizia que eu deveria construir uma família, mas eu observava a minha avó, que teve cinco filhos, foi casada com o meu avô até ele falecer e sempre prezou pelos valores familiares. A simples convivência gera, em nossa mente, esse senso de importância — que pode, ou não, ser consolidado no futuro. Quando passei a viver de acordo com isso e a buscar a construção de uma família (casando-me bem jovem, por exemplo), consegui perceber que estava vivendo de modo significativo para mim.

Eu acredito que você já saiba o que aquece o seu coração e o faz ficar entusiasmado e apaixonado, mas, talvez, esteja bem distante dessas coisas. A pergunta que eu quero fazer aqui é: o quanto dos seus valores você tem vivido no seu dia a dia? Isso é importante, porque, se não estiver experimentando nada disso

> Diante do processo de autoconhecimento, temos de nos apropriar do que é importante para nós.

Capítulo 18: Como criar uma vida com significado ☺

diariamente, você não construirá uma rotina significativa. Como já comentei, assim que o meu primeiro filho nasceu, passei um ano sendo muito intencional em me dedicar quase exclusivamente a ele, o que fazia com que eu me sentisse distante de um dos meus valores: o crescimento intelectual. Eu não sentia que estava progredindo em uma área muito relevante para mim e precisei reconhecer que, naquele momento, eu estava crescendo em outro aspecto tão importante quanto. Ou seja, eu não havia me desconectado completamente dos meus valores.

Se você é aquele tipo de pessoa que trabalha só para bater o ponto e vive a sua semana apenas desejando o sábado e o domingo, por exemplo, pode ser que esteja caminhando em direção a um estilo de vida que não é saudável nem sustentável. É claro que no fim de semana nós temos atividades diferentes, justamente por termos mais tempo livre do que de segunda a sexta-feira, mas eu queria propor uma reflexão agora: como você pode incluir alguns dos seus valores no seu dia a dia? Talvez seja suficiente ter um momento de qualidade com seu cônjuge, com a sua família, com a sua mãe, com o seu pai. Talvez você precise de um tempo de autocuidado no fim do dia, ou, simplesmente, queira sentar-se e assistir a alguma série de que você gosta. Quando construímos a nossa rotina, nós precisamos ser intencionais em experienciar, diariamente, os nossos valores — caso contrário, seremos engolidos pelas demandas "maiores".

Agora, de modo bastante prático, defina cinco atividades diferentes, ligadas aos seus valores, para fazer ao longo da semana (uma em cada dia). Pense em metas realistas e em uma rotina que possa ser colocada em prática hoje mesmo. Talvez você sinta a necessidade de ter novas experiências e não consiga viajar com a frequência que gostaria, por exemplo, mas pode conhecer lugares novos no seu bairro — uma cafeteria, uma praça ou, até mesmo, um supermercado. Outro ponto importante é pensar no horário que essas atividades serão feitas e no tempo disponível para elas. Por exemplo, se um dos seus valores é o crescimento intelectual e, hoje, você não tem se dedicado a isso, tente começar com vinte minutos de leitura de obras que sejam da sua área de conhecimento.

ESTABELECENDO UMA ROTINA DE VALORES

SEGUNDA-FEIRA	Valor pessoal:
	Atividade:
	Horário:
TERÇA-FEIRA	Valor pessoal:
	Atividade:
	Horário:
QUARTA-FEIRA	Valor pessoal:
	Atividade:
	Horário:
QUINTA-FEIRA	Valor pessoal:
	Atividade:
	Horário:
SEXTA-FEIRA	Valor pessoal:
	Atividade:
	Horário:

Psicologia na prática

UM OLHAR ATENTO PARA A PRÓPRIA VIDA

Quero propor um exercício[1] a você que, ao longo deste capítulo, olhou para si mesmo e pensou que talvez não esteja vivendo como gostaria; que tem visto os seus dias perderem o brilho, como se nada mais fizesse sentido. Imagine que você está no futuro e que já se passaram dez anos, a contar a partir de hoje — então, se você tem vinte anos, imagine-se com trinta; se tem trinta anos, imagine-se com quarenta. Eu quero que você tente completar as três frases que vou apresentar a seguir e, para isso, será necessário olhar para a década que passou.

Eu passei tempo demais me preocupando com...

Imagine-se, daqui a dez anos, olhando para trás, para o hoje, e pensando: "Eu passei tempo demais me preocupando com coisas que não precisavam de tanta atenção assim". Talvez você consiga olhar para si mesmo e constatar: "Poxa, eu passei tempo demais me preocupando com dinheiro. Nunca tive necessidade de nada e gastei muitas horas da minha vida com uma preocupação que não era necessária"; "Passei tempo demais me pensando no trabalho, acabei me dedicando muito e me preocupando com o que as pessoas pensariam".

É possível que você se importe demais com o que pensam a seu respeito. Talvez você se pergunte se será aceito ou não, passe horas e mais horas se questionando se um dia irá se casar, pensando em relacionamentos amorosos e focando bastante

---

[1] Adaptado de Russ Harris, *ACT made simple* (em português, "ACT simplificada"), 2019.

Capítulo 18: Como criar uma vida com significado 😊

nisso. É provável que, daqui a dez anos, você até já tenha se casado e tido uma série de experiências. Lá na frente, você poderá constatar que não precisava ter se preocupado tanto assim.

> Quais são as coisas com as quais você mais tem se preocupado hoje? Isso pode estar roubando o seu brilho.
>
> *Eu passei tempo demais me preocupando com...*

Eu não passei tempo suficiente fazendo coisas importantes para mim, como...

Em dez anos, talvez você olhe para trás e pense: "Poxa, eu não passei tempo suficiente fazendo coisas que eram importantes para mim". Quantas pessoas você conhece que, hoje, acabam se culpando por não terem passado tempo o bastante com seus filhos, tocando algum instrumento, praticando seus hobbies ou até tendo momentos de lazer com a família? Quando um ciclo se encerra, muitos de nós olhamos para trás e percebemos que não fizemos aquilo que importava, de fato, para nós, mas gastamos o nosso tempo focando em outras atividades. Talvez você até tenha um sentimento assim sobre algo do seu passado, porém, embora não tenha como mudar o que já aconteceu, pode construir um futuro diferente ao modificar o hoje.

> **O que você acredita que tem negligenciado atualmente? Se não der mais atenção a esses aspectos, pode ser que, no futuro, você se culpe pelo tempo que perdeu.**
>
> *Eu não passei tempo suficiente fazendo coisas importantes para mim, como...*

Se eu pudesse voltar atrás, tomaria uma atitude diferente sobre...

Talvez o seu "eu" dez anos mais velho olhe para o hoje e pense: "Nossa, eu deveria ter feito as coisas diferentes! Eu deveria ter saído daquele emprego de que eu não gostava. Passei cinco anos naquela empresa e poderia estar em outro lugar"; "Eu deveria ter saído daquele relacionamento em que eu era maltratado. Uma relação que, após três anos, simplesmente não ia para frente e já não tinha futuro nenhum". Ou então: "Eu deveria ter me casado com aquela pessoa que era legal para mim. Fiquei enrolando e perdi alguém realmente especial".

Olhe para a sua vida e pense nas coisas que você gostaria de fazer, mas que, por algum motivo, ainda não tomou uma atitude sobre. Talvez você queira aprender a tocar algum instrumento; talvez deseje viajar mais ou guardar dinheiro. Nós sabemos o que devemos fazer, mas não conseguimos acessar

Capítulo 18: Como criar uma vida com significado

isso porque, muitas vezes, não somos capazes de nos distanciar da nossa realidade. No entanto, é necessário termos um olhar intencional para a nossa vida.

> **O que você faria diferente, hoje? Reflita sobre a mudança antes que as consequências da sua falta de atitude cheguem.**
> *Se eu pudesse voltar atrás, tomaria uma atitude diferente sobre...*

COMO CONSTRUIR UMA VIDA SIGNIFICATIVA?

Não espere um grande ato ou um hábito que mudará a sua história para começar a acreditar que, finalmente, a sua existência é significativa. Na verdade, é necessário apenas caminhar intencionalmente no seu dia a dia, pois a construção de uma vida que vale a pena viver começa com passos diários, com escolhas simples e até mesmo pequenas — como o autocuidado, sobre o qual já falamos diversas vezes ao longo dos capítulos, uma boa noite de sono, uma alimentação saudável e a prática de exercícios físicos. São esses tijolinhos que, pouco a pouco, construirão algo realmente grande e impactarão a vida das outras pessoas.

Psicologia na prática

Tenha relacionamentos saudáveis

Estar ao lado daqueles que amamos e com quem nos sentimos bem contribui muito para a nossa saúde mental. Você se lembra de quando falamos sobre isso ainda no capítulo 4? É fundamental que, na medida do possível, tenhamos bons relacionamentos com as pessoas com as quais moramos. É claro que isso não depende 100% de nós, mas podemos fazer o que estiver ao nosso alcance para tornar a convivência mais harmoniosa, sem tantos conflitos. Isso, porque cada vez que brigamos ou criamos novos problemas, uma série de neurotransmissores e de hormônios são gerados em nós, e, se não estivermos atentos, podemos descontar o nosso estresse, por exemplo, na comida — estabelecendo um ciclo muito ruim.

Reserve tempo para os seus hobbies

Existem inúmeras pessoas que trabalham muito, saem bem cedo e voltam para casa realmente tarde, rotina que prejudica outras áreas da vida — como a própria saúde. Quando chega o fim de semana, tudo o que elas desejam é ficar em casa e não fazer nada, apenas dormir, o que é completamente compreensível, mas torna os dias mais pesados e a vida sem graça. Todos nós precisamos de momentos de lazer, nos quais possamos nos divertir e descansar. Essas pequenas pausas são capazes, até mesmo, de nos tornarem mais produtivos e melhorarem o nosso desempenho.

Capítulo 18: Como criar uma vida com significado 😊

Dê sentido às pequenas coisas do dia

O perigo de entrar no piloto automático é que deixamos de encontrar sentido no que nós fazemos. Por isso é tão importante atribuirmos significado às nossas atividades do dia a dia, principalmente àquelas que nos tomam mais tempo. Se o seu trabalho estiver cansativo e maçante, por exemplo, pense no resultado dele — talvez você use o seu salário para fazer uma viagem no fim do ano ou ajudar alguém.

Não deixe de buscar o aprendizado

Esse senso de crescimento é extremamente importante quando falamos sobre uma vida significativa. Isso não quer dizer, necessariamente, que precisamos construir uma carreira acadêmica, mas, sim, que devemos continuar descobrindo novas áreas ou novas formas de realizar o que já fazemos. Todos precisam buscar isso, de acordo com a sua realidade, porque o conhecimento está diretamente relacionado à nossa autoestima. Existem muitos cursos, por exemplo, sobre organização ou, até mesmo, culinária. Procure se desenvolver ainda mais naquilo que você já é bom. O aprendizado impulsiona o bom funcionamento da nossa mente.

NÃO ESPERE A VIDA PASSAR

Pode ser que, hoje, você viva intencionalmente cada um dos seus dias e tenha uma visão crítica de como tem levado a sua vida. Se esse for o seu caso, apenas continue. Não se permita entrar no modo "piloto automático", mas utilize a percepção

Psicologia na prática

que você já tem para prosseguir alinhado aos seus valores. Por outro lado, pode ser que você tenha percebido que, embora carregue princípios bem definidos, não está conseguindo viver de acordo com eles e não sente que a vida faz algum sentido. Agora, você já conhece alguns passos práticos para não apenas refletir e identificar o que precisa ser mudado, mas para agir, de fato. Como sempre reforço, se você estiver passando por um momento muito delicado e realmente perceber que já não tem nenhuma motivação para se levantar todos os dias, não deixe de buscar ajuda profissional. Nem sempre conseguiremos mudar sozinhos. Converse com pessoas próximas e leve esse assunto para os seus círculos. Eu tenho certeza de que a troca de experiências pode trazer ainda mais sabedoria e intencionalidade para a construção de uma vida que vale a pena viver.

NÃO SE PERMITA ENTRAR NO MODO "**piloto automático**", MAS UTILIZE A PERCEPÇÃO QUE VOCÊ JÁ TEM PARA PROSSEGUIR ALINHADO AOS SEUS **valores.**

Capítulo 19

A pessoa que você quer ser

Durante a minha primeira gravidez, eu idealizava a mãe que desejava ser, mas, quando a realidade de fato se apresentou a mim, percebi que eu não era tão parecida com aquela que havia criado no meu mundo perfeito — e isso aconteceu, mais ou menos, quando o meu filho Benjamin tinha cerca de dois meses e meio de vida. Eu estudei muito ao longo da gestação e imaginei que seria uma mãe superprática: depois que o bebê nascesse, eu iria para todos os lugares com ele, conseguiria passar o dia fora, não teria medo nem ficaria preocupada com gripe ou com qualquer outra coisa que pudesse acontecer, porque acreditava que, mesmo com um recém-nascido, eu conseguiria me virar. A verdade, no entanto, é que logo nos primeiros meses após o nascimento do meu primogênito, nós tivemos de lidar com uma série de eventos não planejados. Com apenas vinte dias de vida, o Ben já havia sido internado na UTI duas vezes devido a uma infecção bem séria. Diante desse cenário, que quebrava todas as minhas expectativas sobre o nascimento do meu filho, comecei a sentir medo e me vi muito preocupada, além de ansiosa, quando se tratava dele — o grande problema é que aquela Alana não tinha nada a ver com a mãe que, antes, eu havia idealizado.

Como já comentei, nessa mesma época, eu tinha voltado a fazer terapia — para me desenvolver melhor, trabalhar todas as novas questões e processar as informações que estava recebendo — e comecei a refletir muito sobre isso. O que percebi foi que a mãe prática, destemida, que sairia de casa e faria tudo com o bebê nos braços estava em processo de construção. Aquela era a primeira vez que eu vivia o universo da maternidade, além disso, não tinha como prever tudo o que poderia acontecer após o nascimento do Ben. Do mesmo modo que ele havia chegado há apenas dois meses e meio, eu também havia me tornado mãe, de fato, há apenas dois meses e meio. Seria irreal acreditar que, ao sair do hospital, eu já seria uma mãe completa — principalmente diante de tudo o que vivi.

Eu estava me cobrando demais para me tornar a mãe que desejava e levei algum tempo para entender que, dia após dia, eu poderia me aproximar da pessoa que queria ser — esse aprendizado, preciso dizer, fez com que eu mudasse muito a forma como enxergo as coisas. Hoje, sinto que finalmente compreendi que, neste momento da minha vida, talvez eu não esteja idealmente onde gostaria em outras áreas, mas estou

Capítulo 19: A pessoa que você quer ser 😊

exatamente onde deveria estar como mãe. Quando falamos sobre essa expectativa acerca de quem nos tornaremos, é muito fácil cair em culpa ou em autocobrança — principalmente se tratando da maternidade —, porém, ao longo desse processo, consegui fazer as pazes com o momento que eu estou vivendo e entender que tenho dado o meu melhor, mesmo que as minhas decisões sejam diferentes das que idealizei um dia.

É claro que ainda não sou exatamente quem desejo, mas, hoje, enquanto escrevo este livro e me preparo para receber o meu segundo filho, após quase dois anos do nascimento do primeiro, tenho percebido que a cada semana eu me torno mais leve, além de levar a maternidade e exercer esse papel de forma mais tranquila — chegando, pouco a pouco, àquela mãe que idealizei. Isso não significa que eu não tenha medos ou que também não imagine como será a minha vida como mãe de dois. Evidentemente, tenho as minhas expectativas, mas sei que chegar até elas é um processo.

Talvez você esteja pensando: "Tudo bem, ótima história. Mas o que ela tem a ver com o tema do capítulo, afinal?". Eu comecei a entender que o processo para nos tornarmos quem desejamos ser nem sempre é linear e não acontece de uma hora para outra. A realidade é que, na maioria das vezes, ele é gradual e leva tempo. E eu percebo, em muitas pessoas com as quais converso, essa angústia e frustração por olharem para a própria vida e não enxergarem o que um dia idealizaram. De modo geral, isso acaba criando um bloqueio para a celebração do presente e de tudo o que já foi conquistado. Muitas vezes, nós nos cobramos demais, como se houvesse um prazo para nos tornarmos quem imaginamos um dia.

O "EU IDEAL" E O "EU REAL"

Todos nós temos uma ideia de quem deveríamos ser e o que deveríamos estar fazendo agora, como se tivéssemos de alcançar um "eu ideal", entende? Nós construímos essa idealização ao longo de toda a nossa vida, seja porque nutrimos um desejo específico ou porque queremos suprir as expectativas de outras pessoas — principalmente dos nossos pais.

Quem nunca planejou a própria vida, olhando em curto, médio e longo prazo? Talvez, aos seus doze anos de idade, você tenha imaginado que, quando completasse dezoito, seria completamente independente, sairia da casa dos pais, faria um intercâmbio e viajaria o mundo. Aos vinte e cinco, já estaria formado e com a carreira encaminhada; aos trinta anos, teria constituído uma família e estaria completamente resolvido profissionalmente; aos quarenta, já nem existiriam metas, pois haveria conquistado milhões de reais e aguardaria apenas pela aposentadoria.

Eu não sei quais foram os seus planos, mas, ao longo da nossa vida, nem sempre as coisas acontecem conforme pensamos e, como já falei aqui, isso gera frustração. Acreditamos que deveríamos estar cuidando melhor da nossa saúde, entretanto, por algum motivo, não conseguimos dar atenção a ela; acreditamos que deveríamos nos desenvolver mais na nossa vida espiritual, mas acabamos deixando essa questão de lado. Nós

Capítulo 19: A pessoa que você quer ser

começamos a elencar as áreas da nossa vida e a compará-las com o que criamos, com as nossas expectativas — o "eu ideal" —, e com o que, segundo o nosso planejamento, **deveríamos** ser, ter e fazer neste momento. A grande questão, diante de todos os nossos anseios, é que existe um "eu real" — esse, de fato, é quem conseguimos ser e o que damos conta de fazer. As ações e decisões que tomamos nesses últimos anos nos trouxeram ao lugar onde estamos hoje, e isso precisa ficar muito claro para nós.

EU IDEAL   EU REAL

Imagine que esses dois círculos representam você: o primeiro são as suas idealizações, quem deseja se tornar; o segundo engloba tudo o que você é hoje. Quanto mais distante estiverem esses dois círculos, quanto mais distante o "eu real" estiver do "eu ideal", mais frustrado você estará e mais fragmentada será a sua autoestima. Se esses círculos se mantiverem longe um do outro, você se sentirá mal consigo mesmo constantemente, porque a expectativa estará muito distante da realidade. Por outro lado, quanto mais adjacentes estiverem, maior será a sua satisfação com a própria vida e consigo.

Psicologia na prática

Eu já atendi pessoas que acreditavam que deveriam estar casadas, mas que, por uma série de motivos, viviam fases diferentes da esperada, e isso não é algo que se resolve do dia para noite. Talvez as suas expectativas sejam em relação ao trabalho ou até à sua vida social. Quem você acredita que deveria ser hoje? Você está contente em todas as áreas ou existe alguma distância entre quem é e a idealização que criou? Para saber, preencha o quadro abaixo com as características que gostaria de ter hoje e com aquelas que realmente tem; você também pode determinar quais cenários gostaria de estar vivendo e quais estão presentes na vida real (por exemplo, talvez você esteja cursando a faculdade quando o seu "eu ideal" já deveria tê-la concluído).

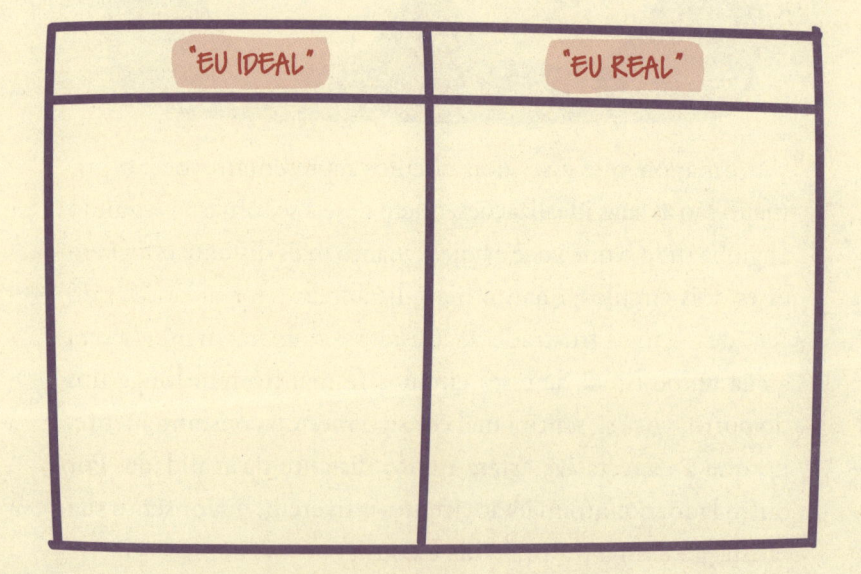

"EU IDEAL"	"EU REAL"

Capítulo 19: A pessoa que você quer ser ☺

Agora, analise se as suas expectativas realmente fazem sentido para este momento e se, de fato, você deve mantê-las. O intuito do exercício anterior não é causar peso sobre a sua vida, mas fazê-lo identificar aquilo que vale a pena buscar e o que já não cabe mais na sua realidade. Isso é importante, porque, quando não temos esse olhar analítico para o presente, a nossa insatisfação apenas aumenta. Se, hoje, você olha para a sua vida e encontra uma série de lacunas causadas pelas suas idealizações, pergunte-se o seguinte: "Será que eu deveria mesmo ser dessa forma? Será que essas expectativas que criei não foram coisas que outras pessoas falaram ou que eu enxerguei na vida de alguém e agarrei como se tivesse de viver a mesma coisa?".

Cada pessoa tem a sua jornada e uma história de vida. Eu não tenho como me comparar com uma mãe que não passou pelas experiências que eu passei, porque elas me moldaram e deixaram marcas em quem eu sou. Não que eu precise ser refém disso, mas a minha jornada é diferente.

O QUE EU FAÇO QUANDO NÃO SOU QUEM GOSTARIA DE SER?

Por vezes, constatar que não estamos onde gostaríamos pode ser bem difícil. O nosso primeiro impulso, talvez, seja desacreditar de tudo o que já conquistamos ou procurar culpados por não vivermos o que desejamos. O que eu posso dizer, no entanto, é que existem duas formas de lidar com essa frustração, e irei desenvolvê-las para que você determine o que faz mais sentido em sua vida hoje.

Psicologia na prática

Aproxime o seu "eu real" do seu "eu ideal"

A opção número um é movimentar o seu "eu real" para que ele se aproxime do "eu ideal". A ideia, aqui, é deixar os círculos tão próximos quanto você puder. Para isso, é necessário se perguntar: "O que eu preciso fazer diferente para me tornar a pessoa que eu quero ser?". A partir da sua resposta, você pode se motivar para alcançar o seu objetivo. Podemos pensar em uma pessoa que está infeliz com o trabalho e que entendeu que, para alcançar o seu "eu ideal", precisa criar um plano de ação para, aos poucos, aproximar-se de quem deseja ser — suas novas atitudes podem envolver proatividade, mudança de área ou estudos frequentes. Nesse caminho, ela começará a se sentir melhor consigo, porque atenderá às suas expectativas a partir do que está sob seu controle.

> O que você pode fazer de diferente para aproximar o "eu real" do "eu ideal"?

Capítulo 19: A pessoa que você quer ser 😊

Abra mão de algumas expectativas

A segunda opção, muitas vezes necessária, é abrir mão de algumas expectativas. Olhe para a sua vida e identifique se existe algum desejo que está aprisionando você e que foi criado baseado em valores de outras pessoas. Será que o melhor a ser feito nesse caso não é redesenhar o seu "eu ideal"? Redesenhar quem você gostaria de ser e, principalmente, ter paciência no processo de se tornar essa pessoa? Geralmente, nós nos cobramos demais e gostaríamos que tudo ocorresse em um piscar de olhos, mas eu, por exemplo, pude encontrar paz em pensar que a mãe que estou me tornando precisa passar por muitos processos antes de estar completa — se é que isso acontecerá um dia.

Eu não mudei a minha idealização, mas abri mão da expectativa de que me tornaria aquela pessoa instantaneamente. Eu precisei viver uma série de situações inusitadas para entender que a minha vida também estava em construção e seria desenvolvida aos poucos. Da mesma forma, você não precisa, de hoje para amanhã, tornar-se a pessoa que gostaria de ser. Se alguma circunstância da sua vida causa frustração, respire fundo e tenha paciência: identifique quais passos você precisa repensar para construir aquilo que deseja daqui para frente.

Está tudo bem se você acreditava que, aos vinte e cinco anos, estaria com a carreira resolvida, mas, hoje, ao olhar para a sua vida, ainda pensa em mudar de faculdade, trocar de área ou procurar outro emprego. Encare esse processo de forma mais leve, porque ele, definitivamente, não precisa ser tão pesado.

Psicologia na prática

> **Quais são as expectativas das quais você precisa abrir mão para alcançar o seu "eu ideal"?**

VOCÊ REALMENTE DEVERIA SER ESSA PESSOA?

É verdade que temos ferramentas para nos tornarmos quem desejamos, mas já parou para pensar que talvez você tenha idealizado certos desejos que não têm a ver com os seus valores pessoais? Digamos que você tenha abraçado a ideia de ter muito dinheiro e ter independência financeira ainda bem jovem, contudo, ao refletir um pouco, percebeu que havia um desalinhamento entre a sua ambição e os seus valores. Na verdade, o que você queria mesmo era construir uma família e ter filhos. Ou talvez você tenha acreditado que deveria, aos trinta anos, estar casado, porque dizem que essa é a idade ideal para isso, mas será que precisa ser assim? Será que isso realmente tem a ver com os seus desejos ou você internalizou essa ideia sem se questionar?

Eu passei por isso quando o meu primeiro filho tinha cerca de um ano. Por conhecer muitas mães nas quais me inspiro, que ficam em casa com os filhos, fazem *home schooling* e cuidam das crianças integralmente até os quatro anos de idade, acabei me baseando na experiência delas e me convenci de que o Ben não iria para a escolinha antes dos dois anos. Mas, como já relatei aqui, em 2023, quando ele estava com pouco mais de um ano, senti uma grande virada na minha vida e entendi que, para que eu pudesse voltar ao trabalho e aos estudos, precisaria alterar a rotina que eu tinha na época — em que me dedicava exclusivamente ao meu filho. A mãe que eu havia idealizado não carregava todos os meus valores e, por isso, aquilo que eu estava construindo já não fazia sentido. Colocar o meu primogênito na escola antes dos dois anos de idade foi bom para ele e foi bom para mim; eu consegui fazer o que queria e pude construir uma nova rotina com ele — e isso não invalida a minha maternidade, nem a das mães que escolhem diferente.

É por isso que acredito que a autorreflexão seja capaz de nos dar muitas respostas, sem que precisemos nos estressar ou nos frustrar com as situações que vivemos. Isso não significa que as suas metas são inválidas, mas, sim, que, se você analisá-las com atenção, saberá exatamente o que busca e o melhor modo para fazer isso. O meu convite, hoje, é para que, antes de tudo, você tenha paciência no processo de se tornar quem deseja. Não se preocupe se tiver de voltar ou atravessar um trecho do percurso de forma mais lenta, não existe uma regra para essa jornada. Por isso, deixo dois conselhos que podem ajudar você quando se sentir perdido.

Refaça o seu "eu ideal"

É muito provável que, em algum momento, você tenha de repensar e refazer o seu "eu ideal". Nunca deixe de se questionar: "Por que eu quero me tornar essa pessoa?". Os seus motivos precisam estar claros, caso contrário, você terá de identificar se existem influências externas nas suas escolhas.

Um exemplo disso na minha vida foi uma época em que eu queria muito ser como aquelas *blogueiras* fitness que malham todo dia e que têm a barriga sarada — a minha motivação inicial era cuidar da saúde. Eu decidi que precisava treinar diariamente e estabeleci uma série de outras atitudes que teria de tomar se quisesses atingir aquele padrão. Mas teve um dia em que eu simplesmente *caí na real*. Eu nunca conseguiria alcançar aquele nível de dedicação, porque o meu foco estava em outras áreas. Aquelas *blogueiras* tinham resultados diferentes dos meus porque o nosso nível de entrega era completamente diferente, o trabalho delas estava relacionado àquilo — e o meu, não. Naquele momento, precisei repensar o meu corpo ideal e a área da saúde na minha vida. A partir dali, passei a ser mais flexível, mas não deixei de me cuidar. Ao mesmo tempo, o meu nível de frustração também diminuiu, porque refiz o meu "eu ideal" a partir do meu "eu real".

Capítulo 19: A pessoa que você quer ser 😊

Não use a autocobrança para alcançar o "eu ideal"

Por fim, eu gostaria de incentivar você a não usar a autocobrança e a autocrítica para "ajudá-lo" a alcançar as suas idealizações. A autocobrança não nos leva a ser quem desejamos, pois nos apresenta um caminho árduo e com muitos espinhos — é absolutamente doloroso ficarmos nos cobrando e nos criticando todos os dias. Vale muito mais a pena quando decidimos nos acolher e motivar, criando os passos para alcançar o que desejamos, ao mesmo tempo em que temos autocompaixão durante o processo.

> A autocobrança não nos leva a ser quem desejamos, pois nos apresenta um caminho árduo e com muitos espinhos.

ENCARANDO O PROCESSO

Evidentemente, ao longo do caminho, nós teremos problemas e dias ruins; em algumas circunstâncias, mesmo tentando nos aproximar do nosso "eu ideal", erraremos e nos comportaremos de formas que não nos orgulhamos. Mas aprender a lidar com isso é fundamental, porque, como eu já disse, o processo não acontece do dia para a noite, e se acabarmos frustrados por acreditar que a jornada está demorando mais do que gostaríamos, vamos tornar tudo mais pesado e difícil. Por esse motivo, a maturidade emocional é uma peça-chave quando identificamos as áreas que precisamos mudar. Então, após identificar o seu "eu ideal", abrir mão de algumas expectativas, repensar quem você quer ser e adquirir uma visão acolhedora sobre si mesmo, é hora de saber como encarar o processo.

Psicologia na prática

Trabalhe os seus pensamentos catastróficos

O que eu quero que você faça, hoje, é perceber os seus pensamentos catastróficos quando se trata de alcançar as suas idealizações. Às vezes, mesmo desejando muito alguma coisa, você acredita que tudo dará errado — e, talvez, esse processo seja muito sutil. Se o seu "eu ideal" tem uma carreira bem-sucedida, pode ser que você pense, constantemente: "Eu nunca conseguirei uma promoção, porque não sou tão bom quanto os demais". Pensamentos que preveem o futuro, geralmente, apontando para situações extremas e ruins, fazem-nos viver presos a uma realidade que pode ser alterada. Talvez você ainda não tenha alcançado o que deseja por estar cheio de pensamentos catastróficos e, no fundo, acreditar que não vai dar conta — e isso vai na contramão do seu processo.

Sempre que se deparar com esse tipo de pensamento, respire fundo e questione: "Será que tudo realmente dará errado?"; "Será que as outras pessoas são, de fato, melhores que eu?"; "Eu tenho certeza de que nunca conseguirei ser quem desejo?". Ao longo do processo, procure manter os seus pensamentos equilibrados. Isso certamente o ajudará a aproximar o seu "eu real" do seu "eu ideal".

Capítulo 19: A pessoa que você quer ser 😊

> Quais são os pensamentos catastróficos que você tem nutrido sobre a pessoa que quer se tornar?

Cultive uma visão otimista sobre o futuro

Não estou falando sobre uma positividade sem sentido, mas, sim, sobre a capacidade de olhar para o futuro, pensar em coisas boas e se imaginar chegando aonde deseja. Essa visão otimista é capaz de lembrá-lo de que, apesar dos desafios que irão surgir, você conseguirá lidar com as situações difíceis, repensar as suas expectativas e avançar, sem se prender ao pensamento catastrófico de que nunca conseguirá ser uma boa mãe ou um bom pai, por exemplo.

Às vezes, nós nos deparamos com um momento ruim e acreditamos que ele nunca mais irá passar. Talvez você tenha se dado conta de que, na verdade, está se afastando de quem deseja ser, e passou a acreditar que nunca conseguirá se aproximar novamente do ideal. Mas lembre-se: se você foi capaz de chegar lá uma vez, consegue tentar de novo. Olhe para onde quer estar daqui a cinco ou dez anos; foque nos seus valores, e isso irá nutri-lo de uma visão positiva do futuro.

Eu já fui uma pessoa bastante pessimista e tive muita dificuldade de sonhar com a minha vida. Depois de um tempo, percebi que, recorrentemente, eu não queria criar boas expectativas por medo de me frustrar. Será que você também tem feito isso? Talvez você tenha lido este capítulo com muita resistência, pensando que não precisa idealizar a pessoa que quer se tornar porque nunca conseguirá ser alguém diferente. Mas isso, na verdade, é uma autoproteção, e, por esse motivo, eu o aconselho a se abrir com expectativa para as possibilidades futuras.

Aproveite o espaço abaixo para escrever — como uma idealização mesmo — sobre o lugar em que estará daqui a cinco anos. Você pode pensar na sua vida pessoal, profissional e até emocional, mas não deixe de registrar algo positivo acerca do futuro.

Você carrega alguma autoproteção quando se trata do futuro ou consegue visualizá-lo com otimismo?

Trabalhe ações em direção aos seus objetivos

Muitas pessoas definem o "eu ideal", abraçam uma visão otimista, empolgada e sonhadora, mas param por aí e não executam nem colocam em prática o que precisam mudar em sua vida para ir ao encontro do que almejam. Talvez você conheça pessoas assim, sempre cheias de muita empolgação e planejamento: "Ah, essa semana eu vou começar a ler e no final do mês terei finalizado cinco livros…". Geralmente, a maioria delas desiste depois de apenas dois dias e, por não saber como continuar, acaba desanimando e estagnando.

O ponto central aqui é olhar para a sua visão de futuro, identificar o que deseja construir em curto, médio e longo prazo, e agir de acordo com os seus objetivos. Você pode pensar em duas ou três ações que poderia iniciar ainda esta semana para, aos poucos, começar a produzir novos resultados. Esse processo é muito interessante porque, conforme dá pequenos passos e se enxerga de uma maneira diferente, mais próximo ao seu "eu ideal" você fica, e isso o ajuda a continuar avançando.

Não seja negligente com os seus sonhos, mas faça com que eles andem de mãos dadas com as suas ações, pois é incongruente dizer que deseja ser uma pessoa saudável, mas não se alimentar direito nem fazer exercícios; é incongruente dizer que deseja construir uma família sem se abrir para novos relacionamentos, fechando-se em sua bolha. Portanto, aja de uma maneira que irá impulsioná-lo para o seu alvo.

Psicologia na prática

> As suas ações hoje estão alinhadas àquilo que você deseja construir com o seu "eu ideal"?

Estabeleça três passos práticos que levarão você para mais perto daquilo que espera para o futuro. Se você deseja se tornar um estudante mais aplicado, por exemplo, pode determinar um número de livros para ler, um tempo específico para estudar e uma área nova para conhecer.

1. _____
2. _____
3. _____

Reduza a evitação

Por fim, quero falar sobre uma atitude muito comum quando estamos inseguros e temerosos: a evitação. Você já percebeu que, se não temos confiança em algo, evitamos determinadas situações e contextos? Isso nos desconecta da vida que desejamos construir. Então, digamos que você tenha medo de falar em público, mas, mesmo assim, espera se tornar um líder melhor — o que, consequentemente, o colocará em situações nas quais será necessário estar diante de uma quantidade considerável de pessoas. Embora você entenda que precisa falar, começa a recusar todos os convites e todas as oportunidades por causa do medo. A questão é: como espera chegar ao seu "eu ideal" evitando situações que o deixarão mais perto dele? Como uma dica prática, quero incentivá-lo a enfrentar as suas inseguranças — principalmente aquelas que estão diretamente relacionadas aos objetivos que deseja conquistar.

Eu me lembro de uma época da minha vida em que tinha muita insegurança de falar em público. Embora me achasse bem nova para fazer algumas coisas que a empresa na qual eu trabalhava me propunha, eu precisava fazer uma escolha: poderia dizer "não" às minhas chefes e explicar que não me sentia preparada; ou poderia dizer "sim", mesmo com medo, e enfrentar a situação entregando o meu melhor. Evidentemente, se eu escolhesse aceitar o desafio, não o faria perfeito, mas poderia me desenvolver e crescer com a situação, entendendo que estaria mais perto da profissional que eu desejava ser. Se tivesse recusado as oportunidades do passado por medo, eu jamais estaria onde estou hoje.

Psicologia na prática

> Quais são as coisas que você está evitando por não se sentir completamente preparado, por ter medo ou insegurança? O que você pode fazer para enfrentar essas situações?

O CAMINHO ENTRE A IDEALIZAÇÃO E A REALIDADE

Eu imagino que, ao longo das páginas deste livro, você tenha identificado em si mesmo uma série de questões que ainda precisam de atenção e cuidado — questões que, se ajustadas, podem levá-lo para mais perto do seu "eu ideal". Eu sei que o caminho para se tornar a pessoa que você quer ser não é simples como parece e pode até apresentar uma série de desafios. Mesmo assim, espero, de verdade, que a partir deste capítulo você consiga olhar para os seus processos com mais carinho e empatia, sem ter pressa de se transformar por completo de um dia para o outro — já conversamos sobre isso, e

Capítulo 19: A pessoa que você quer ser

você sabe que a jornada é contínua e que o mais importante é encontrar sentido nela.

Depois de tudo o que eu refleti sobre a minha maternidade, passei a me sentir muito mais leve, feliz e satisfeita com a fase que estou vivendo, pois entendi que cada processo tem um tempo para começar e para acabar, mas que, em geral, não temos controle sobre isso. Eu sei que já estou mais perto de quem desejo ser, no entanto, tenho a consciência de que a minha vida está prestes a passar por outra grande mudança e que, provavelmente, terei outras expectativas para realinhar sobre o meu "eu ideal". De todo modo, tenho convicção de que, independentemente do tempo, chegarei lá — e a mesma coisa vale para a sua vida! Eu sei que você tem potencial e consegue alcançar os lugares que idealizou — se eles, de fato, estiverem alinhados aos seus valores —, mas tenha paciência: o processo de construir a sua melhor versão leva tempo, então não desista de si mesmo e continue investindo no seu desenvolvimento.

Vamos juntos nessa trajetória!

NÃO SEJA NEGLIGENTE COM OS SEUS SONHOS, MAS FAÇA COM QUE ELES ANDEM DE MÃOS DADAS COM AS SUAS AÇÕES.

CONCLUSÃO

Quantas vezes nós desejamos criar uma nova realidade para aqueles que estão ao nosso redor?! Quantas vezes desejamos readequar os nossos pensamentos e atitudes para chegarmos a lugares diferentes daquele em que estamos?! É provável que, após ter passado pelos dezenove capítulos deste livro, você ainda se questione se é realmente possível viver uma vida distinta da que tem hoje. Depois de tantos pequenos passos, talvez você se cobre para tomar uma grande atitude — dessas que causam um impacto imediato e significativo. Mas preciso lembrá-lo de que o meu intuito nunca foi levá-lo a caminhos extravagantes que não considerassem a sua vida e as suas individualidades. Devo enfatizar que este guia interativo nasceu para ajudá-lo a explorar mais a sua saúde mental, compreender melhor as suas emoções e ensiná-lo formas de enfrentar os desafios da vida de maneira mais equilibrada e leve, por meio de princípios da área psicológica, pois acredito, intensamente, que **mentes saudáveis constroem um mundo melhor**. Aliás, se eu pudesse resumir a minha causa em uma frase, certamente seria essa. Ela está completamente relacionada à minha missão e ao meu trabalho.

Este *journal* é uma ferramenta para impulsioná-lo e ajudá-lo a compreender que o mundo melhor não se constrói, necessariamente, com grandes ações e revoluções. Às vezes, sim, mas, no cotidiano, na nossa vida ordinária, esse mundo começa sendo construído dentro de nós. Portanto, entenda que, ao conseguir se relacionar melhor consigo, ao fazer as pazes com a sua história e com o seu interior, você será capaz, naturalmente, de proporcionar grandes feitos a quem está ao seu redor — à sua família, aos seus amigos e conhecidos. Os seus relacionamentos serão mais saudáveis e você poderá apoiar as pessoas que estão ao seu lado, incentivando o crescimento delas. Ao fazer isso — sem que seja necessário um ato extraordinário —, cada um desses mundos também se tornará melhor.

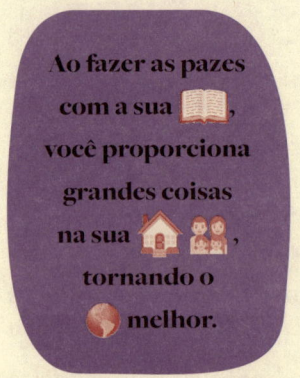

> Ao fazer as pazes com a sua 📖, você proporciona grandes coisas na sua 🏠👨‍👩‍👧, tornando o 🌍 melhor.

Consegue perceber como tudo se conecta? Depois que o meu mundo se relaciona com o seu, e todas as pessoas ao nosso redor começam, então, a fazer esse trabalho, nós somos capazes de influenciar positivamente a sociedade. Eu sei que isso parece ideal e complexo demais, mas acredito, genuinamente, que dispensar atenção à nossa saúde mental é uma das vias — evidentemente, não a única — para alcançarmos o mundo que almejamos, pois **o futuro está sendo construído agora**.

    Não exija de si uma mudança radical e instantânea, mas lembre-se de que colocar a Psicologia na prática é um processo contínuo e imperfeito para qualquer um. Inclusive, eu também estou nele! Talvez você tenha lido tudo isso e acredite que domino 100% todas essas habilidades com maestria e que não tenho dificuldades na área emocional, porém isso definitivamente está muito longe da realidade. Todos nós temos as nossas questões para lidar no dia a dia, e o mais lindo em todo esse contexto é que **cada jornada é única, cheia de potencial e transformação pessoal**; nunca compare os seus avanços com os de outra pessoa. A sua história é ímpar, assim como a do outro, pois foi ela que o trouxe até aqui e o forjou para ser quem é hoje. Ainda que você tenha um irmão gêmeo e receba a mesma criação ou frequente os mesmos lugares, as impressões que terão do mundo serão completamente diferentes. A personalidade, as vivências, os gostos, o estilo e as emoções são um somatório único que forma quem você é e indica quais serão as lentes pelas quais interpretará o mundo. Seja gentil consigo mesmo e continue reconhecendo a sua evolução a partir daqui.

    Os primeiros passos já foram dados, e eu sei que, por meio destas páginas, conseguimos refletir juntos sobre a importância de reconhecer, nomear e lidar com as emoções, trabalhando o autoconhecimento. Identificamos os alertas que sinalizam se sua mente está saudável ou não, entendemos como lidar melhor com os sentimentos negativos mais comuns, como frustração, culpa, arrependimento, estresse, luto, rejeição, ansiedade e mágoa. Compreendemos com mais profundidade o que é o tratamento terapêutico, quebrando vários tabus e mitos sobre o assunto. Juntos, conseguimos chegar ao ponto-chave deste projeto: o autoconhecimento, o gerenciamento das emoções, a busca por significado e a sua saúde mental são tão importantes quanto a sua saúde física, já que são complementares e igualmente valiosos. Negligenciar qualquer um é negligenciar o seu próprio bem-estar.

Mentes saudáveis estão aptas para transformar o mundo ao redor e construir uma vida de mais valor e solidez. Claro que, enquanto você caminhar pelo chão desta Terra, os altos e baixos sempre aparecerão, mas a maneira como escolhe lidar com eles é de sua inteira responsabilidade.

- ☹ Quando a próxima situação vier, o que você fará?
- ☹ Quando for traído, o que você fará?
- ☹ Quando perder alguém, o que você fará?
- ☺ Quando errar ou pisar na bola com um amigo, o que você fará?
- ☺ Quando o seu relacionamento exigir menos egoísmo e mais empatia, o que você fará?

> 😊 Quando for desafiado a perdoar alguém que o feriu, o que você fará?
>
> ☹ Quando a dor for maior do que tudo o que já vivenciou, o que você fará?

A maneira como você interpreta o mundo e interage com ele é capaz de impactar as suas emoções. Eu sei que agora pode ser até fácil pensar em uma resposta coerente e adequada para cada uma dessas perguntas. Mas é quando a situação bate à porta, de surpresa, e as emoções estão à flor da pele ou as feridas estão abertas, que tudo fica mais complexo, e assumir a posição que é exigida de nós parece impossível. Algumas vezes, saberemos exatamente o que fazer; em outras, as situações demandarão um desenvolvimento ainda maior da nossa inteligência emocional. É aí que pensaremos: "E agora?". A resposta para essa questão nunca será simplista, única e absoluta, ela sempre será pautada em uma decisão responsável e madura. É como quando você se dá conta de que se tornar um adulto não é apenas fazer dezoito anos e poder dirigir, mas que vai muito além da mera idade; é assumir a responsabilidade pelo seu próprio curso de vida e tomar decisões para mudar o que está ao seu alcance — na verdade, você nem precisa fazer dezoito anos para ter esse entendimento.

Mentes saudáveis fazem o que precisa ser feito, tanto relacionado às virtudes como aos hábitos, e sabem gerir bem os problemas do cotidiano, entendendo que nem tudo gira ao redor delas, porque elas veem o impacto das coisas em longo prazo. Os pensamentos, sentimentos e comportamentos precisam ser congruentes com a nossa fase de vida. Quando crianças, a disciplina e o imediatismo podem ser as nossas maiores dificuldades; quando adolescentes, a baixa autoestima e a importância exagerada dada a opiniões externas podem nos afetar profundamente. Nessas fases, não sabemos lidar muito bem com essas questões porque não somos maduros emocionalmente. Ao nos tornarmos adultos, o posicionamento que teremos diante dessas mesmas situações determinarão se somos maduros ou não, e isso não quer dizer que sempre saberemos o que fazer. Com certeza, nem sempre conseguiremos lidar sozinhos com os nossos problemas e, nesses casos, não podemos ter medo de buscar ajuda profissional. Isso é legítimo!

Pare, reflita, resolva e refaça o caminho quantas vezes forem necessárias, abraçando a autodescoberta e a transformação contínua. Não enxergue isso como um retrocesso, porque o importante na jornada sempre será o que você fará em seguida. Se já não é mais a mesma pessoa que era há anos — ou desde que iniciou esta leitura — e já não faz as mesmas coisas ou mudou alguns hábitos, você **não está tentando** melhorar a sua saúde mental ou se desenvolver, você **está conseguindo**. A jornada já se iniciou e os passos que podem parecer pequenos são passos reais, significativos, e o levam para mais perto do seu objetivo, com um potencial transformador para aqueles que estão ao seu redor.

Como eu disse no último capítulo, o caminho para se tornar a pessoa que você quer ser não é simples como parece. Não tenha essa pressa de conseguir se transformar por completo de um dia para o outro. Pense em uma viagem de carro: o destino foi definido, você preparou as malas com aquilo de que precisa, colocou combustível e foi. Certamente, é preciso tempo para chegar aonde você quer, pode ser mais rápido ou mais devagar. Mas ficar perguntando coisas do tipo: "Já chegamos?", "Estamos perto?", ou "Ainda falta muito?" é um sinal de imaturidade. Apenas crianças não têm a noção do passar do tempo e da evolução das coisas. Conforme crescem, começam a perceber a duração dos momentos. Então visualize o seu processo de busca por uma vida mais leve com essa ilustração em mente.

Ter uma boa saúde mental e inteligência emocional não é ser "zen" como um monge, não errar nunca ou ser megarracional e não sentir nada; pelo contrário, seres humanos são feitos de sentimentos, e eles fazem parte da vida de qualquer um. O que demonstra evolução nessa área é o quão rápido voltamos ao nosso estado de equilíbrio quando extrapolamos e o quanto nos dispomos a resolver as situações, entendendo que os processos levam tempo e não são lineares.

A viagem começou e, quer você queira ou não, vai continuar. O que lhe resta é decidir o que fazer daqui para frente. A vida pode ser mais leve. A vista pode ser bonita. As companhias podem ser agradáveis. O sol pode brilhar mesmo em meio às nuvens... Suas malas já estão prontas?

NÃO TENHA ESSA PRESSA DE CONSEGUIR se transformar POR COMPLETO DE UM DIA PARA O OUTRO.

Referências bibliográficas

INTRODUÇÃO

LUZ, Solidar. **Aumenta o número de casos de depressão no país**. Publicado por *Portal EBC - Rádio Agência* em 17/06/2022. Disponível em *https://agenciabrasil.ebc.com.br/radioagencia-nacional/saude/audio/2022-06/aumenta-o-numero-de-casos-de-depressao-no-pais*. Acesso em dezembro de 2023.

The mental state of the world in 2022. Publicado por *Mental Health Million Project* em 01/03/2023. Disponível em *https://mentalstateoftheworld.report/wp-content/uploads/2023/02/Mental-State-of-the-World-2022.pdf*. Acesso em fevereiro de 2024.

CAPÍTULO 1

BECK, Judith S. **Terapia Cognitivo-comportamental**: teoria e prática. Tradução de Sandra Mallmann da Rosa. 2. ed. Porto Alegre: Artmed, 2014.

KLOSKO, Janet S.; WEISHAAR, Marjorie E.; YOUNG, Jeffrey E. **Teoria do Esquema.** Tradução de Roberto Cataldo Costa. Porto Alegre: Artmed, 2008.

Modelo cognitivo: o que é e como identificar. Publicado por *Psi do Futuro* em 25/10/2021. Disponível em *https://psidofuturo.com.br/modelo-cognitivo-o-que-e-e-como-identificar/*. Acesso em dezembro de 2023.

Psoríase: o que é, sintomas e tratamento. Publicado por *Vida Saudável - Blog do Hospital Israelita Albert Einstein* em 05/05/2023 e atualizado em 26/09/2023. Disponível em *https://vidasaudavel.einstein.br/psoriase/*. Acesso em dezembro de 2023.

SAUNDERS, Jason Lewis. **Estoicismo**. Publicado por *Encyclopedia Britannica* em 26/07/1999 e atualizado em 02/01/2024. Disponível em *https://www.britannica.com/topic/Stoicism*. Acesso em fevereiro de 2024.

UNGARETTI, Gilberto. **Marinheiro Popeye realmente existiu**: conheça sua verdadeira história. Publicado por *Náutica* em 25/02/2023. Disponível em *https://nautica.com.br/historias-do--mar-marinheiro-popeye-frank-rocky-fiegel/#:~:text=Assim%20 como%20Popeye%2C%20sua%20eterna,e%20nas%20hist%-C3%B3rias%20em%20quadrinhos*. Acesso em dezembro de 2023.

CAPÍTULO 2

AMERICAN PSYCHOLOGICAL ASSOCIATION. American Psychological Association, s. d. APA Dictionary of Psychology. Disponível em *https://dictionary.apa.org/*. Acesso em dezembro de 2023.

LINEHAN, Marsha M. **Treinamento de habilidades em DBT**: manual de Terapia Comportamental Dialética para o terapeuta. 2. ed. Porto Alegre: Artmed, 2017.

PLUTCHIK, Robert. **Emotion**: a psychoevolutionary synthesis. New York: Harper & Row, 1980. p. 152-172.

PSI DO FUTURO. Psi do Futuro clínica, s. d. Página inicial. Disponível em *https://psidofuturo.com.br/clinica-pacientes/*. Acesso em dezembro de 2023.

Qual a diferença entre emoção e sentimento? A Psicologia responde. Publicado por *Pós PUCPR Digital* em 29/12/2022. Disponível em *https://posdigital.pucpr.br/blog/diferenca-entre-emocao-sentimento*. Acesso em dezembro de 2023.

ZIMMERMAN, Mark. **Transtorno de personalidade boderline**. Publicado por *Manuais MSD edição para profissionais* em 05/2021 e atualizado em 09/2022. Disponível em *https://www.msdmanuals.com/pt-br/profissional/transtornos-psiqui%C3%A1tricos/transtornos-de-personalidade/transtorno-de-personalidade-borderline-tpb*. Acesso em dezembro de 2023.

CAPÍTULO 3

MORGAN, Kathryn. Philosophy at Delphi: Socrates, sages, and the circulation of wisdom. *In:* ATHANASSAKI, Lucia; MARTIN, Richard P.; MILLER, John F. (ed.). **Apolline politics and poetics.** Athens: European Cultural Centre of Delphi, 2009. p. 549-568.

VALOR. *In:* DICIONÁRIO Michaelis online. São Paulo: Melhoramentos, 2024. Disponível em *https://michaelis.uol.com.br/moderno-portugues/busca/portugues-brasileiro/valor/*. Acesso em janeiro de 2024.

CAPÍTULO 4

MACHADO, Wagner de Lara. **Escala de bem-estar psicológico:** adaptação para o português brasileiro e evidências de validade. 2010. Dissertação (Mestrado em Psicologia) – Universidade Federal do Rio Grande do Sul, Porto Alegre. Disponível em *https://www.lume.ufrgs.br/bitstream/handle/10183/29716/000778689.pdf?sequence=1&isAllowed=y*. Acesso em janeiro de 2024.

MACHADO, Wagner de Lara; BANDEIRA, Denise Ruschel. Bem-estar psicológico: definição, avaliação e principais correlatos. **Estudos de Psicologia (Campinas)**, Campinas, v. 29, p. 587-595, 2012.

MODESTO, Celina. **Transtornos mentais são a terceira maior causa de afastamento do trabalho no Brasil.** Publicado por *Tribunal Regional do Trabalho da 13° Região (PB)* em 24/01/2023 e atualizado em 25/01/2023. Disponível em *https://www.trt13.jus.br/informe-se/noticias/transtornos-mentais-sao-a-terceira-maior-causa-de-afastamento-do-trabalho-no-brasil*. Acesso em janeiro de 2024.

OBSERVATÓRIO DE SEGURANÇA E SAÚDE NO TRABALHO. SmartLab, s. d. Perfil dos afastamentos – INSS. Disponível em *https://smartlabbr.org/sst/localidade/0?dimensao=perfilCasosAfastamentos*. Acesso em janeiro de 2024.

RYFF, Carol D. Happiness is everything, or is it? Explorations on the meaning of psychological well-being. **Journal of personality and social psychology**, Washington: American Psychological Association, v. 57, n. 6, p. 1069, 1989.

RYFF, Carol D.; SINGER, Burton H. Know thyself and become what you are: a eudaimonic approach to psychological well-being. **Journal of happiness studies**, Washington: American Psychological Association v. 9, p. 13-39, 2008.

WORLD HEALTH ORGANIZATION. World Health Organization, 2024. Mental Health. Disponível em *https://www.who.int/health-topics/mental-health#tab=tab_1*. Acesso em janeiro de 2024.

CAPÍTULO 5

EMMONS, Robert A.; CRUMPLER, Cheryl A. Gratitude as a human strength: appraising the evidence. **Journal of social and clinical psychology**, New York: Guilford Press Periodicals v. 19, n. 1, p. 56-69, 2000.

FRANKL, Viktor E. **Em busca de sentido**: um psicólogo no campo de concentração. Petrópolis: Editora Vozes, 1991.

GERMER, Christopher K.; SIEGEL, Ronald D.; FULTON, Paul R. **Mindfulness e psicoterapia**. 2. ed. Porto Alegre: Artmed, 2016.

HAYES, Steven C. **Terapia de Aceitação e Compromisso**: o processo e a prática da mudança consciente. 2. ed. Porto Alegre: Artmed, 2021.

MISCHEL, Walter. **O teste do marshmallow**: por que a força de vontade é a chave do sucesso. Rio de Janeiro: Editora Objetiva, 2016.

PETERSON, Christopher; SELIGMAN, Martin E.P. **Character strengths and virtues**: a handbook and classification. Oxonia: Oxford University Press, 2004.

CAPÍTULO 6

BECK, Judith S. **Terapia Cognitivo-comportamental**: teoria e prática. Tradução de Sandra Mallmann da Rosa. 2. ed. Porto Alegre: Artmed, 2014.

CAPÍTULO 7

Entendendo e praticando a aceitação radical. Publicado por *DBT Brasil – Terapia Comportamental Dialética*. Disponível em https://dbtbrasil.com/2022/06/entendendo-e-praticando-a-aceitacao-radical/. Acesso em fevereiro de 2024.

CAPÍTULO 8

JESUS, Santa Teresa de. **Obras de Santa Teresa de Jesus**: castelo interior ou moradas. 2. ed. Rio de Janeiro: Editora Vozes Limitada, 1956. t. 4.

LINEHAN, Marsha M. **Treinamento de habilidades em DBT**: manual de Terapia Comportamental Dialética para o paciente. Tradução de Daniel Bueno. 2. ed. Porto Alegre: Artmed, 2018.

SILVA, Ivna Bezerra da; DE LIMA, Luciana. O impacto da prática de mindfulness na aprendizagem de universitários. **Revista Foco**, Curitiba, v. 16, n. 3, p. e1271-e1271, 2023.

CAPÍTULO 9

CONCEIÇÃO, Jaquelini; BUENO, Gabriela. **101 Técnicas da Terapia Cognitivo-comportamental**. Santa Catarina: Editora UnC, 2020.

CAPÍTULO 10

DALBEM, Juliana Xavier; DELL'AGLIO Débora Dalbosco. Teoria do Apego: bases conceituais e desenvolvimento dos modelos internos de funcionamento. Rio de Janeiro: **Arquivos Brasileiros de Psicologia**, v. 57, n. 1, p. 12-24, 2005.

LEVINE, Amir; HELLER, Rachel S. F. **Apegados:** um guia prático e agradável para estabelecer relacionamentos românticos recompensadores. Ribeirão Preto: Novo Conceito, 2013.

CAPÍTULO 11

ARREPENDIMENTO. *In:* DICIONÁRIO Michaelis online. São Paulo: Melhoramentos, 2024. Disponível em *https://michaelis.uol.com.br/busca?r=0&f=0&t=0&palavra=arrependimento*. Acesso em fevereiro de 2024.

MEDEIROS, Natália Barbosa. *et al*. O papel da autocompaixão na regulação emocional: revisão de literatura. **Revista de psicologia da Unesp**. São Paulo: Unesp, v. 20, n. 2, p. 144-160, 2021.

NEFF, Kristin. **Autocompaixão:** pare de se torturar e deixe a insegurança para trás. Teresópolis: Editora Lúcida Letra, 2017.

RAIKAR, Sanat Pai. **Death row**. Publicado por *Encyclopedia Britannica* em 20/03/2023 e atualizado em 12/02/2024. Disponível em *https://www.britannica.com/topic/death-row*. Acesso em fevereiro de 2024.

Sou um assassino [Série documental]. Produção: Ned Parker e Tom Adams. Estados Unidos: Crime & investigation network, 2018-. son., color. Série exibida pela Netflix. Acesso em fevereiro de 2024.

CAPÍTULO 12

BÍBLIA. Mateus. *In:* Bíblia Sagrada ARC. Tradução de João Ferreira de Almeida. Rio de Janeiro: Editora SBB, 2018.

Depression and other common mental disorders: global health estimates. Publicado por *World Health Organization* em 2017. Disponível em *https://iris.who.int/bitstream/handle/10665/254610/W?sequence=1*. Acesso em fevereiro de 2024.

GUESS WHAT. *In:* CAMBRIDGE English-Portuguese Dictionary. Cambridge: Cambridge University Press, 2024. Disponível em *https://dictionary.cambridge.org/dictionary/english-portuguese/guess?q=guess+what*. Acesso em fevereiro de 2024.

Miltown: a game-changing drug you've probably never heard of. Publicado por *CBC* em 17/08/2017. Disponível em *https://www.cbc.ca/radio/ondrugs/miltown-a-game-changing-drug-you-ve-*

-probably-never-heard-of-1.4237946. Acesso em janeiro de 2024.

ROGERS, Bruce. **Our brains need breaks from virtual meetings.** Publicado pela *Forbes* em 20/04/2021. Disponível em *https://www.forbes.com/sites/brucerogers/2021/04/20/our-brains-need-breaks-from-virtual-meetings/?sh=fdc20de21e93*. Acesso em fevereiro de 2024.

STILES, Anne. Go rest, young man. **Monitor on Psychology**, Washington: American Psychological Association, v. 43, n. 1, p. 32, 2012.

WEBSTER, James. **Research on Victorian anxiety is an FT business book of 2019.** Publicado por *Oxford News Blog* em 3/12/2019. Disponível em *https://www.ox.ac.uk/news/arts-blog/research-victorian-anxiety-ft-business-book-2019*. Acesso em janeiro de 2024.

CAPÍTULO 13

"Depression let's talk" says WHO, as depression tops list of causes of ill health. Publicado por *World Health Organization* em 30/03/2017. Disponível em *https://www.who.int/news/item/30-03-2017--depression-let-s-talk-says-who-as-depression-tops-list-of-causes-of-ill-health*. Acesso em fevereiro de 2024.

APÓSTOLO, João Luís Alves; MENDES, Aida Cruz; AZEREDO, Zaida Aguiar. Adaptação para a língua portuguesa da Depression, Anxiety and Stress Scale (DASS). **Revista Latino-Americana de Enfermagem**, São Paulo, v. 14, p. 863-871, 2006.

CARVALHO, Rone. **Por que o Brasil tem a população mais depressiva da América Latina.** Publicado pela *BBC News Brasil* em 5/11/2023. Disponível em *https://www.bbc.com/portuguese/articles/czkekymmv55*. Acesso em fevereiro de 2024.

COSTA, Rudy Alves. *et al.* Benefícios da atividade física e do exercício físico na depressão. **Revista do Departamento de Psicologia**, Niterói: UFF, v. 19, p. 273-274, 2007.

LOVIBOND S. H., LOVIBOND P. F. **Manual for the Depression Anxiety Stress Scales**. Sydney: Psychology Foundation, 1995.

MENTIS, Isidoros. The effects of vitamin D on mood alteration in women's life: focus on depression. **Acta Neurobiologiae Experimentalis**, Varsóvia: Nencki Institute of Experimental Biology of the Polish Academy of Sciences, v. 83, n. 3, p. 307-316, 2023.

MINISTÉRIO DA SAÚDE. Gov.br, 2024. Depressão. Disponível em *https://www.gov.br/saude/pt-br/assuntos/saude-de-a-a-z/d/depressao#:~:text=Gen%C3%A9tica%3A%20estudos%20com%20fam%C3%ADlias%2C%20g%C3%AAmeos,de%20substancias%20cerebrais%2C%20chamadas%20neurotransmissores*. Acesso em fevereiro de 2024.

CAPÍTULO 14

American Psychiatric Association. **DSM-5 - Manual Diagnóstico e Estatístico de Transtornos Mentais.** Tradução de Aristides Volpato Cordioli. *et al.* 5. ed. Porto Alegre: Artmed, 2014.

DRAGER, Luciano F. *et al*. Sleep quality in the Brazilian general population: A cross-sectional study. **Sleep Epidemiology**, Amsterdã: Eslevier, v. 2, 2022.

WORLD HEALTH ORGANIZATION. World Health Organization, 2024. **Depression and other common mental disorders**: global health estimates. Publicado por *World Health Organization* em 2017. Disponível em *https://iris.who.int/bitstream/handle/10665/254610/W?sequence=1*. Acesso em fevereiro de 2024.

CAPÍTULO 15

GARCÍA, Héctor; MIRALLES, Francesc. **Ikigai**: os segredos dos japoneses para uma vida longa e feliz. Tradução de Elisa Menezes. Rio de Janeiro: Intrínseca, 2018.

PROPÓSITO. *In:* DICIONÁRIO Michaelis online. São Paulo: Melhoramentos, 2024. Disponível em *https://michaelis.uol.com.br/moderno-portugues/busca/portugues-brasileiro/prop%C3%B3sito/*. Acesso em fevereiro 2024.

CAPÍTULO 17

CARVALHO, Marcele Regine de. *et al*. **Produções em Terapia Cognitivo-comportamental**: integração e atualização. Belo Horizonte: Artesã Editora, 2020.

PINHO, Vanessa Dordron de; FALCONE, Eliane Mary Falcone de Oliveira. Intervenciones para la promoción del perdón y la inserción de la empatía: revisión de la literatura. **Revista Argentina**

de Clínica Psicológica. Buenos Aires: Fundación Aiglé, vol. XXIV, n. 2, p. 111-120, 2015.

TEFLON. *In:* BRITANNICA DICTIONARY. Chicago: Encyclopedia Britannica, 2024. Disponível em *https://www.britannica.com/dictionary/Teflon*. Acesso em fevereiro de 2024.

CAPÍTULO 18

HARRIS, Russ. **ACT made simple:** an easy-to-read primer on Acceptance and Commitment Therapy. 2. ed. California: New Harbinger Publications, 2019.

Este livro foi produzido em Adobe Garamond Pro 11 e impresso
pela Gráfica Promove sobre papel Pólen Natural 75g
para a Editora Quatro Ventos em junho de 2025.